VERLEITUNG ZUR UNRUHE

FSC
www.fsc.org
MIX
Papier aus verantwortungsvollen Quellen
FSC® C012536

Art Direction: Peter Feierabend
Covergestaltung und Satz: Frank Behrendt
Programmleitung Ecowin: Martina Paischer

ISBN: 978-3-7110-0071-2
1 2 3 4 5 6 7 8 / 17 16 15
www.ecowin.at
Printed in Europe

BERNHARD HEINZLMAIER

VERLEITUNG ZUR UNRUHE

ZUR HÖLLE MIT DEN OPTIMISTEN

ecoWIN

INHALTSVERZEICHNIS

VORWORT

Im Prolog zur Fernsehserie „Der ganz normale Wahnsinn" von Helmut Dietl, die in den Jahren 1979 und 1980 in Deutschland und Österreich ausgestrahlt wurde, findet sich die Frage: „Woran liegt es, dass der Einzelne sich nicht wohl fühlt, obwohl es uns allen so gut geht?" Der Satz suggeriert, dass eine gut funktionierende Gesellschaft von Individuen bevölkert ist, die unglücklich sind. Das Allgemeine funktioniert, vor allem das ökonomische Allgemeine, d.h. Produktion und Konsum, während das Besondere, das Individuum leidet.

Heute scheint die Situation genau umgekehrt zu sein. Das System ist in der Krise, so gut wie nichts funktioniert. Die Schere zwischen Arm und Reich öffnet sich immer weiter, Arbeitslosigkeit und prekäre Arbeitsverhältnisse breiten sich aus; die Jugend wird in Praktika gezwungen, anstatt dass man ihr sichere Beschäftigungsverhältnisse mit ausreichender Bezahlung anbietet; die Spannung zwischen Ethnien und Religionen werden größer, spitzen sich mancherorts in Gewaltexzessen zu; Toleranz für die Abweichung vom „Normalen" nimmt ab; wir sind dabei, zu einer Gesellschaft von „Normopathen" zu werden.

Die Menschen haben zum überwiegenden Teil ihr Vertrauen in die Politik und die Zukunft der Gesellschaft verloren. Aber sie haben interessanterweise nicht den Glauben an sich selbst verloren, zumindest wenn sie von Meinungsforschern befragt werden. In Umkehrung des Statements aus Helmut Dietls Film aus den 1980er-Jahren müsste es also heute heißen: „Woran liegt es, dass sich der Einzelne so wohl fühlt, obwohl es uns allen so schlecht geht?" Wurde in den 1980er-Jahren die Gesellschaft als stark und das Individuum als schwach angesehen, so ist es heute umgekehrt: Ein starkes, von sich selbst überzeugtes Individuum blickt auf politische, sozio-ökonomische und kulturelle Systeme, die sich an der Grenze zur Agonie bewegen. Empirische Belege für diese groteske Aporie, die gleichzeitige Existenz von optimistischen Individuen in einer Gesellschaft, die in ihren Augen dem Untergang geweiht ist, liefert uns die neue Sinus-Milieu-Jugendstudie, eine in Österreich durchgeführte Untersuchung in der Altersgruppe der 16 bis 29-Jährigen. Laut dieser Studie sehen zwei Drittel der jungen Befragten ihre persönliche Zukunft optimistisch, während lediglich ein Drittel die Zukunft der Gesellschaft positiv einschätzt. Zusammen sind wir schwach, alleine sind wir stark, die Gemeinschaft ist nichts, das Individuum alles. Oder anders: Eine kranke Gemeinschaft, die aus gesunden Individuen besteht.

Dazu passt, dass lediglich eine Minderheit Vertrauen in die Versprechungen der Politik hat. Sie werden als das gesehen, was sie sind: strategisch geplante, kommunikative Manöver zur Manipulation der öffentlichen Meinung. Die Politik, getrieben von einer Art neuem Sophismus, dem es nicht um die Wahrheit geht, sondern um das Besiegen des politischen Gegners, der Worte dazu verwendet, um Machtansprüche und ökonomische Interessen durchzusetzen.

Vielleicht ist aber alles ganz anders. Eventuell lügt die Politik gar nicht, sondern ist nur Opfer ihrer ganz spezifischen Wahrnehmung der Welt, die sich gravierend von der der Bürger unterscheidet? Oder folgt die Kommunikation in Zeiten des Individualismus, wie Niklas Luhmann meint, überhaupt einer eigenen Ordnung, die überhaupt nichts mehr mit der Realität zu tun hat? Müssen wir uns vielleicht damit abfinden, dass für die Kommunikation fehlende Aufrichtigkeit und Authentizität zu typischen Kennzeichen geworden sind? Betreiben wir vielleicht alle Kommunikation nicht um der Wahrheit Willen, sondern setzen sie lediglich zweckmäßig ein, um unsere Ziele zu erreichen? Vielleicht sind unsere Wahrheitsansprüche unnatürlich und die Unaufrichtigkeit das Richtige und Normale? Darüber gilt es nachzudenken.

Aber zurück zum Individuum. Ist es wirklich so stark, wie es scheint? Können wir dem demonstrativen Optimismus der postmodernen Menschen wirklich Glauben schenken, oder ist er die Folge eines weitverbreiteten Selbstbetrugs? Verbirgt sich hinter der Wortfassade der zuversichtlichen Rede nicht möglicherweise Angst und Verzweiflung – eine Verzweiflung, die den Individuen, die ihr optimistisches Theater spielen, vielleicht gar nicht bewusst ist? Sören Kierkegaard, der dänische Existenzialist, spricht in seinem Buch „Die Krankheit zum Tode“ davon, dass es eine Form der Verzweiflung gibt, die darin besteht, dass der Verzweifelte sich seiner Verzweiflung nicht bewusst ist. Und weiter: „Der Arzt weiß, dass es ebenso wie eine eingebildete Krankheit auch eine nur eingebildete Gesundheit gibt; daher wendet er im letzten Fall zuerst solche Mittel an, durch die die Krankheit offenbar wird.“ (Kierkegaard 1997:25)

Die eingebildete Gesundheit der starken Individuen unserer Tage will ich, ganz im Sinne des Arztes bei Kierkegaard, bekämpfen und das Mittel dazu soll das vorliegende Buch sein. Wer es liest, wird sich danach die optimistische Charaktermaske vom Gesicht reißen und wagen wieder so zu sein, wie es den gesellschaftlichen Verhältnissen entspricht: kritisch, zynisch, ironisch und wenn notwendig auch pessimistisch. Insofern will das Buch ein emanzipatorisches, ein befreiendes Buch sein. Es soll dem Leser dabei behilflich sein, Taktiken zu entwickeln und anzuwenden, die ihn vom Zwang des lachenden Gesichts, des zustimmenden Nickens und der fröhlich-optimistischen Zuversicht befreien. Denn der persönliche Optimismus ist den Menschen unserer Tage aufoktroyiert, weil er für die Eliten des Neoliberalismus eine wichtige Produktivkraft darstellt. Optimistische Menschen leisten und konsumieren mehr. Insofern ist der Optimismus das perfekte Schmiermittel für das Funktionieren des herrschenden Ausbeutungssystems.

Verdrängen also viele von uns nur ihr Leid? Sind wir eine Gesellschaft der demonstrativen Gesunden? Das trifft sicher zu. Viele von uns sind krank, überfordert, erschöpft, leer und gefangen in einem Sinnvakuum, Opfer der existenziellen Indifferenz. Aber gleichzeitig wissen sie auch, dass sie ihr Leiden nicht zeigen dürfen, denn nur der Gesunde, der Zuversichtliche, der lachende Optimist, hat einen Platz als vollwertiges Mitglied in der Gemeinschaft der Erfolgreichen, der Gewinner, der Zukunftstauglichen.

Dass viele Menschen hinter ihrem pragmatisch-optimistischen Pokerface verzweifelt sind, zeigen jugendkulturelle Phänomene. So sehen wir gegenwärtig eine sich ausbreitende Tendenz am exzessiven Feiern. Diese Lust am Exzess kann auch als Versuch interpretiert werden, sich vorübergehend als verantwortliches Individuum auszulöschen, um in einem Kollektiv des Vergessens, der Selbstvergessenheit zu verschwinden. Selbstauslöschung, um sich dem Leiden an der Welt vorübergehend zu entziehen. Die Praxis des Exzesses passt nicht zu einem optimistischen, mit sich selbst und den Umständen zufriedenen Individuum. Denn der Exzess ist eine Flucht, ist der Eskapismus der leidenden Kreatur, ist eine Reaktion auf fehlende Sinnerfahrungen und die drängende Empfindung, mit sich selbst nicht identisch sein zu können. Der exzessive Mensch ist der entfremdete Mensch, ein Mensch, der nicht so leben kann, wie er will, der sich jeden Tag verleugnen muss und noch dazu verpflichtet ist, das Gesicht der optimistischen Fröhlichkeit durch die Gegend zu tragen.

Eine jugendkulturelle Erscheinung, die auch in dieses Bild passt, ist die Lust an der Ironie, am Komischen. Viele Eltern und Lehrer beklagen, dass sie mit ihren Kindern kein ernsthaftes Gespräch mehr führen können. Was immer man auch sagt, es wird mit einem Witz, einer verbalen Groteske, einer Ironie, einer komödiantisch anmutenden Volte gekontert. Hier ist zu fragen, was diese Witzigkeit für eine Funktion hat, was junge Menschen hinter der Fassade des Humors verbergen, ob ihnen die Komik und das Komische vielleicht dabei helfen, ihre Verzweiflung in die Untergründe ihres Bewusstseins abzudrängen. Friedrich Nietzsche meint in seinem Frühwerk, dass die zentrale Funktion des Komischen „die künstlerische Entladung vom Ekel des Absurden" sein könnte. (Nietzsche 1993:51) Macht sich unsere Jugend unsere absurde und kranke Gesellschaft und ihre Repräsentanten dadurch erträglich, dass sie über sie Witze reißt? Ist sie deshalb so lustig, weil die Komik ihr dazu verhilft, sich vom Ekel vor der Absurdität der gesellschaftlichen Verhältnisse zu entladen?

Wenn sich Menschen permanent über alles lustig machen, könnte dies eine Strategie sein, um Staat, Gesellschaft, Kirchen, Schule, Medien, Familie, die von ihnen als absurd und ekelerregend, weil unmoralisch, verlogen und inhuman, wahrgenommen werden, besser aushalten zu können. Das Unerträgliche wird dadurch erträglich, dass man sich darüber lustig macht.

Das Leben aushalten zu lernen, das ist wohl eine der zentralen Aufgaben für die Mehrheit der Menschen unserer Zeit. Welche Strategien stehen neben Verdrängung und Komik noch zur Verfügung? Das wohl wichtigste und gängigste Mittel ist offensichtlich die Abwehr der Bedrängung durch das politische, sozial-ökonomische und kulturelle Absurde vermittels inszenierter Gleichgültigkeit, Ignoranz und Ironie, d.h. durch demonstrative Coolness.

War die Protestgeneration der 1960er und 1970er-Jahre eine „heiße" Generation, die zwar kritisch aber mit warmen, hingebungsvollen Herzen eingreifen, gestalten und verändern wollte, so ist die „Generation Today" cool. Sie ist geleitet durch ein ihr von der Erziehung und den gesellschaftlichen Verhältnissen aufgeprägtes „rechnendes Denken", das die Spontanität der Gefühle zu unterdrücken gebietet und an deren Stelle sich eine zum Ritual erstarrte kalkulierte Fröhlichkeit gepaart mit einem überspannten Optimismus setzt. Waren die 1968er und Post-1968er von einem echten Bedürfnis nach Authentizität geleitet, so wird heute lediglich ein Authentizitätstheater aufgeführt. Das romantische Ideal der Authentizität ist passé. An seine Stelle ist die vom Arbeitsmarkt erzwungene Originalität getreten, die die Präsentation eines authentischen Selbst zur Einstellungsvoraussetzung gemacht hat. (Honneth 2002:145) Die gefühlsechte, optimistische Verpackung ist das warenästhetische Design eines Menschen, der sich längst damit abgefunden hat, nichts weiter als eine Ware zu sein und der deshalb die Notwendigkeit eingesehen hat, sich täglich rund um die Uhr anzubiedern und verkaufen zu müssen.

„Out of the hot – into the cool“, beschreibt die Metamorphose treffend, die die gesellschaftliche Grundstimmung in den letzten fünfzig Jahren durchlaufen hat. An die Stelle eines zumindest um Passion und ehrliche Überzeugung bemühten Aktivismus mit Bezug auf Gemeinschaft und Gesellschaft ist die lachend-optimistische Fratze des kühl-kalkulierenden Egozentrismus getreten. Er ist pragmatisch-distanziert, lässt möglichst wenig Emotionen an sich heran und aus sich heraus. Gefühle zeigen ist nicht angesagt, wäre „uncool“. Cool ist der durchgestylte, immer gefasste Beobachter der Ereignisse, der Nicht-Teilnehmer, der wie einst der unbetroffene Zuschauer in den Versen von Lukrez am Ufer steht und gleichgültig den Schiffbruch betrachtet, an dem er sich zwar nicht notwendig ergötzt, dennoch aber seine Unbetroffenheit von dem Unglück genießt.

Dieses Buch will keine Katastrophe beschwören und sicher auch nicht ein Aufruf zur Empörung und zur kollektiven politischen Aktion sein, aber zum Nachdenken anregen. Die traditionelle politische Aktion wäre sinnlos und die Empörung wäre lächerlich, weil sie ein moralisches Gefühl ist. Die Zeiten der Moral sind vorbei. Das haben die nicht begriffen, die sich gerne empören. Denn die Empörten gehen davon aus, dass es auf dieser Welt ein allgemeines moralisches Gesetz gibt, das alle zu akzeptieren haben und es erregt sie, wenn jemand, ein einzelner Mensch oder eine ganze Institution, dagegen verstößt. Aber in einer Welt, in der die leitenden Handlungsprinzipien die Gesetze der Ökonomie sind, wurde die Moral suspendiert. An die Stelle des moralischen Gegensatzes zwischen „Gut" und „Böse" ist der Gegensatz zwischen „Gewinn" und „Verlust" getreten. Das Streben nach Gewinn motiviert die Menschen zum Handeln, nicht das nach dem moralisch Richtigen.

Die Marktmacht ist heute das relevante Herrschaftsmittel, nicht das richtige Argument oder die moralische Gesinnung. „Auctoritas, non veritas facit legem", formulierte einst Thomas Hobbes. Dieser uralte Satz bringt unsere heutige gesellschaftliche Situation auf den Punkt. Nicht das moralische Argument, nicht die Wahrhaftigkeit, nicht Sittlichkeit oder Tugendhaftigkeit zählen, sondern die Macht des Kapitals. Die großen Konzerne bestimmen, was auf dieser Welt geschieht und die kümmern sich einen Schmarrn um die Einwendungen der moralisch Empörten. Sie wollen den Profit, koste es, was es wolle. Und wenn Moral in der Wirtschaft im Spiel ist, dann sind deren Urheber von den Konzernen beauftragte PR-Agenturen, die eine potemkinsche Moralfassade vor der herzlosen Profitmaschinerie der Wirtschaftsbetriebe in die Höhe ziehen, denen es am Ende nur darum geht, die Profitraten in die Höhe zu treiben.

Niklas Luhmann hat sich sowohl über die Empörten als auch über die Versuche lustig gemacht, profitorientiertes Handeln mit Moral in Zusammenhang zu bringen. Für Luhmann sind die Empörten krank, sie leiden an der Krankheit der „Appellitis". Das Kernsymptom der Appellitis besteht darin, dass die von ihr Befallenen moralische Kriterien an Systeme anlegen, die mit ethischen Regeln grundsätzlich nicht zusammengehen, zum Beispiel an die Wirtschaft oder die Politik. Je aussichtsloser die Realisierung ihrer moralischen Intentionen den Kranken erscheint, desto krampfhafter, hartnäckiger und verzweifelter verfolgen sie ihr unmögliches Ziel. „Sie (die Appellitis; Anm. d. Autors) ist im Prinzip harmlos, keinesfalls lebensgefährlich; aber für den, der davon befallen ist, zeitweise doch recht schmerzhaft. Man sieht das an eigentümlichen Zuckungen und an der Heftigkeit der Insistenz, mit denen der Kranke agiert und andere anzustecken versucht." (Luhmann 2008:196)

Wirtschaft und Moral sind wesensfremd. Aus diesem Grund ist insbesondere das Wortungetüm Wirtschaftsethik dem Soziologen ein Dorn im Auge. Luhmann ist der Auffassung, dass nicht zusammenzuführen ist, was nicht zusammengehört und formuliert deshalb ironisch in der Einleitung einer Rede zum Thema Wirtschaftsethik: „Ich muss gleich am Anfang sagen: es ist mir nicht gelungen, herauszubekommen, worüber ich eigentlich reden soll. Die Sache hat einen Namen: Wirtschaftsethik. Und ein Geheimnis, nämlich ihre Regeln. Aber eine Vermutung ist, dass sie zu der Sorte von Erscheinungen gehört wie auch die Staatsräson oder die englische Küche, die in der Form eines Geheimnisses auftreten, weil sie geheim halten müssen, dass es sie gar nicht gibt."

Wir können und dürfen weder in der Wirtschaft noch in der Politik mit dem Erscheinen der Moral rechnen. Es gibt sie dort nicht. Das Handeln in der Wirtschaft wird durch den Profit, das in der Politik vom Willen zur Macht motiviert. An Wirtschaftsführer und Politiker moralisch zu appellieren, ist deshalb nicht nur lächerlich, sondern auch wirkungslos. Das Einzige, was der an Appellitis leidende Moralapostel vielleicht erreicht, ist eine nicht intendierte Wirkung seiner Aktion und die besteht in ihrer Vereinnahmung zur Imageverbesserung durch amoralische politische Führer und Wirtschaftsbosse. Warum lassen sich diese so gerne mit dem Dalai Lama oder dem Papst fotografieren? Nicht deshalb, weil sie die beiden als moralische Instanz ernst nehmen und sich deren Einfluss öffnen wollen. Im Gegenteil, vielmehr benutzen sie sie als potemkinsche Moralfassade, um ihr egozentrisches Nutzen- und Machtkalkül hinter dieser zu verbergen. Die Moralisten werden zur moralischen Verzierung eines zutiefst unmoralischen Handelns missbraucht.

Wenn sich der Chef der Deutschen Bank oder der Regierungschef eines Landes mit dem Papst oder dem Dalai Lama zeigen, dann sieht man, wie sich über ihren Häuptern förmlich Heiligenscheine bilden. Das profane Profitinteresse wird mit der Würde und Heiligkeit des Vertreters einer metaphysischen Macht auf Erden ummantelt. So wird es in eine heilige Form transzendiert, die eine ähnliche Anbetung beanspruchen darf, wie der absolute Geist der Religionen.

Wer nun weiß, dass Moral und Werte für das praktische Handeln in Politik und Wirtschaft absolut bedeutungslos sind, dem werden die Intrigen der Arbeitskollegen, die Lügen der Werbung, die Korruption der Politik, die Manipulation der Medien und die Betrügereien der Wirtschaft weder verblüffen noch empören. Für wen es wirklich unerwartet kam, dass die Türken die Kurden in der Stadt Kobane vom IS niedermetzeln ließen; dass der NSA unsere gesamte Kommunikation ausspioniert; Wohnungsspekulanten Altmieter systematisch terrorisieren, um sie aus dem Haus zu bekommen, um die Wohnungen in teure Eigentumswohnungen umwandeln zu können; Asylanten in ihren Wohnheimen von privaten Sicherheitsdiensten misshandelt werden; Ex-Politiker auf Kosten der Steuerzahler erworbenes Wissen als Lobbyisten verwerten; die OECD im Auftrag der Wirtschaft die Universitäten in Ausbildungskasernen verwandelt; der Arbeitnehmerschutz systematisch ausgehöhlt wird – wen das überrascht und empört, der ist naiv und Naivität ist lächerlich, denn alles das sind typische Erscheinungen des neoliberalen Profitinteresses und einer degenerierten Politik, in der nicht mehr der Nutzen für das Allgemeine, sondern der Vorteil für einzelne Politiker und elitäre Gruppierungen im Vordergrund steht.

Dieses Buch will nun Taktiken im Umgang mit einer beschwerlichen, unheimlichen und unwirtlichen Welt darlegen: meine persönlichen Strategien. Diese Strategien bestehen im Kern darin, sich im öffentlichen Leben und im Beruf nicht völlig zu verausgaben, sich Teile seiner Energie für das persönliche, private Leben im eigenen kleinen Hinterzimmer aufzubewahren. Das Buch propagiert einerseits Strategien des Rückzugs, der Glückssuche in den kleinen Lebenswelten, in denen es um Familie, Freunde, Reisen, Lesen, Musik, Malen und andere ganz persönliche Beschäftigungen und Interessen geht. Um sich die dafür notwendigen Freiräume zu schaffen, ist es notwendig, sich den vereinnahmenden Ansprüchen von Staat, Gesellschaft und Arbeitswelt geschickt zu entziehen. Über mögliche Formen der Abkoppelung und Entnetzung und deren Begründung wird in diesem Buch nachgedacht. Es soll dem Leser dabei helfen, vor dem Hintergrund meines persönlichen Beispiels, eigene Taktiken des Rückzugs zu entwickeln.

Andererseits wird aber auch darüber nachgedacht, welche Möglichkeiten man im Alltag hat, um einen immer übergriffiger werdenden Staat, der sich mehr und mehr in die Mikrobereiche des Lebens der Menschen einzuschleichen droht, dessen Kontroll- und Steuerungsverlangen immer größer wird, durch die lustvolle Anwendung von fröhlichen und ironischen, subversiven Strategien, in der Durchsetzung seiner Bestrebungen zu behindern. Das

Buch will die Freude der Menschen an kleinen, lustvollen und legalen Formen der Behinderung der neoliberalen Staatsmacht zu wecken versuchen.

Aber auch die Moralisten geraten ins Visier, die Käßmänner und die alten Lamas, genauso wie die Naturanbeter und Spiritualisten, die Heiler und Esoteriker, die Vegetarier und Veganer. Denn sie sind eine ähnliche Plage wie die neoliberalen Wirtschaftsstrategen und ihre politischen Helfershelfer. Warum? Weil auch sie mit ihren Erlösungsbotschaften an die Selbsterneuerungskräfte des Individuums, an die selbstkontrollierenden Fähigkeiten des Subjekts appellieren. Sie reden den Menschen ein, dass es ausschließlich an ihnen liegt, ob ihr Leben gelingt oder nicht und dass sie nur dann zum Glück finden können, wenn sie an sich selbst mit Konsequenz und Härte arbeiten. Malträtiere dich selbst und du wirst deinen Willen bekommen, foltere dich und du wirst erlöst werden, bearbeite dich selbst und du wirst erneuert auferstehen, wie einst der Phönix aus der Asche. Im Gegensatz dazu meine ich: Kümmert euch weniger um euch selbst, kümmert euch um euer Leben. Macht euch nicht selbst fertig, sondern macht die fertig, die euch fertigmachen. Hört auf zu reflektieren, in euch selbst herumzuwühlen, sondern lebt. Starrt nicht dauernd in euch hinein, denn dort findet ihr nichts, außer Abgründe, die die Psyche aus gutem Grund vor euch verbirgt. Man soll nicht an ihnen rühren. Und nehmt euch nicht täglich etwas vor, was ihr zwanghaft zu erreichen versuchen müsst. Ganz im Sinne von Viktor Frankl würde ich allen Getriebenen dieser Zeit, und das ist die Mehrheit, zur Dereflexion und zum Fallenlassen von quälenden Intentionen raten. Nur so ist man offen dafür, dass überhaupt etwas mit einem passiert, was zumindest einen vorübergehenden Moment des Glücks entstehen lässt. Das starke Ich ist die Illusion, die Dressur des Ichs die Idiotie, das Bezwingen der Kontingenz der Wahn.

In der Folge werden aber keine Rezepte angeboten. Vielmehr soll meine Analyse der Umstände und die vielen, kleinen Beispiele meiner persönlichen Alltagssubversion den Leser dazu anregen, selbst kreativ zu werden. Keine neue Lehre soll hier entstehen, sondern ganz im Sinne des alten Michel de Montaigne soll jeder seine eigene kleine Rückzugs- und Störungsbiografie entwickeln, nach des Philosophen Mottos: „Das finde ich den rechten Brauch für mich; du tue, was dir nützlich scheint für dich!“ Denn es gibt keine allgemeingültigen Heilslehren. Es gibt nur den einzelnen Menschen, der seinen persönlichen Weg zu gehen versuchen kann.

APOLOGIE DES PESSIMISMUS

Ich muss zugeben, dass ich von Anfang an das Leben als Zumutung empfunden habe. Das lag wohl auch an meiner Familie und an meinen Freunden und Bekannten, die kaum als optimistische, lebensfrohe Vorbilder taugten. Denn den meisten von ihnen war eines gemein: In die Zukunft blickten sie mit Skepsis, weil sie aus Erfahrung wussten, dass eher das Schlechte eintritt als das Gute.

Mit der Zeit erkannte ich, dass dieser skeptische Zukunftsblick berechtigt war, zumindest wurde er durch meine eigenen Lebenserfahrungen bestätigt, denn in der Regel ging auch bei mir mehr schief, als das etwas gelang. Und so erkannte ich früh, dass die Skepsis dem Leben gegenüber, die mir meine unmittelbare soziale Umgebung vorgelebt hatte, nicht nur melancholischen Seelen entsprang, sondern die Folge praktischer Erfahrung war. Skeptiker und Pessimisten waren also nicht seelenkranke Melancholiker, im Gegenteil zeichnete sie ein gesunder Realismus aus.

Denn positive Erwartungen erfüllen sich seltener als negative, dass weiß der Skeptiker aus seiner Erfahrung, nennen wir ihn deshalb einen pragmatischen Realisten. Und vor allem weiß er, dass in der Regel die Fantasie weitaus schöner und erfüllender ausfallen kann, als die Praxis die Kopferfindungen umzusetzen vermag.

Ein Paradebeispiel für Enttäuschung und Desillusion ist für mich das Reisen. Man verreist in der Hoffnung etwas Neues, Außergewöhnliches, die Gleichförmigkeit des Alltags Transzendierendes, zu erleben – spannende fremde Kulturen, erhebende Kunstwerke, exotische Speisen, interessante Menschen, überwältigende Natur. Bevor man losfährt studiert man Reiseführer, besorgt sich Bücher über Kunst und Kultur des Urlaubslandes, hört vielleicht schon Wochen vor dem Aufbruch dessen Musik, um sich so in die dort herrschende Atmosphäre einzufühlen, sieht das eine oder andere Video im Internet an und füllt sich derart den Kopf mit traumhaften Visionen, dass man es kaum mehr erwarten kann, dort anzukommen. Dort angelangt stellt man aber bald fest, dass das, was der eigene Kopf mit Hilfe von Text-, Bild- und Tonquellen an Vorstellungen geschaffen hat, in Wirklichkeit so gar nicht existiert, zumindest ist alles weit weniger aufregend, interessant und faszinierend als man es erwartet hat. Aus solchen fundamentalen Enttäuschungserlebnissen ergibt sich eine der tragenden Maximen der skeptischen und pessimistischen Lebenseinstellung: Im eigenen Kopf, in der persönlichen Fantasie- und Vorstellungswelt, im abstrakten Raum der Spekulation, ist das Leben am schönsten und am leichtesten zu ertragen. Verlasse den Raum der Spekulation, deine innere Welt, um deine Vorstellungen und fantastischen Wünsche an der Realität zu erproben nicht leichtfertig und nur dann, wenn du gute Gründe hast zu glauben, dass sie umsetzbar sind. Wer weitgehend in seinen Träumen bleibt und sich jeden Schritt in die Realität ganz genau und lange überlegt bevor er ihn tut, wird seltener enttäuscht und hat damit bessere Chancen auf ein Leben in Ruhe und Frieden, fern vom Ekel vor den Absurditäten des Realen.

Und nun zu einem fürchterlichen Reisebeispiel, dessen Ursache eben ein leichtfertiges, nicht wohl überlegtes Heraustreten aus der zurückgezogenen Innerlichkeit hinaus in die feindliche Welt des Realen war. Diese für mich schlimmste Reise verkörpert die Reisekatastrophe an sich und damit das alle anderen Reiseenttäuschungen überragende Auslandserlebnis. Es war der Aufenthalt auf der Karibikinsel Mustique, eine groteske Prominenteninsel, angefüllt mit Villen, in denen Leute wie Mick Jagger, Tommy Hilfiger und andere Größen des Jetsets ihre Ferien verbringen. Noch heute frage ich mich, wie ich nur auf die Idee kommen konnte, dorthin zu reisen, weiß doch jeder vernünftige Mensch, dass man prominente Menschen meiden muss, weil man sonst mit jenen Menschen in Berührung kommt, die die Nähe von Prominenten suchen und das sind in der Regel ich-schwache Individuen, die sich, indem sie sich in die Nähe der Berühmtheiten begeben, eine Aufwertung ihrer eigenen, kleinen, nichtigen Existenz erwarten. Zudem werden die Promis von Schleimern, Kriechern und Wichtigmachern umschwirrt – so etwas nennt man heute glaube ich Netzwerker –, die sich durch die Bekanntschaft mit den wichtigen Menschen persönliche Vorteile erhoffen. Wie auch immer, ich wusste, dass dort die Katastrophe auf mich wartete, war aber zu schwach, um ihr aus dem Weg zu gehen. Nicht immer ist es gut, wenn man das tut, was einem Freunde raten.

Noch heute kann ich jeden nur davor warnen, den idyllischen Bildern von diesem noblen Society-Eiland, die im Internet zirkulieren, Glauben zu schenken, wie man überhaupt auf keine positive Erzählung über die Karibik hereinfallen und die Karibik meiden sollte. Kaum ist man auf der Insel Mustique angekommen, weiß man sofort, dass hier das Leben eine Übersteigerung der karibischen Seinsweise darstellt. Das bedeutet, dass man auf Mustique von allem, was an der normalen Karibik ekelhaft und widerlich ist, gleich das Doppelte oder Dreifache verabreicht bekommt. Wer Mustique überlebt, ist fortan so abgehärtet, dass er die normale Karibik mit einem überlegenen Lächeln im Gesicht absolviert.

Was so schlimm an der Karibik ist? Zuerst das Klima. Es ist so heiß und feucht, dass man die meiste Zeit körperlich und geistig gelähmt ist. Man merkt aber schnell, und da sind wir schon beim zweiten unerträglichen Makel dieser Weltgegend, dass die klimatisch erzwungene Passivität überhaupt keinen persönlichen Verlust bewirkt, weil es ohnehin nichts zu tun und zu erleben gibt. In der Karibik kann man nichts versäumen, weil nichts passiert. Ein müder und langweiliger Tag nach dem anderen schleppt sich dahin, um am Abend mit einem, meist durchschnittlich zubereiteten Gericht aus Fischen oder Schalentieren zu enden. Und was das Schlimmste ist, man kann sich die erdrückende Langeweile auch nicht schönsaufen, weil der Kater, mit dem man am nächsten Tag dafür bestraft wird, in seiner Leidensintensität einem mitteleuropäischen Kater um das Zwei- bis Dreifache übertrifft, was einen weiteren Nachteil darstellt. Im feuchtheißen Klima ist das Saufen keine gute Idee, weil man den flüchtigen, abendlichen Lustgewinn mit einer unangemessen langen und intensiven Leidenszeit bezahlt. Das ist also ein schlechter Deal. Apropos Deal. Einen Dealer seines Vertrauens kann man dort, wenn man will, sehr schnell finden. An jeder zweiten Ecke steht einer. Angeblich ist das Marihuana gut und günstig, vor allem aber in der Hitze verträglicher als Alkohol. Leider habe ich keines gekauft. Es hätte mir sicher gut dabei geholfen, die drei langen Wochen – sie kamen mir vor wie das ewige Leben – besser zu überstehen.

Es gibt viele weitere Quellen der Enttäuschung, die vom Leben bereitgehalten werden. Eine davon ist die Sexualität. Ein Freund von mir hat es einmal auf den Punkt gebracht. Der wirkliche Sex kommt niemals an das heran, was man sich beim Onanieren vorstellt. Und es ist auch ganz klar warum, denn der Sex ist der Ort des Fetischismus. Der Fetischismus, der ja die Sexualität eines jeden Menschen mehr oder weniger stark beherrscht, kann nur dann zur Befriedigung kommen, wenn in der Praxis genau das abläuft, was zuvor in der Vorstellung konstruiert wurde. Man will die Geschichte, die man sich selbst immer wieder bei der Selbstbefriedigung erzählt hat, in der Realität genauso erleben. Das Vorhaben muss natürlich scheitern, weil die Sexualpartner ihre eigene Geschichte realisieren wollen, also stoßen mindestens zwei unterschiedliche Geschichten aufeinander. Natürlich können sich Geschichten ähneln und je ähnlicher sie sind, desto befriedigender ist das sexuelle Erlebnis der Beteiligten. Aber die Geschichten können niemals vollständig übereinstimmen und so bleibt immer eine Restdifferenz, die eine unversiegbare Quelle der Enttäuschung ist.

Der Realist weiß das und ist demgemäß zurückhaltend, was die Realisierung seiner sexuellen Begehrlichkeiten betrifft, denn er muss nicht um jeden Preis immer wieder erleben, dass die Realisierung seiner Fantasien an der Differenz zwischen verschiedenen individuellen Sex-Geschichten scheitert.

Was für die Sexualität gilt, das gilt auch für die Partnerschaften und Beziehungen generell. Auch hier sind es in der Regel fundamental unterschiedliche Geschichten, die aufeinanderprallen, die insbesondere in einer Zeit eines radikalen Individualismus, in der, so meint der deutsche Soziologe Ulrich Beck jedenfalls, das Individuum zum zentralen Bezugspunkt für sich selbst und die Gesellschaft geworden ist, in der Regel unvereinbar sind. Auch im Beziehungsleben dominiert die Perspektive des Individuums, das seine Bedürfnisse gegen den Widerstand anderer durchzukämpfen versucht. Wer dazu erzogen wurde, im Beruf seine Interessen im Konkurrenzkampf gegen andere zu erzwingen, der wird es auch im Privatleben tun. Das ist der Grund, warum sich gerade das Beziehungsleben von beruflich erfolgreichen Menschen so schwierig gestaltet, denn wer gewohnt ist, dass im Beruf alle nach seinem Rhythmus tanzen, der ist auch im Privatleben geneigt, dem Partner seinen Takt aufzuzwingen. Denn der Konkurrenz- und Leistungsmensch ist unfähig zum Kompromiss.

Natürlich ist das Wort Kompromiss zentraler Bestandteil jeder aktuellen Kommunikations- und Managementlehre, doch wird hier unter Kompromiss nur eine andere Form der Durchsetzung verstanden, nämlich die Durchsetzung durch List und Manipulation. Denn auch in den Kompromissen der Berufswelt muss es einen Gewinner und Verlierer geben, einen Gewinner der am Ende von sich behaupten kann, den anderen über den Tisch gezogen zu haben und einen, der über den Tisch gezogen wurde. Bei den Kompromissen der Postmoderne ist immer einer der Blöde, ob das nun in der Arbeitswelt oder im Privatleben ist.

Und so ist es kein Wunder, dass besonders die Beziehungen der Erfolgreichen, der Karrieremenschen, anfällig für das Scheitern sind. Denn es ist deshalb besonders schlimm, wenn zwei Karrieristen aufeinandertreffen, weil sie beide mit allen Wassern des strategischen Konkurrenzkampfes gewaschen sind. Wenn sie nach der Arbeit nach Hause kommen, geht dort der Leistungskampf weiter. Mit rhetorischen Haken und Ösen wird solange gefochten, bis es die Beziehung zerreißt. So wird der Lebenspartner zum Lebensabschnittspartner, das Beziehungsleben zur Aneinanderreihung von flüchtigen Verhältnissen. Ein Leben unter dem Einfluss einer generellen Beziehungsunfähigkeit, die man sich im täglichen Konkurrenzkampf der Arbeitswelt erworben hat, nimmt seinen Lauf.

Im 16. Jahrhundert forderte der französische Essayist Michel de Montaigne einen Perspektivenwechsel als Voraussetzung für eine gelungene Kommunikation ein. Nur wenn es gelingt, zwischen der eigenen Perspektive und der Perspektive des Kommunikationspartners hin und her zu springen, sich in die Person des Gesprächspartners hineinzuversetzen, mit dem ist gegenseitiges Verstehen und gelingende Verständigung möglich. Montaigne ging sogar so weit, dass er versuchte, die Welt aus der Perspektive seiner Katze zu betrachten, um diese besser zu verstehen. Wenn er mit seiner Katze nicht zurechtkam, dann führte er es nicht notwendigerweise auf die Defizite des Tieres zurück. Die misslungene Kommunikation zwischen der Katze und ihm könne genauso gut an seiner eigenen Unfähigkeit liegen, so meinte er.

Heute sind die Menschen zu wahren Experten des Perspektivenwechsels geworden. Von Kindesbeinen an wird ihnen die Theorie und Praxis des sich in den anderen Einfühlens beigebracht. Es geht aber nicht darum, durch Verstehen des anderen, durch die richtige Interpretation seiner Rede und seines Handelns, für mehr Harmonie und Gemeinschaftlichkeit zu sorgen. Das Verstehen des anderen ist zu einer taktischen Waffe geworden, zu einer Art Aufklärungs- oder Spionagetechnik, die die Voraussetzung für die erfolgreiche Anwendung der Kriegskunst der Worte ist. Wir lernen das Antizipieren von Gefühlsregungen und Handlungsabsichten des anderen, um ihn besser zur durchschauen und dadurch effektiver schlagen zu können. Das Verstehen des anderen ist Bestandteil einer Technik des alltäglichen Konkurrenzkampfes, ist Aufklärungsarbeit, um Sprachschlachten gut informiert und damit erfolgreicher führen zu können. Wer früher begreift, was der andere will, der kann diesen Zeitvorteil im Kampf aller gegen alle nutzen, er kann vorzeitig listenreich zuschlagen. Dabei ist es nützlich, die Gefühle des anderen zu durchschauen, da man so seine Schwachpunkte erkennen und sie strategisch nutzen kann. Man muss sich das wie bei einem Boxkampf vorstellen, wo die Boxer danach trachten, immer wieder das Cut über dem Auge des Gegners, eine Schwachstelle, die während des Kampfes aufgebrochen ist, zu treffen. Genauso versucht der postmoderne Leistungsmensch, in der längst zum Kampf verkommenen Kommunikation, immer wieder die psychischen Schwachpunkte des Gegenübers zu treffen. Im Beruf nennt man das Mobbing, in der Partnerschaft Beziehungsarbeit.

An dieser Stelle komme ich noch einmal auf den Sinn und den Nutzen der Skepsis und des Pessimismus zurück. Der Optimismus ist ein Kind der Hoffnung. Er vertraut darauf oder will darauf vertrauen, dass alles was angefangen wird, ein gutes Ende findet. Der nüchterne kritische Blick auf sein Tun, der sein Hoffnungsgebäude in Einsturzgefahr bringen könnte, ist dem Optimisten ein Gräuel. Auch wenn das eigene kleine Start-up-Unternehmen schon seit drei Monaten keinen Auftrag mehr bekommen hat, bleibt er optimistisch, es könnte ja morgen die überraschende Wendung eintreten. Das optimistische Dauergerede in der Wirtschaft erfüllt in der Regel den gleichen Zweck, wie das laute Pfeifen im dunklen Wald, um die Angst zu vertreiben.

Und wenn alles den Bach runtergeht, dann gibt es ja noch immer die Perspektive des redlichen Scheiterns, den euphemistischen Insolvenzbegriff der Optimisten. Die Optimisten fordern auch für Europa eine verständnisvolle Kultur des Scheiterns, in der Entrepreneure für ihren Misserfolg nicht verachtet werden, die es angeblich in Amerika gibt. Dort sitzen dann wahrscheinlich die verarmten Pleitiers zufriedener unter der Brücke, weil ihnen eine vom euphorischen Optimismus beherrschte Gesellschaft keine moralischen Vorhaltungen wegen ihres Misserfolges macht. Ihre Schulden müssen sie aber trotzdem bezahlen und mit ihrem Elend müssen sie selbst klarkommen, in das sie durch ihr leichtfertiges Spielchen mit dem Markt ihre Familien und Kinder gerissen haben. Entrepreneurship ist verantwortungslos und nichts anderes als Roulette- und Black Jack-Spielerei im Kasino. Das sich die Spieler, wenn das Spiel mit dem unkalkulierbaren Risiko schlecht ausgeht, am Ende durch eine verständnisvolle „Kultur des Scheiterns“ auch noch von der Verantwortung für alles das, was ihr kranker Ehrgeiz angerichtet hat, freisprechen lassen wollen, hat wohl auch etwas mit der moralischen Inferiorität des neoliberalen Egozentrismus zu tun.

Die Optimisten sind in ihrer Naivität, aber auch in ihrer Verantwortungslosigkeit, oft schrankenlos. Indem sie euphorische Reden über die tollen Chancen von Start-up-Unternehmen auf den postmodernen dynamischen Märkten halten, hetzen sie junge Menschen rücksichtslos in die Katastrophe. Denn dass ein Start-up scheitert, ist wahrscheinlicher, als dass es erfolgreich ist. Und was nach dem Scheitern zurückbleibt, sind in der Regel finanzielle Verbindlichkeiten, die ein ganzes Leben lang abbezahlt werden müssen.

Diese sogenannte Start-up-Kultur, die postmoderne Lobhudelei auf EPUs und Miniatur-Entrepreneure, die es nur deshalb gibt, weil der Arbeitsmarkt ihnen die Verwertung ihrer Arbeitskraft verwehrt, liefert uns dafür ein gutes Beispiel. Nur um der Pflicht zu Selbstständigkeit und Kreativität gerecht zu werden, die man heute den jungen Menschen schon in vielen Schulen einredet, suchen viele Jungunternehmer verkrampft nach sogenannten „Geschäftsideen“, die ihnen ein selbstständiges Überleben sichern sollen.

Auf diese Art bilden sich rund um die Entrepreneure, die verzweifelt nach einer Geschäftsidee für die durch abgehobene und irre Einfälle aller Art bereits verstopften Märkte suchen, Blasen der Idiotie. Blasen der Idiotie sind Reflexionszonen, in denen eine seltsame Markteuphorie die Hirne der Beteiligten so benebelt hat, dass rationale Bewertungsmaßstäbe weitgehend außer Kraft gesetzt sind und so Ideen für Dienstleistungen und Produkte entstehen, die heute keiner braucht und in alle Ewigkeit keiner brauchen wird.

Beispiel gefällig? Man muss nicht lange suchen, um eines zu finden. So gibt es tatsächlich ein Start-up-Unternehmen, das versuchen will, mit Hilfe eines Handygames die Armut zu bekämpfen. Wie das geht? Ganz einfach. Jugendliche lernen mit Hilfe des Spiels einen besseren Umgang mit Geld. Wir wissen ja alle, dass die Armut auf das Fehlen von Finanzkompetenz und keinesfalls auf die ungerechte Verteilung von Bildung und Vermögen zurückzuführen ist. Und so versprechen wir den Armen die Befreiung von der Armut dadurch, dass sie mit dem Geld besser umgehen lernen, welches sie nicht haben. Faszinierend.

Da passen die Worte Adornos, der sagte, dass der Optimismus in seinem Grund affirmativ sei und er einen wichtigen Beitrag zur Stabilisierung der bestehenden wirtschaftlichen und politischen Verhältnisse leistet, weil er blind für die Widersprüche des herrschenden Systems macht. Der optimistische Entrepreneur hinterfragt die Spielregeln des kapitalistischen Spiels nicht, um Erfolg zu haben. Am Ende verblendet der Optimismus so, dass man die Geldlosen durch Geldkompetenz zu erlösen versucht.

Aber unbegründeter Optimismus und aussichtslose Hoffnung haben auch etwas mit besinnungslosem Fleiß und hemmungslosen Aktivismus in einer Zeit des rasenden Stillstands zu tun. Die getrieben hastenden Entrepreneure haben keine Zeit mehr zur Reflexion und Selbstreflexion. Der Entrepreneur, ein von neoliberaler Ideologie gesättigter Begriff, war in den 1970er-Jahren, als Emil Cioran sein Buch „Lehre vom Verfall“ verfasste, noch nicht im kollektiven Sprachgebrauch verankert. Also verwendete er stattdessen den Begriff der „Arbeitssamen“. Diese Arbeitssamen haben, so Cioran, weder Zeit noch Lust das Häuflein Staub, das sie sind, zu wägen. Sie finden sich mit den Härten und Albernheiten des Schicksals ab und hoffen. Insofern, so konstatiert er, ist Hoffnung eine Sklaventugend. (Vgl. Cioran 1978) Die Entrepreneure, die Arbeitssamen des Neoliberalismus, sind am Ende des Tages nicht mehr als die Sklaven einer Ideologie der Hoffnung, die ihnen den Blick für den Abgrund vernebelt, vor dem sie schon längst stehen, der die finanzielle Pleite und den Verlust ihres sozialen Ansehens bedeutet.

Den Pessimismus lediglich aus der Unzulänglichkeit der bestehenden Politik und des Wirtschaftssystems begründen zu wollen, würde aber zu kurz greifen. Denn der Pessimismus hat auch eine ontologische, also das Grundsätzliche des Lebens betreffende Dimension. Schopenhauer berichtet in seinen nachgelassenen

Schriften davon, dass es eine thrakische Volkssitte war, den Menschen bei der Geburt mit Trauer und Wehklagen zu empfangen, und Friedrich Nietzsche spricht von der tragischen Haltung der Griechen der Antike, eine pessimistische Haltung, die auf die Einsicht, dass im Leben das Leiden Freude und Glück bei Weitem überwiegt, zurückgeht. (Vgl. Blumenberg 1987) In seinem Tragödienbuch lässt er den weisen Silen, den Begleiter des Dionysos, zu Wort kommen, der auf die Frage des König Minos, was für den Menschen das Allerbeste sei, antwortet: „Elendes Eintagsgeschlecht, des Zufalls Kinder und der Mühsal, was zwingst du mich dir zu sagen, was nicht zu hören für dich das Ersprießlichste ist? Das Allerbeste ist für dich gänzlich unerreichbar: nicht geboren zu sein, nicht zu sein, nichts zu sein. Das Zweitbeste aber für dich – bald zu sterben." (Nietzsche 1993:29)

Ich war zwölf Jahre alt und wusste von Friedrich Nietzsche nichts, außer, dass ich einige seiner Werke in der Bibliothek meines Vaters gesehen hatte. Offenbar ganz spontan hatte ich mir aber die Weltsicht des Dionysosbegleiters Silen zu eigen gemacht. Denn als mich einer meiner Lehrer fragte, nachdem ich einige Tage aufgrund einer Krankheit nicht in der Schule war, wie es mir gehen würde, antwortete ich: „Nicht schlecht, aber nicht so gut, wie im Jahr 1959."

„Wieso im Jahr 1959?", fragte der Lehrer zurück.

„Da war ich noch nicht auf der Welt, ich wurde erst 1960 geboren", antwortete ich. Durch diese Aussage löste ich bei dem christlichen Pädagogen dermaßen großes Entsetzen aus, dass irgendein Priestermönch, ich besuchte ein christliches Internat, auf mich angesetzt wurde, um mir meine atheistisch-pessimistischen Werthaltungen auszutreiben. Er begann damit, dass er die Methode des einfühlsamen Gespräches anwandte und einen milden Exorzismus an mir vornahm. Wie immer, wenn mich selber Besessene von einer meiner angeblichen nihilistischen Obsessionen zu heilen versuchten, zeigte ich mich zum Schein einsichtig und führte die um mein Heil besorgten christlichen Pädagogen durch meinen spontanen Beitritt zur Legio Mariens und durch aktives Engagement für die Mission in Afrika hinters Licht. Ich gab ihnen durch die Inszenierung eines geläuterten Verhaltens zu verstehen, dass das verlorene Schaf wieder in die Herde der rechtgläubigen Erlösungsoptimisten zurückgehrt war. Sie glaubten mir gerne und unterließen weitere Rechristianisierungsbemühungen. So hatten die Heiligen ihre und der Satan wieder seine Ruhe.

Es ist nicht selten, dass gerade die aufdringlichsten Formen der Mission bei den Menschen genau das Gegenteil von dem bewirken, was die Missionare erreichen wollen. Das wurde mir später vor Augen geführt, als ich sah, dass sich unter den männlichen Aktivisten linker Studentenorganisationen, in deren Milieu ich mich während meiner Studienzeit bewegte, auffällig viele ehemalige Klosterschüler und Ministranten befanden und gerade diese waren es, die mit besonderer Inbrunst bei den regelmäßigen nächtlichen Besäufnissen „Wir hängen alle Pfaffen an der Kremlmauer auf" sangen. Die Kirche hat offensichtlich ein ähnliches Problem wie die politischen Parteien. Je besser man sie kennt, desto größer wird die Abneigung gegen sie.

Auch an mir scheiterte die Mission. War ich schon vor meiner Einschulung in das katholische Pensionat davon überzeugt, dass Religion Unsinn und Zeitverschwendung war – ich weigerte mich schon als Kind, jeden Sonntag in die Kirche zu gehen –, so wurde ich durch das mir vorgelebte Beispiel der Klosterbrüder, insbesondere aber durch ihr pädagogisches Verhalten in meiner Überzeugung so bestärkt, dass diese dauerhaft stabil und unwiderruflich geworden ist. Selten habe ich Menschen mit so wenig Fähigkeit zur Empathie kennengelernt, die ja ein zentrales Moment

der gelungen pädagogischen Praxis sein sollte; zu Selbstreflexion und Toleranz unfähige Normopathen, die ihre Werte und Regeln über die Würde des Menschen stellten. Toleranz war ein Wort, das sie wohl kannten, sie wussten aber nicht, welches praktische Verhalten damit bezeichnet wurde. Im Alltag einer christlichen Einrichtung, in der man einen Gott des Erbarmens anbetete, regierte die Erbarmungslosigkeit. Man traf auf Mönche, die ihre Zöglinge gerne in den Schwitzkasten nahmen und brutale „Kopfnüsse" verteilten und Lehrer, die Schüler mit schlechten Schularbeitsergebnissen vor der Klasse Aufstellung nehmen ließen, um sie „feierlich" zum Klassentrottel zu erklären. Andere wieder fanden nichts dabei, mit ihrem schweren Schlüsselbund nach siebenjährigen Knaben zu werfen. Dieselben züchtigten die Kinder mit Schlägen mit dem Zeigestab auf die flach ausgestreckten Hände. Und wenn ein Schüler den Terror nicht mehr aushielt und Selbstmord beging, liefen die Mönche von Klasse zu Klasse, nicht um den Kindern und Jugendlichen einfühlsam die Nachricht zu überbringen, sondern um den Selbstmord als eine Todsünde „One Way Ticket to Hell" zu geißeln und den Selbstmörder zu verurteilen. Die Unantastbarkeit der katholischen Normen und Regeln wurde über die Würde des Individuums gestellt.

Bei Niccolò Machiavelli findet sich der Satz: „Das erste Urteil, das man sich über einen Herrscher und über seinen Verstand bildet, beruht auf den Personen, die ihn umgeben." (Machiavelli 2001:111) Schon als Jugendlicher war mir klar, dass ein Gott, der sich von solchen Menschen auf Erden vertreten lässt, entweder selbst ein bösartiger Verrückter oder eine Erfindung der Verrückten sein muss, die sich auf ihn berufen.

Nur so viel noch zu meinem katholischen Erziehungstrauma: Ich wurde als 15-Jähriger von einem Lehrer im Unterricht beim Lesen des Beatles-Songbooks erwischt. In diesem Buch, erschienen im Deutschen Taschenbuch Verlag, entdeckte die Lehrerschaft pornografische Abbildungen, so beispielsweise eine Illustration zum Song „Helter-Skelter", die eine nackte Frau zeigt, um deren Körper sich eine Eisenbahnstrecke windet, die am Ende zwischen ihren Beinen verschwindet. Mein Vater wurde vorgeladen. Man zeigte ihm das Material, zum völligen Entsetzen des die Anklage vortragenden Lehrers, konnte er nichts Besorgniserregendes daran finden. Da fasste sich der Lehrer entsetzt mit beiden Händen an den Kopf und rief aus: „Ja, wenn der Vater nichts dabei findet kann, wundert mich das Verhalten des Sohnes überhaupt nicht mehr." Nach diesem Lehrergespräch soll mein Vater nach Hause gekommen sein und zu meiner Mutter gesagt haben: „Wir müssen den Buben aus dieser Schule nehmen, ich glaube, die erziehen ihn dort zu einem Trottel."

Bald danach verließ ich die Anstalt. Manchmal schrecke ich noch heute aus dem Schlaf hoch, weil ich träume, dass ich wieder dort bin. Meine Erlebnisse mit den Vertretern der optimistischen katholischen Heilslehre, der frohen Botschaft der Erlösung, bedrücken mein Leben noch heute, mehr als vierzig Jahre danach. Ein gutes Beispiel dafür, wie der pathologische Erlösungsoptimist normalen Menschen für ein Leben lang nachhaltig Schaden zufügen kann. Hingegen sind Skeptizismus und Pessimismus, von denen mich diese optimistischen Eiferer zu heilen versuchten, meine treuen Begleiter geblieben, die mein Leben erden und mich damit zu einem wehrhaften Realisten machen, den die verlockendsten Angebote aus dem Reich der vielen religiösen, politischen und kommerziellen Heils- und Irrlehren nicht anrühren können. Systematischer Zweifel in Kombination mit einer wohl dosierten Prise Pessimismus schärfen meinen Blick dafür, was die meisten Erlöser in Wirklichkeit sind: kleiderbehangene, eingebildete Paviane (vgl. Cioran 1978), die ihren Lebenssinn darin finden, dass eine von ihnen geschickt verführte Masse vor ihnen das Knie und den Rücken beugt. Lieber als Apostel, Gurus und andere Überzeugungstäter war mir immer jener Menschentypus, den der französische Philosoph Montaigne in seinen Essays würdigend hervorhebt, der darauf verzichtet den anderen zu sagen, was in der Welt zu tun ist und der sich im Gegensatz dazu darauf beschränkt darzustellen, wie er sein Leben führt, das heißt sich als Beispiel anbietet, anhand dessen sein Gegenüber in Freiheit den eigenen Weg entwickeln kann. So bleibt es jedem Zuhörer oder Leser vorbehalten zu entscheiden, ob er es ihm gleich tun will oder nicht.

Folgt man den Gedanken von Friedrich Nietzsche, was nie wirklich schaden kann, so ist der Optimismus ein Zeichen der Schwäche, während der Pessimismus mit Stärke verbunden ist. Warum ist der Pessimist stark? Er ist deshalb stark, weil er das „Harte, Schauerliche, Böse, Problematische des Daseins" als Bestandteil des Lebens nicht nur akzeptiert, sondern es auch annimmt. Für Nietzsche neigt sich der Pessimist „aus überströmender Gesundheit" dem Tragischen des Lebens zu, er ist gesund genug, sich mit dem Leidenscharakter des Daseins identifizieren zu können. Im Gegensatz dazu der Optimist, der die Augen vor den Härten des Seins verschließen will und wenn ihm das nicht mehr gelingt, wenn er das Übel zur Kenntnis nehmen muss, dann versucht, es mit Hilfe von Wissenschaft oder Moral zu heilen, zum Verschwinden zu bringen. Dem Optimisten scheint jedes individuelle und gesellschaftliche Problem lösbar. Am Ende ist alles eine Frage des wissenschaftlichen Fortschritts, der grenzenlos ist und für jedes Leiden, ob individuell oder kollektiv, das richtige Medikament hervorbringen wird oder der moralischen Selbstunterwerfung unter eine religiöse oder politische Heilslehre.

DAS ELEND DES HEROISCHEN SELBST ODER WENIGER IST MEHR

Eine uns heute noch quälende Hervorbringung des Fortschrittsoptimismus, der ein Kind des wissenschaftsgläubigen 19. Jahrhunderts ist, ist der überzogene Glaube an die Stärke und Leistungsfähigkeit des Individuums. Ohne dem Einspruch von Sigmund Freud Gehör zu schenken, der dem naiven, von seiner eigenen Stärke übertrieben überzeugten Menschen neben der kosmologischen, die Welt ist nicht der Mittelpunkt des Universums (Kopernikus), der biologischen, der Mensch stammt vom Tier ab (Darwin), noch eine dritte, die psychologische Kränkung beibrachte, in dem er nachwies, dass sich wesentliche Teile des Seelenlebens des Menschen seiner Kenntnis und Kontrolle entziehen, hält man das ganze 20. Jahrhundert und darüber hinaus bis zum heutigen Tage an einem Menschbild fest, das den Menschen als ein Wesen mit starkem moralischen Rückgrat und einem eisernen Wille beschreibt. Der amerikanischen Ich-Psychologie gelang es, die fundamentale psychoanalytische Einsicht zu verwischen, dass es genau dieses moralische Rückgrat und der eiserne Wille sind, die die Neurosen hervorbringen und dass es der Appell an den Willen, an die Fähigkeit zur Selbstkontrolle und Selbststeuerung ist, die das tragende Fundament des neurotischen Charakters darstellen. (Vgl. Illouz 2008:260) Uns wird Glauben gemacht, dass wir, wenn wir nur wollen, alles vermögen. Wir können uns selbst heilen, wenn wir nur wollen und uns sogar neu erfinden, wenn wir mit unserem individuellen Sein unzufrieden sind. Interessant ist aber, dass die verleugnete Dominanz des Unbewussten, die durch die humanistische Psychologie aus dem Fokus der Selbstwahrnehmung des Menschen gedrängt wurde, nun durch die Neuropsychologie zu uns zurückkehrt, indem uns diese zeigt, dass unser bewusster Wille nicht mehr ist, als ein Nachläufer unbewusster Prozesse unseres psychischen Apparats. Was wir glauben selbst zu entscheiden, wurde davor schon längst in unserem Unbewussten festgelegt. Man sieht also, dass auch in der Psychologie das Prinzip „Todgesagte leben länger“ seine Gültigkeit hat.

Der Mensch ist kleiner als er sich wähnt. Insbesondere seine eingebildete moralische Größe ist in der Regel nicht mehr als gut kaschierter Utilitarismus, „denn die Menschen sind immer schlecht, wenn die Notwendigkeit sie nicht gut macht“, wie schon Machiavelli im 16. Jahrhundert bemerkte. (Machiavelli 2001:114) Und umgekehrt sind die Menschen gut, wenn keine Notwendigkeit besteht schlecht zu sein. Vielleicht sollten wir einsehen, dass wir nicht alles aus uns machen können, was die großen Moralphilosophien und Religionen von uns verlangen, weil „wir nicht sehr verlässlich zu Haus sind in der gedeuteten Welt“ und dass vieles von dem, was wir tun, „das verzogene Treusein einer Gewohnheit (ist), der es bei uns gefiel“. (Rilke 1997:7) Dort wo wir unsere moralische Größe adorieren, machen wir in Wirklichkeit nicht mehr, als dass wir einer Gewohnheit oder dem eigenen Vorteil folgen.

Nietzsche nennt den Fortschrittsglauben „theoretische Haltung“. Diese legt uns nahe, dass alles erforschbar sei, die Wissenschaft erscheint ihr als das Allheilmittel ihrer Zeit. Der „theoretischen Haltung“ setzt er die „tragische Haltung“ entgegen, eine Haltung, zu der man unvermeidlich gelangt, wenn der wissenschaftliche Optimismus an seine Grenzen stößt, nämlich überall dort, wo der Mensch „in das Unaufhellbare starrt“, wo die Wissenschaft keine Erklärung mehr für Vorgänge des menschlichen Lebens findet und die Moral keine brauchbaren Regeln zur Bewältigung unserer Probleme des Zusammenlebens liefert. Zu Recht erschien Nietzsche der Glaube an die Beherrschbarkeit des sozialen Lebens der Menschen und der sie umgebenden Natur wahnhaft. Einer Weltsicht, die alles versucht in Kausalbeziehungen aufzulösen, hält er entgegen, dass „man geht zu Grunde, wenn man immer zu den Gründen geht“. Vielmehr ist das Leben ein Spiel, das die Regeln wechselt, wie es ihm beliebt und das über weite Strecken nach ohne für uns nachvollziehbaren Regeln abläuft.

Eines dieser großen neuen Spiele, das nun an die Stelle der alten Erzählungen tritt, wie die des Sozialismus und der sozialen Marktwirtschaft, die sich für große Welterklärungssysteme halten und uns glauben machen wollen, eine planvolle Menschheitsentwicklung ins Glück garantieren zu können, ist das Spiel des entfesselten Marktes. Im Grunde läuft dieses Spiel nicht anders ab als Black Jack, Poker oder Roulette im Kasino. Wie diese Spiele wird auch der Markt vom Zufall regiert. Ein Spiel ist sinnlos, wenn der Zufall fehlt, es verliert seinen Unterhaltungswert, wenn alle Beteiligten wissen, wie es zu spielen ist, damit man gewinnt.

Alles vorher zu wissen, ist der Tod des Spielvergnügens. Man kann sich das so ähnlich vorstellen, wie die Situation eines Computer-Gamers, der sich ein teures Spiel kauft und sich aus dem Internet Cheats herunterlädt. Cheats sind kleine Programme, die sich in das Spiel einschreiben und dafür sorgen, dass man zum Beispiel in einem Shooter unsterblich wird, unendlich viel Munition besitzt und über titanenhafte Kräfte verfügt. Man räumt dann alle Gegner mühelos aus dem Weg, auch den in der Regel fast übermächtigen Endgegner, dessen Überwindung ein Höchstmaß an Geschick und Geduld erfordert. Durch die Allmächtigkeit des Spielers ist das Spiel aber schal und langweilig geworden, es kann nur mehr freud- und erregungslos durchgearbeitet werden. Am Ende bleibt dem Spieler nur der Triumph des Betrügers, der im Freundeskreis damit angeben kann, als erster das Spiel vollständig durchgespielt zu haben. Dennoch hat er einen schlechten Deal gemacht, denn er hat das inhärente Gut, also die Lust am Spiel selbst, die Freude an den kleinen Erfolgen, die emotionalen Hochphasen, in die man gelangt, wenn man eine schwierige Herausforderung bewältigt – zum Beispiel den Sieg über den letzten Gegner

–, eingetauscht gegen das äußere Gut des Markterfolgs auf dem Markt der Aufmerksamkeit und Eitelkeit. Im Grunde wurde so die Qualität des Spielerlebnisses gegen den quantitativen Wert der Aufmerksamkeit getauscht, die wichtigste Währung unserer Zeit. Der individuelle Lustgewinn, der durch die passionierte Hingabe an das Spiel und die Unterordnung unter dessen Regeln entsteht, wurde auf dem Altar der Ökonomie der Aufmerksamkeit geopfert. Ein potenziell heißes, emotionales Spannungserlebnis wurde in den kühlen Tauschwert der Aufmerksamkeit konvertiert. „Out of the hot – into the cool." Marktwirtschaftliches Verhalten entfremdet den Spieler von der lustvollen und spannungsgeladenen Selbstverwirklichung, indem sie ihn zum kühlen Kalkulanten seines Vorteils macht.

Um nochmals auf den Markt zurückzukommen. Der Markt ist wie das Kasino, ein System, in dem der Zufall regiert und das man nicht beherrschen kann. Die optimistische Auffassung, dass der Markt ein durch wissenschaftliche Analyse und logisches Handeln kontrollierbares System ist, das den einzelnen Teilnehmer belohnt, wenn er nach seinen Regeln spielt, wurde von einem der Begründer der großen Erzählung vom entfesselten Markt selbst, von Friedrich August Hayek, ausgehebelt. Seine Beschreibung der Marktwirtschaft wiederspricht dieser Auffassung. Vielmehr meint er, dass in den Märkten, weil sie überkomplex sind, der Zufall regiert und zudem, „dass die Marktordnung keinen engen Zusammenhang zwischen subjektivem Verdienst oder individuellen Bedürfnissen und Belohnungen zustande bringt. Sie arbeitet nach dem Prinzip eines Spiels, (...) bei dem das Endergebnis genauso gut von außerhalb seiner Kontrolle liegenden Umständen abhängen kann, wie von seiner Geschicklichkeit oder Anstrengung." (Hayek nach Ribolits 2013:37f.) Die am Markt Erfolgreichen irren oder sie lügen uns einfach etwas vor, wenn sie ihre Triumphe auf ihre Leistungs- und Analysefähigkeit zurückführen. In Wirklichkeit sind sie nicht mehr und auch nicht weniger als Spieler, die Glück gehabt haben. So wenig man am Roulettetisch die Zahlen voraussagen kann, so wenig kann man die Bewegungsgesetze des Marktes durchschauen.

Die meisten Wirtschaftswissenschafter, Unternehmer und vor allem die postmodernen Start-up-Ideologen handeln wie Systemspieler, also Menschen, die glauben, in der Abfolge von Zahlen am Roulette-Tisch oder beim Lotto eine notwendige Regelmäßigkeit erkennen zu können. Sie entwickeln ihr System, spielen damit ihr Spiel, verlieren in der Regel, aber wenn sie der Zufall einmal gewinnen lässt, dann tun sie so, als ob sie die Gesetzmäßigkeiten des Spiels, also des Marktes, durchschaut und verstanden hätten.

Die Struktur der Vorhersagen der Wirtschaftswissenschafter erinnert manchmal auch frappant an die Prognosen der Astrologie. Dort sagt man entweder die Zukunft so diffus und abstrakt voraus, dass sich am Ende das eine oder andere Ereignis in die Logik der Voraussage ohne Probleme einpassen lässt oder man sagt für einen bestimmten Zeitraum so viele einzelne Ereignisse vorher, dass es schon mit Tod und Teufel zugehen müsste, wenn nicht eines von ihnen einträfe.

Wie kann man nun in einer Welt, in der das Schlechte das Gute überwiegt, in der in der Regel nicht das passiert, was man will und in der die Menschen nicht so stark sind, wie ihnen von den Ideologen des Optimismus weisgemacht wird, ein gutes Leben haben?

Der erste Grundsatz ist: Nicht zu viel wollen und keinesfalls etwas erzwingen wollen. Wer zu viel will, der wird zum Opfer seiner Wünsche und die Wünsche erdrücken in der Regel ihre Träger. Denn die Welt richtet sich nicht nach den Wünschen des Individuums und sie gibt ihm in der Regel auch nicht die machtvollen Instrumente in die Hand, um sie gegen den Widerstand des Faktischen zu realisieren. Also muss man lernen, was man will, nicht um jeden Preis zu wollen oder zumindest, wenn man das Wollen schon nicht ausschalten kann, mit Zurückhaltung zu wollen. Um uns herum passiert so vieles wie von selbst, jedenfalls ohne unser Zutun. Vieles von dem ist zumindest teilweise mit dem identisch, was wir wollen. Am besten ist es, wenn uns das mit unserem Willen Identische zufällig in den Schoß fällt. Allein wenn man nur annähernd das bekommt, was man sich wünscht und nicht das genaue Gegenteil davon, ist das schon ein riesen Zufall und ein epochaler Erfolg.

DREI ÜBEL: ASOZIALE, FREDERICKS UND GESINNUNGSETHIKER

Eine Möglichkeit, in einer Welt voller ideologischer Verführung und kommerzieller Manipulation ein gutes Leben führen zu können, bietet das pragmatische Handeln. Aber Pragmatismus alleine ist zu wenig, denn ich möchte keinen egozentrischen Pragmatismus propagieren, der nur den eigenen individuellen Vorteil zum Ziel hat. Nein, dem kühlen Krieg aller gegen alle mit dem Ziel der Maximierung des persönlichen Nutzens soll hier nicht das Wort geredet werden. Vielmehr geht es mir um einen verantwortungsvollen Pragmatismus im Sinne Max Webers, den dieser mit dem Begriff der Verantwortungsethik wohl gemeint hat. Verantwortungsethik im weberschen Sinne heißt erstens: Über die möglichen Folgen des eigenen Handelns nachzudenken, und zweitens: nicht jedes Mittel, das der Zielerreichung dient, auch anzuwenden.

Zum ersten Punkt, bei dem es um die Folgen des eigenen Handelns geht, fallen mir als Beispiel sofort die Steuerhinterzieher ein, vor allem jene, die Steuerhinterziehung im großen Stil praktizieren. Bis heute ist unklar, wie groß die Summe an Steuern ist, die Uli Hoeneß hinterzogen hat. Was man weiß ist, dass es wohl nicht weniger als dreißig Millionen Euro sind. Oder der ehemalige Springreiter Klaus Schockemöhle. Er musste 1998 11,7 Millionen Euro an Steuern nachzahlen, die er offensichtlich hinterzogen hatte. Dagegen sind Boris Becker mit 1,7 Millionen und Klaus Zumwinkel, ehemaliger Chef der Deutschen Telekom, mit einer Million Euro noch kleine Fische.

Was ist das moralische Problem der Steuerhinterziehung? Ganz einfach, der Hinterzieher denkt nicht an die Folgen seines Handelns für die Gesellschaft. Es fehlt ihm an Empathie, an teilnehmendem und anteilnehmendem Denken bezogen auf das gemeinschaftliche Ganze. Sein Handeln ist nur mehr vom größtmöglichen individuellen Nutzen bestimmt, der Gemeinschaftsnutzen, der größtmögliche allgemeine Nutzen, ist ihm fremd.

Gerade in einer Zeit, in der die Staatsfinanzen besonders unter Druck stehen, d.h. die Einnahmen bei Weitem nicht ausreichen, um zum Beispiel das Sozial- und Gesundheitssystem in bestehender Qualität aufrechtzuerhalten, ist Steuerhinterziehung eine gewissenlose Dreistigkeit. Um sie zu unterlassen, ist keine besondere moralische Qualifikation notwendig. Allein die Fähigkeit zur vernünftigen Einsicht in die gesellschaftlichen Verhältnisse müsste schon dazu ausreichen, die Superreichen zu größerer Steuergerechtigkeit zu motivieren.

Der Steuerhinterzieher ist der Prototyp des Asozialen unserer Tage. Während man Arbeitslosen den Geldbezug kürzt und alleinerziehenden Müttern das Kindergeld, füllen sie sich, die überwiegend aus dem Milieu der Superreichen kommen, ihren Geldspeicher mit unrechtmäßig zurückgehaltenen Steuermitteln und genießen klammheimlich die Freude, dem Gemeinwesen ein Schnippchen geschlagen zu haben. Man sieht sie vor sich, diese zwanghaften Pedanten, die an den Wochenenden in ihren peinlich aufgeräumten Wohnzimmern sitzen und ihre Wertpapierkonten und Sparguthaben kontrollieren und sich freuen, wenn sich die leblosen Geldwerte in ihrem Besitz wieder vermehrt haben. Sie leben nur mehr in der virtuellen Welt der Tauschwerte, das Computerbild der Börsenkurse überlagert längst die Realität des gesellschaftlichen Lebens. Wenn sie Beziehungen unterhalten, dann sind es primär Beziehungen zum abstrakten Geldwert. Sie sind ausgekühlte Menschen mit rechnenden Gehirnen, die ihre persönliche Freiheit an den Dax und die Nasdaq abgetreten haben. Sie können nicht mehr sozial denken, weil sie nur mehr selten in der konkreten Welt leben. Den größten Teil ihrer Zeit verbringen sie in der abstrakten Welt von Börsenindizes. Sie sind sozial blind, weil sich das abstrakte Bild der Börsenwerte zwischen sie und die konkrete Menschen- und Dingwelt geschoben hat. Sie sind gleichermaßen verloren in einem virtuellen Raum, wie die spielsüchtigen Jugendlichen in den Kunstwelten von World of Warcraft.

Ganz im Sinne Max Webers sind die Steuerhinterzieher Menschen, die die Folgen ihres Handelns nicht bedenken und die es ablehnen, die Verantwortung dafür zu übernehmen. „Out of the hot – into the cool." Die kühle Kalkulation des eigenen Vorteils eliminiert das Einfühlungsvermögen in die Lebenssituation der Armen und Schwachen.

Emotional werden diese coolen Erfolgstypen nur dann, wenn es um sie selbst, um ihr eigenes Leid geht, wenn sie zum Beispiel ins Gefängnis müssen. Dann inszenieren sie sich als Opfer einer mitleidslosen Hatz gegen die Fleißigen und Leistungsstarken und nehmen in den seltensten Fällen die Rolle des reuigen Sünders, der sein Unrecht einsieht und um Wiedergutmachung bemüht ist, ein. Manchmal ist es kaum zu glauben, zu welchen Emotionen die sonst so unterkühlten, unnahbaren und sich immer als gnadenlos überlegen inszenierenden Highflyer des Neoliberalismus fähig sind, wenn ihnen das eigene Fell über die Ohren gezogen wird. Dann werden sie zu jämmerlichen, vor sich hin heulenden Gestalten, fast ebenso lächerlich wie die empörten, an Appellitis leidenden Moralisten, die die Überführung und den Untergang eines Korruptionisten wieder mit ihren unvermeidlichen Aufrufen für mehr Menschlichkeit, Mitleid und Erbarmen begleiten. Wann wird es endlich in ihren Kopf hineingehen, dass die Wahrscheinlichkeit größer ist, dass ein Mensch sich systemkonform verhält, als dass er systemkritisch denkt und sich auflehnt? Moralappelle werden uns vor dem gefühllosen „Homo Oeconomicus", der in den Managementschulen gerade jetzt massenhaft herangezogen wird, nicht retten. Helfen können nur Gesetze, markteinschränkende Regeln, die die Handlungsspielräume der selbstgerechten und selbstgefälligen Performer der Finanzspekulation einschränken und natürlich eine Reduzierung der staatlichen Zuwendungen für Wirtschafts- und Managementausbildungen. Wir haben schon genug egozentrische, sozial inkompetente und karrieresüchtige Narren produziert, die uns leider ununterbrochen auf Bahnhöfen und Flughäfen, in Hotels und Restaurants und in Geschäften, Kinos und Fitnessclubs über den Weg laufen.

Auf Flughäfen ist man diesbezüglich am meisten gefährdet. Früher hatte man noch den Vorteil, dass der gemeine Businesskaspar in der First- und Business-Class konzentriert und dort, abgeschieden von den normalen Menschen, einer Spezialbetreuung unterzogen wurde. Das ist wohl auch der Grund, warum die Flugbegleiter bis heute sofort nach dem Abflug die Vorhänge zwischen der gehobenen Klasse und der Economy-Class zuziehen. So wird vermieden, dass die normalen Menschen im Fonds des Flugzeugs sehen, wie Neurologen und Psychiater Beruhigungspillen an die Business-Kasper verteilen, damit diese Hyperaktiven zwei Stunden still sitzen können, obwohl sie nicht twittern, emailen, facebooken oder telefonieren dürfen.

Aber heute ist alles anders. Nachdem den meisten Unternehmen ihre „High Potentials" keine Businessflüge mehr wert sind, hat sich die Flut der Business-Kasper in die Economy-Class ergossen, wo sie nun, und das ist der springende Punkt, völlig unbetreut zwischen den normalen Menschen sitzen. Das führt zu mehreren Problemen. Um nur einige wenige zu nennen: Sie brauchen Platz für mindestens eineinhalb Personen, weil sie sich durch jahrelanges Reisen in der Business-Class an den freien Platz zwischen sich und ihrem Sitznachtbar gewöhnt haben. Blöd nur, wenn man dann neben einem solchen Typen sitzt. Die gemeinsame Lehne zwischen ihm und uns werden wir, als friedliche Menschen, gleich vor dem Start abtreten. Den weitgespreizten Beinen des Business-

Kaspers können wir leider keinen Platz bieten, weil zwischen unseren Beinen unser kleines Handgebäck steht, dass wir in den Fächern über den Sitzen nicht mehr unterbringen konnten, weil das Businessvolk dort seine riesigen Trolleys hineinstopft, die sie nicht als Gepäck aufgeben, weil sie so fünf Minuten Zeit gewinnen, die sie sonst als vergeudete Wartezeit bei der Gepäcksausgabe verbringen müssten. Kaum sind die Anschnallzeichen erloschen, sind zwei Szenarien möglich. Entweder der Businesskasper greift zur FAZ und beginnt das Großformat weit ausgefaltet zu lesen, was dazu führt, dass man seine Hand mit dem goldenen Ehering und der Armbanduhr Marke Glashütte und die Hälfte der Zeitung vor dem Gesicht hat oder er packt seinen Laptop aus und hämmert dort wie verrückt hinein. Einen ganzen Flug hindurch hat man dann das Tastaturgeräusch im Ohr. In schlimmen Fällen hören die Typen noch laut über Kopfhörer Musik, entweder unerträgliche Soul-Balladen von Beyoncé oder irgendwelche elektronische Mainstream-Produktionen, die alle wie DJ Guetta klingen, die man keinesfalls hören will. Beim Aussteigen muss man aufpassen, denn die leistungs- und konkurrenzorientierten Typen wollen nicht nur an der Börse die ersten sein, sondern auch als erste aus dem Flugzeug aussteigen, so als würde im Flughafengebäude eine Prämierung der Passagiere stattfinden, die als erste in der Ankunftshalle auftauchen. Also wird man niedergerannt, zur Seite gedrückt, bekommt den Koffer beim Herausnehmen aus dem Gepäckfach auf den Kopf. Später wird der eine oder andere uns mit ihm auch noch vor und über die Beine fahren.

Wie wird man mit diesen Typen fertig? Gar nicht. Sie sind zu viele und zu unverfroren. Dennoch gibt es zwei Möglichkeiten subtil zurückzuschlagen. Die eine Möglichkeit besteht darin, dass man sich mit gesinnungsverwandten Menschen über die Typen lustig macht. Eine Bekannte von mir nennt alle Business-Kasper

„Frederick“, zeigt mit dem Finger im Flugzeug auf sie und ruft: „Schau, hier ist wieder ein Frederick.“ Fredericks zeichnen sich dadurch aus, dass sie alle die gleiche modisch dezente Frisur haben: die abgespeckte Fußballerversion, das heißt dezente Blondierung, zurückhaltend auftoupierter Mittelspitz und nur angedeutete Rasur der Seitenhaare. Dazu tragen sie alle ganz ähnliche dunkle Designeranzüge. Hier heben sich nur die sogenannten Kreativen etwas ab, die neben der Hipster-Krankenkassenbrille nach unten hin karottenförmig zusammenlaufende oder deutlich zu kurze „Hochwasserhosen“ tragen und häufig dazu bunte Socken. Die Kreativen sind genauso rücksichtslos beim Ein- und Aussteigen wie die Marketingmanager und Controller, sie treten dich aber lässig-antiautoritär zur Seite, nicht so zackig und kontrolliert wie die Managertypen.

Die zweite Möglichkeit ist die subversiv situationistische Aktion. Hier gibt es mehrere Verfahren. Gut funktioniert, in das Laptopbild des Sitznachbarn unverhohlen hineinzustarren. Nachdem sich auf dem Laptop äußerst brisante Geschäftsgeheimnisse befinden, wird der Manager sie schützen, indem er den Laptop griesgrämigen Gesichts verschließen wird. Danach tut man so, als würde man einschlafen. Kaum hat der Business-Kaspar den Laptop wieder geöffnet, ist man sofort hellwach und starrt wieder auf den Bildschirm. Bald darauf wird sich das Tastaturgeräusch einstellen.

Was auch gut funktioniert ist, wenn man das Aussteigen verzögert. Man stellt sich mitten in den Gang, zieht sich ganz langsam die Jacke an, nimmt dann seine Tasche aus dem Gepäckfach, öffnet diese, räumt das Buch, das man während des Flugs gelesen hat, sorgfältig und penibel ein, schließt die Tasche bedächtig. Hinter sich kann man die Hyperaktiven mit den Füßen scharren und schnaufen hören. Das gibt mir ein wirklich erhebendes Gefühl.

An dieser Stelle möchte ich nun die Stafette an den Leser weitergeben. Überlegen Sie sich Methoden, wie Sie die Business-Kasper-Armee ärgern können. Wir leisten gegen sie lustvollen Widerstand, anstelle mit ihnen über Blödargumente aus irgendwelchen neoliberalen Thinktanks zu diskutieren. Zweiteres ist langweilig, Ersteres macht Spaß, wir wählen Ersteres.

Aber nicht nur die Business-Kasper ohne Gesinnung machen uns das Leben zur Hölle. Nein es gibt auch noch die Gesinnungsethiker, jene Leute, die nach dem Prinzip „und wenn die ganze Welt untergeht, meinen moralischen Standpunkt gebe ich nicht auf", agieren. Ein gutes Beispiel dafür, wie Gesinnungsethiker das Leid in der Welt vermehren und ihren hehren Idealen die gesamte Lebenspraxis unterordnen, ist die katholische Religionsgemeinschaft mit ihrer Einstellung zur Empfängnisverhütung. Bis zum heutigen Tag lehnt die Kirche die Verwendung von Kondomen im Kampf gegen Aids ab. Während sich das tödliche Virus in Afrika verheerend ausbreitet, bleibt die Kirche bei ihrer rigiden Sexualmoral, die den Gebrauch von Verhütungsmitteln generell zurückweist und ignoriert konsequent die tödlichen Folgen ihrer moralischen Haltung. Fiat iustitia et pereat mundus – das Recht der Kirche muss herrschen, auch wenn die Welt darüber zugrunde geht. Für die Opfer ihres Starrsinns übernimmt die Kirche keine Verantwortung. Die, die sich anstecken, sind selbst schuld, weil sie nicht nach den moralischen Regeln der Kirche leben. Frei nach dem Motto, hättest du auf Gott gehört, dann wäre dir deine Immunschwäche erspart geblieben.

Besonders faszinierend ist, dass die Prediger des Zölibats und der geschlechtlichen Enthaltsamkeit ein Verhaltensmodell vorschlagen, dass sie selbst nicht durchhalten. So ist es ein offenes Geheimnis, dass die Kirche in Deutschland und Österreich eine erkleckliche Summe an Alimenten für unehelich geborene

Pfarrerskinder aufbringen muss. Auch die schwulen Priester und Mönche sind hyperaktiv, was insbesondere Jugendliche, die katholische Privatschulen besucht haben, aufgrund ganz persönlicher Erfahrungen bestätigen werden. Man stellt sich dann schon die Frage, wie Leute dazu imstande sind, eine Regel, an der sie selbst scheitern und gescheitert sind, anderen anzuempfehlen. Sollen sich Homosexuelle und ehelose Heteros nun selbst geißeln oder den dornigen Bußgürtel umlegen wie die Superfrommen des Opus Dei, wenn sie das Verlangen überkommt und sie dem tödlichen Virus entgehen wollen. Oder wäre es eventuell nicht doch vielleicht an der Zeit, Papst und seine Kurie würden in sich gehen und die menschenverachtende katholische Sexualmoral über Bord werfen?

In Afrika leben zwei Drittel der weltweit mit AIDS infizierten 34 Millionen Menschen. Während in Europa die gute medizinische Versorgung dafür gesorgt hat, dass sich die Krankheit von einer mittelbar tödlichen zu einer chronischen wandelte, ist die afrikanische Bevölkerung den mit der Immunschwäche einhergehenden Folgekrankheiten schutzlos ausgeliefert. Millionen siechen ohne Hoffnung und Linderung dahin. Und was hat die Kirche den Leidenden, anstelle der teuflischen Kondome anzubieten? Salbungsvolle Worte auf der höchsten Abstraktionsebene des Geistes. Wie der in der Zwischenzeit emeritierte Papst Benedikt der XVI., der noch im Jahr 2010 meinte, dass Kondome das falsche Mittel gegen AIDS wären. Die Lösung des Altpapstes liegt nicht in der gegenständlichen Welt des Materiellen, sondern in der Welt der Spukgestalten des absoluten Geistes. Nicht die Verteilung von Kondomen, sondern ein „spirituelles Erwachen“, das die Menschen auf den rechten Weg der ehelichen Treue und der vorehelichen Enthaltsamkeit führen soll, wird die tödliche Seuche stoppen. Ganz im Sinne von Max Webers fühlen sich die Gesinnungsethiker der katholischen Kirche offensichtlich nicht für das Elend der AIDS-Kranken verantwortlich, sondern nur dafür, dass die Flamme der reinen Gesinnung ihrer Glaubensdogmatik nicht erlischt. (Vgl. Weber1992:71) Hier sieht man die ganz praktischen katastrophalen Auswirkungen einer Religion, das heißt aller Religionen, denen das Wort und die Schrift wichtiger sind als der Mensch.

Aber im Vergleich zu den Muslimen sind die Katholiken noch harmlos, vor allem deshalb, weil ihnen durch die europäische Aufklärung der Schneid abgekauft wurde und sie dadurch heute nicht mehr foltern, verbrennen und ertränken, sondern nur noch abstraktes, konfuses und zum Kitsch aufgeblasenes Zeug von sich geben. Der Islam ist leider noch nicht zur reinen, die Welt mystifizierenden, spirituellen Sprachakrobatik herabdemotiviert. Es ist kaum zu fassen, was seine Anhänger glauben, respektive glauben müssen. Wer sich mit dem Bombengurt in die Luft sprengt, bekommt im Paradies siebzig Jungfrauen bereitgestellt, wem aber das Unglück wiederfährt, im Kampf um die Islamisierung der Welt von einer Frau, zum Beispiel einer kurdischen Kämpferin, erschossen zu werden, dem bleibt das Paradies versperrt.

In Deutschland und Österreich wird heute eine intensive Diskussion darüber geführt, warum sich junge Muslime dem Jihad des IS anschließen und wie sie davon abgehalten werden könnten. Da diese Diskussion in erster Linie von Gesinnungsethikern beherrscht wird, kann es kaum verwundern, dass wir, so der Mainstream der veröffentlichten Meinung, die Schuld dafür bei uns selbst zu suchen haben. Wir zwingen die Leute quasi in den Jihad, weil wir respektlos und ohne Verständnis für ihre Kultur und ihren Glauben sind.

Gesinnungsethiker, insbesondere aus der linkskatholischen Ecke, aber auch die atheistische Linke, erlegen sich und uns gerne für alles Mögliche die Schuld auf. Die Christen fühlen sich sowieso von früh bis spät schuldig, weil sie nicht aufhören können zu sündigen. Sie haben vor lauter Schuldgefühlen die prinzipielle Option aus den Augen verloren, dass ein Mensch auch unschuldig sein könnte. Die Linken haben zwar mit persönlichen Schuldgefühlen weniger Probleme, es ist für sie aber ausgemacht, dass unser Gesellschaftssystem für alles Elend auf der Welt, so auch für das Elend der Migranten verantwortlich ist und damit auch alle jene Menschen, die dieses System nicht Tag und Nacht bekämpfen. Und so ist es aus beiden Perspektiven folgerichtig und klar, dass die jungen Türken und Araber in den Jihad ziehen, weil wir in unserer Gesellschaft keine Willkommenskultur haben, weil sie tagtäglich von uns diskriminiert werden, weil sie keine schulischen und Berufsperspektiven haben, weil sie in beengten Wohnverhältnissen leben müssen und so weiter und so fort.

Mich erinnern diese Begründungen ein wenig an die leninistische Widerspiegelungstheorie. Laut dieser bilden sich die sozialen Erfahrungen eines Menschen eins zu eins in dessen Bewusstsein ab, d.h. ein Arbeiter prägt ein Arbeiterbewusstsein und ein Bourgeoise ein Bourgeoisie-Bewusstsein aus. Logisch, dass in unserer Zeit ein benachteiligter Migrant ein Migrantenbewusstsein ausbildet, dass ihn dazu drängt, in den Jihad zu ziehen. Ist das nicht etwas holzschnittartig? Und ignorieren wir damit nicht die Migranten als freie Menschen, die in der Lage sind, autonome Entscheidung abseits ihrer sozialen Lage zu treffen? Vielleicht ist es lediglich so, dass viele junge Muslime unsere Gesellschaft ablehnen und durch eine andere, eine islamische ersetzen wollen? Vielleicht ekeln sie sich einfach vor unserem laizistischen, libertären, unmoralischen, konsumorientierten Leben? Und vielleicht glauben die Muslime noch an etwas, an eine bessere Zukunft in einem besseren System, einen Glauben, den wir alle längst verloren haben?

Und vielleicht wollen sie dieses andere System mit allen Mitteln durchsetzen, so wie es eben dem Handeln von Gesinnungsethikern entspricht. Fiat iustitia et pereat mundus. Wir haben diese Zeit hinter uns gelassen, andere sind vielleicht noch nicht so weit. Wir sollten zumindest in Betracht ziehen, dass Salafisten und andere radikale Narren nicht nur Opfer unseres Handelns sind, die auf unsere Intoleranz notwendigerweise so reagieren müssen, wie sie reagieren, sondern einfach ehrlich überzeugte Menschen, die sich in Freiheit dafür entschieden haben, ihre Gesellschaftsvorstellungen gegen die unseren durchzusetzen. Sollte dies der Fall sein, so wäre es wohl vernünftiger, sich mit aller Macht gegen diese Leute zur Wehr zu setzen, anstatt für sie Verständnis zu entwickeln. Vielleicht brauchen die radikalen Muslime weniger Dialog und mehr klare Ansagen darüber, was wir wollen und was wir nicht wollen, dass wir zum Beispiel nicht daran denken fünfmal am Tag zu beten, den Koran oder irgendein anderes verstaubtes Buch zu lesen, kein Schweinefleisch zu essen, keine Hunde zu halten, keine Witze über Religionen zu machen, keine pornografischen Bücher und Filme zu konsumieren und keinesfalls denken wir daran, im Fitnesscenter in der Badehose zu duschen oder nicht splitterfasernackt in die Sauna und ins Dampfbad zu gehen oder auf der Wiener Donauinsel oder in Münchens Englischem Garten nicht nackt in der Sonne zu liegen. Und wem das nicht passt, der soll uns gestohlen bleiben. Viele von uns wollen einfach keine Kompromisse mit den weltfremden Fundamentalisten eingehen, sondern einfach so weiterleben, wie es hier in den letzten fünfzig Jahren zur Regel geworden ist.

Mir fällt in diesem Zusammenhang immer meine eigene radikale politische Vergangenheit ein. Ich war in meiner Jugend linker Sozialist und ich bekannte mich zum marxistischen Revolutionsideal. Viele aus meiner Generation der Uni-Linken sind damals nach Nicaragua gegangen, um mitzuhelfen, das Land gegen den US-Imperialismus zu verteidigen. Sie haben dort zwar nicht zu den Waffen im Kampf gegen die vom amerikanischen Geheimdienst unterstützten Contras gegriffen, aber einige wären selbst dazu fähig gewesen.

Was hätte es für uns bedeutet, hätte man unser Engagement damals als Folge unserer prekären Lebenslagen oder zu geringer sozialer Anerkennung interpretiert und uns, um uns wieder auf den rechten Weg zurückzuleiten, ein paar Sozialarbeiter geschickt, finanziert aus einem Präventionsfond gegen linken Radikalismus? Unsere Rolle als autonome politische Subjekte, die auch das Recht haben, radikale Positionen zu vertreten, wäre damit ausgelöscht worden. Man hätte uns von Staats wegen entmündigt, uns aus der Rolle des aktiven Bürgers herabgewürdigt zum passiven Opfer objektiver Verhältnisse. Zum Glück war dem nicht so. Wir wurden von der herrschenden Politik und der bürgerlichen Presse bekämpft, sogar von der Staatspolizei überwacht – ein paar Jahre später durften wir uns stolz unsere Auszüge aus den Stapo-Akten wie Trophäen abholen. Das herrschende System hatte uns völlig richtig als Gegner erkannt und uns auch so behandelt. Keiner hat uns sozialpädagogisch bekehrt und uns zu integrieren versucht. Warum wird heute nicht genauso mit den radikalen Muslimen umgegangen? Warum will man sie nicht einfach niederringen, sondern integrieren? Müssen wir eigentlich alles und jeden integrieren und muss sich auch jeder integrieren lassen? Und dürfen Bürger nicht auch außerhalb des Mainstreams stehen, ohne gleich zum Zielobjekt der sozialpädagogischen Prävention zu werden? Wer eine andere Gesellschaft will, der soll dafür eintreten dürfen, so lange er sich an die demokratischen Spielregeln hält. Wenn er sich nicht an sie hält, dann soll er ohne Wenn und Aber eine auf die Mütze bekommen. So ist der Staat vor dreißig Jahren, als es so etwas noch gab, mit der radikalen Linken umgegangen, so sollte er auch heute mit den radikalen Muslimen umgehen.

Heute will man die fundamentalistischen Muslimen zur Demokratie und zum Pluralismus bekehren. In Wirklichkeit wird man dem Problem aber so nicht Herr. Wir sollten uns daran gewöhnen, dass hier Leute am Werk sind, die genau wissen, was sie wollen und tun und wir sollten ihnen zeigen, dass wir sie ernst nehmen, indem wir sie mit allen Mitteln genauso bekämpfen, wie sie uns bekämpfen.

Mit dem Islam in Österreich und Deutschland sollte heute so verfahren werden, wie die europäische Aufklärung mit dem Christentum verfahren ist. Wir müssen ihn auf das Maß zurückstutzen, das einer Religion in einer laizistischen Gesellschaft zukommt und das heißt, ihre Vertreter dürfen segnen, gedenken, mahnen, predigen, wenn es nicht anders geht, auch zu ihren hohen Feiertagen kleine Kolumnen in Tageszeitungen schreiben oder moralische Bücher veröffentlichen, aber was in unseren Gesetzbüchern steht und wie wir unser Leben führen, darauf dürfen sie keinen Einfluss haben. Mit dem Koran soll heute jeder so umgehen dürfen, wie mit den Büchern von Margot Käßmann. Der, der sie ernst nehmen will, kann dies gerne tun, wer sie zum Gegenstand einer öffentlichen satirischen Lesung machen will, soll das aber auch tun dürfen.

Was ist nun mein persönliches Lebensideal, das sich aus alldem ableiten lässt? Ganz einfach und auf den Begriff gebracht, ist es das Ideal des sparsamen Handelns auf verantwortungsethischer Basis in Verbindung mit einer zweckpessimistischen Grundhaltung, d.h. bevor man etwas tut, ist es unerlässlich, die Folgen des eigenen Handelns für andere einer moralischen Kontrolle zu unterziehen. Aber noch viel wichtiger ist es, den mutmaßlichen Schaden durch eigenes Handeln schon dadurch zu reduzieren, dass man möglichst wenig tut. Das heißt im Klartext: Handlungsdiät. Und in der Praxis? Weniger Kommunikation, weniger Sozialkontakte, weniger Projekte, weniger Mobilität, weniger Reformen, weniger Produktion, weniger Kreation, weniger Konsum, weniger Genuss – von allem deutlich weniger, was heute zu den absoluten und unhinterfragbaren Notwendigkeiten des Lebens gezählt wird. Neben dem, dass man die Mitmenschen durch Handlungsdiät weniger stört, belästigt, behindert, verletzt, werden durch sie auch Unfälle und Katastrophen, d.h. die nicht gewollten Folgen menschlichen Handelns, reduziert. Denn der gelernte Pessimist weiß, dass egal was man anstrebt, häufiger etwas anderes herauskommt als man ursprünglich gewollt hat, also ein Unfall, wenn nicht gar eine Katastrophe. Aber auch wenn man das Ziel nicht ganz verfehlt, dann sind die unerwünschten Nebeneffekte in der Regel so groß, dass sie einem die Freude über die Realisierung der eigenen Wünsche wieder verderben. Deshalb der Grundsatz: Weniger ist mehr. Leute macht weniger, bleibt passiv so lange ihr könnt, bleibt distanziert, lasst euch nicht mitreißen von den Manipulationen der Politik und der Wirtschaft, legt euch auf die faule Haut, spielt mit euren Fantasien anstatt etwas zu tun, bleibt in euch, bleibt unter euch – entnetzt euch.

Viele werden sich jetzt wundern, warum in der Liste der Handlungsdiätempfehlungen auch der Genuss auftaucht. Um das zu verstehen, muss man darüber nachdenken, was Genuss heute ist, was aus dem Genuss in unserer Leistungs- und Konsumgesellschaft gemacht wurde. Früher war der Genuss die Ausnahme, heute hat er die Regel zu sein. Früher war der Genuss die Kür des Lebens, heute ist er die Pflicht. Aus dem Sahnehäubchen der menschlichen Existenz ist eine substanzielle Notwendigkeit geworden, die, koste sie was sie wolle, das Leben durchgehend bestimmen soll. Eine der schlimmsten psychischen Krankheiten ist heute die Genussunfähigkeit, der mangelnde Wille und das mangelnde Vermögen, das ganze Leben dem Lustprinzip unterzuordnen. Wer nicht seinen täglichen Genuss findet, gerät unter Rechtfertigungsdruck. Er ist nicht imstande, ein gutes Leben zu führen. Nur wer sein tägliches Lüstchen zu finden in der Lage ist, gilt als gesund. „Wir haben das Glück gefunden", sagen die letzten Menschen und blinzeln. (Friedrich Nietzsche) Ja, das kleine Lüstchen ist es, das das Leben der postmodernen Genussmenschen bewegt. Die großen Dinge lässt er links liegen. Sie fordern ihn wohl zu sehr, strengen seinen Kopf zu sehr an.

Um die Menschen ja nicht anzustrengen, wird heute alles genießbar gemacht, aufpoliert und ästhetisiert. Die Dinge, die uns umgeben, rufen uns unausgesetzt zu: Nimm mich mit, kauf mich, verbrauche mich, genieß mich!

Ästhetisierung heißt die Technik, mit der alles um uns in den Zustand der Genießbarkeit versetzt wird. Der schöne Schein soll die Konflikte und Widersprüchlichkeiten des menschlichen Seins verdecken. Dort wo die Realität sperrig, hässlich und konflikthaft ist, wird ein ins Positive verfremdete Bild von der Welt vor die Welt geschoben.

In der Genussgesellschaft sind Hässlichkeit, Disharmonie und Kritik unerwünscht. Und man will vor allem die ewigen Nörgler nicht, die auf Widersprüche, Unregelmäßigkeiten und Probleme hinweisen. Das „Schlechtgerede geht mir an die Nieren", sagt der Motorsportchef des Formel 1 Rennstalls von Mercedes und fordert damit die Öffentlichkeit auf, die heile Welt des Autorennfahrens nicht mit Kritik zu stören. Nur eine heile Motorsportwelt kann vom Konsumenten ohne Bedenken und unangestrengt genossen werden.

Mit der Aufforderung „nicht alles schlecht zu reden", wird heute häufig Kritik niedergebügelt, denn die negative Rede stört die Harmonie der Ereignisse und Abläufe vor allem der Konsumwelt, aber auch der Politik, und macht diese damit schwerer genießbar. Also wird zurechtgewiesen, wer das Gesundheitssystem, die Altenpflege, die Energiepolitik, die Verteilung der kulturellen und materiellen Ressourcen, aber auch den Fußball oder den Skisport kritisiert. „Tun wir jetzt bitte nicht alles schlechtreden", forderte der Präsident des Österreichischen Skiverbandes, als Kritik an der Eröffnungsfeier der Ski-WM 2013 aufkam, in der Österreich als Land der Schuhplattler und der Lederhosenromantik dargestellt wurde. Und wieder sind es die Kritiker, die „Schlechtredner", die die Menschen davon abhalten, ein Sportereignis ohne einschränkende Vorbehalte zu genießen, die den Konsum-Events und den politischen Inszenierungen der Herrschenden die Eigenschaft austreiben, die die wichtigste Voraussetzung ihrer Genießbarkeit ist: die Harmonie.

Es gibt also nur noch einen, der aus Sicht der Jünger des positiven Denkens noch schlimmer krank ist als der Genussunfähige, nämlich der, der den Genusswilligen den Genuss verdirbt, der Kritiker. Er ist der Kränkste unter den Kranken.

Damit jeder ohne Behinderung seiner Pflicht zum Genuss nachkommen kann, wird versucht aus allen Waren, Dienstleistungen und Kommunikationen das Widersprüchliche und Kritische herauszuästhetisieren. Das führt dazu, dass selbst in der populären Kultur kaum mehr kritische Töne angeschlagen werden. Anstelle der Protestsongs der 1960er und 1970er-Jahre ist heute eine Helene-Fischer-Harmonie- und Wohlfühl-Kultur getreten, die weit bis in die popkulturelle Avantgarde hineinreicht. Ein gutes Beispiel dafür ist auch das technoide Tomorrowland Festival in Belgien, wo das gesamte Festivalgelände als Märchenland gestaltet wird und die Musik mehrheitlich als harmoniegetränktes Zuckerwattegesäusel daherkommt. Harmonisiert werden auch die sozialen Widersprüche, indem die Besucher in ein Mehrklassen-

system eingeordnet werden, in dem die Hartz-IV-Opfer und die Generation Praktikum auf einem kargen Zeltplatz untergebracht sind, während die jungen Performer, die Bankdirektoren und Spitzenjuristen der Zukunft, im 10 000 Euro Mietbungalow Champagner saufen. Hier wird Harmonie offensichtlich durch Separation hergestellt.

Alles was sich zur Pflicht erhebt, wird den Menschen am Ende unerträglich. So auch der Genuss. Wir sind heute an einem Punkt angelangt, an dem die Menschen, vor allem die jungen Menschen, den Genuss nicht mehr genießen können. Vielmehr schlägt der Genuss in sein Gegenteil um, in eine Depression. Die „alte“ Depression war durch Anhedonie gekennzeichnet, die neue Depression ist mit eng mit der Hedonie, dem Lustgewinn, verbunden.

Der Engländer Mark Fisher spricht davon, dass sich die europäische Jugend heute mehrheitlich in einem Zustand, den er „depressive Hedonie“ nennt, befindet. Diese neue Form der Depression entspringt aus der Unfähigkeit, irgendetwas anderes außer dem eigenen Genießen verfolgen zu können. Ein „kleines Lüstchen“ muss das nächste jagen, ein neues Erlebnis die Lücke, die das gerade dahingegangene hinterlassen hat, augenblicklich füllen. Weil man nicht aufhören darf zu genießen und weil die Alternative zum Erlebnis, für die es viele Bezeichnungen gibt wie Ruhe, Entspannung, Kontemplation, Reflexion, Meditation, den Menschen nicht mehr zugänglich ist, genießen sie lustlos vor sich hin. Es ist verboten, dass die wilde Jagd nach dem Abenteuer angehalten wird und wäre es von heute auf morgen erlaubt, nicht an ihr teilzunehmen, auch dann könnten die Jagenden nicht aufhören zu jagen, weil sie selbst Gejagte sind – Gejagte ihrer Unfähigkeit, Ruhe, Stille und Ereignislosigkeit zu genießen.

In meinem ganzen Leben hätte ich mir nicht gedacht, einmal in eine Situation zu kommen, in der ich den Papst zustimmend zitieren würde. Jetzt ist es soweit. Papst Franziskus schreibt in seinem „Evangelii Gaudium“: „Die große Gefahr der Welt von heute (...) ist eine individualistische Traurigkeit, die aus dem bequemen, begehrlichen Herzen hervorgeht“. Die traurigen Individualisten, das sind die „depressiven Hedonisten“ Marc Fishers, die ihr Begehren, ihre Sucht nach unmittelbarer Lust täglich spektakulär befriedigt sehen wollen und dabei wollen sie nicht von Kritik oder Widersprüchen gestört werden. Die Jagd nach der Lust hat sie geistig abstumpfen und bequem werden lassen, hat sie unfähig dazu gemacht, die Energie ihres Begehrens zu sublimieren und für die Hervorbringung von kulturellen und Gemeinschaftsleistungen zu nutzen.

Der Markt bringt keinen Sinn hervor, meint André Comte-Sponville und gleichzeitig, so meine ich, produziert er Geschöpfe, die keiner Sinnerlebnisse mehr bedürfen, weil sie sie durch beruflichen Ehrgeiz und Konsumerlebnisse zu substituieren gelernt haben.

Produzieren und Konsumieren, das sind die beiden Begriffe, die das Leben der Menschen fast umfassend und restlos beschreiben. Die Kombination aus beiden bildet die „sinnblinde, reflexionsverhindernde Tretmühle“ (Tatjana Schnell), die die Menschen in der Welt der oberflächlichen kleinen Lüstchen festhält. Wichtig dabei: Es sind nicht nur die Produktion, die Welt der Arbeit und der Ausbildung, „der Kampf um Job und Karriere, die zunehmende Ökonomisierung auch der Ausbildung oder verkürzte Schul- und Studienzeiten, (die) dem Einzelnen immer weniger Möglichkeiten geben sich selbst auszuprobieren oder zu hinterfragen“. Es ist nicht nur die Arbeits- und Karrierepflicht, die den Menschen im Zustand einer unglücklichen und entfremdeten Existenzweise festhalten. Ebenso stark daran beteiligt ist die Genuss- und Erlebnispflicht, der Zwang jeden Tag zu einem besonderen, außergewöhnlichen machen zu müssen. Arbeit und Genuss, das sind die beiden Gewichte, die die Menschen nach unten ziehen, sie am Boden der Realität einer immer inhumaner werdenden Leistungs- und Konsumgesellschaft festhalten. Sie sind die Kräfte, die uns gefühllos machen unseren wahren Bedürfnissen gegenüber und die uns stumm machen, wenn es um das Aufbegehren gegen Unrecht und Unmenschlichkeit geht. Zu diesen beiden uns alle immer umfassender vereinnahmenden Ungeheuern müssen wir Distanz gewinnen. Wie kann das gehen? Auch hier ist es wieder Michel de Montaigne, der uns zwei gute Hinweise gibt. Der erste wäre, sich bei allen seinen Beziehungen, ob privat oder geschäftlich, ob die Arbeit oder den Genuss betreffend, immer ein emotionales, eventuell aber auch ein materielles, Hinterzimmer offenzuhalten, d.h. sich selbst eine Rückzugsmöglichkeit zu geben, die verhindert, dass man den Verhältnissen, unter denen man zu leben gezwungen ist, nicht vollkommen ausgeliefert ist. Eigentlich empfiehlt uns Montaigne, nichts ohne emotionale Reserve zu tun, ob das nun die Arbeit, die Freundschaft, das Eigentum oder die Liebe betrifft. Klammere dich niemals vorbehaltslos an irgendetwas im Leben, übe dich in stoischer Losgelöstheit. Bedachtsame Distanz, das ist das Prinzip Montaignes, wenn er über die Arbeit spricht. „Mache deinen Job gut, aber nicht zu gut", empfiehlt er. Auf unsere Zeit übertragen bedeutet dies, du musst nicht unbedingt brennen für deine Firma, es genügt auch ein beständiges leichtes Glühen. Und arbeite nicht zu viel. Als man ihm einmal vorwarf zu wenig zu arbeiten, antwortete er: „Das ist ja köstlich. In einer Zeit, da fast jeder des Zuvieltuns überführt ist, will man mir meine Zurückhaltung vorwerfen." (Montaigne nach Bakewell 2012:83)

Gerade in unserer heutigen Zeit, die die Arbeit noch mehr als zu Zeiten Montaignes in den Mittelpunkt des Lebens der Menschen stellt, ist es wichtig, sowohl was die Intensität der Bindung an sie, als auch was den quantitativen Zeitaufwand für sie betrifft, klare Grenzen zu ziehen. Weniger ist mehr, so sollte hier der Grundsatz lauten.

Eine große Gefahr, die notwendige Distanz zu Arbeit und Konsum zu verlieren, stellen die sogenannten Motivationstrainer dar. Sie werden ganz gezielt von Konzernen beauftragt, um die „psychologischen Ressourcen" der Mitarbeiterschaft besser für den Verwertungsprozess zugänglich zu machen. Dies zeigt, dass die Motivation der Menschen heute als eine der entscheidenden Produktivkräfte erkannt wurde. Der motivierte Mitarbeiter leistet mehr, der mit dem Unternehmen identifizierte noch mehr. Und am meisten leistet der sogenannte „intrinsisch" motivierte Arbeitnehmer, der seine Arbeit aus Freude an der Sache und nicht aufgrund des materiellen Lohns verrichtet. Wenn der Motivationstrainer kommt und den ganzen Menschen packen möchte, ihn mit seiner ganzen Emotion an das Unternehmen zu binden versucht, dann ist intelligenter Widerstand notwendig. Es ist wichtig, bedachtsam Distanz aufzubauen, aber so, dass man den Motivationstrainer und seine Auftraggeber nicht vor den Kopf stößt, denn das kann berufliche Nachteile bringen, die wir vermeiden wollen. Schauspielerische Fähigkeiten helfen hier sehr. Wer es geschickt versteht, so zu tun als ob, der gehört am Ende zu den Gewinnern. Er behält oder gewinnt sein eigenes, unabhängiges Leben, sein emotionales Hinterzimmer in seinem Geschäft. Ebenso ist es vernünftig, auf Durchzug zu schalten, wenn der Netzwerktrainer kommt. Auch er will die persönlichsten Ressourcen der Mitarbeiterschaft für das Unternehmen mobilisieren und verwerten, ihre persönlichen Kontakte und die individuellen Kommunikationsfähigkeiten. Auch hier nicke man den durch und durch positiven, aktiven und kreativen Jungs und Mädchen von den internationalen Beratungsfirmen freundlich und zustimmend zu, denke sich dabei aber seinen Teil und halte sein Privatleben und seine Emotionen so gut es geht aus dem betrieblichen Leben heraus. Die postmodernen Machtkämpfe spielen sich heute auf der Ebene der Kommunikation ab. Jedes Rhetorikseminar, jedes Netzwerkcoaching, jedes Teambuilding- oder Verhandlungstechnik-Seminar ist eine strategische Maßnahme, um die Machtverhältnisse vom Arbeitnehmer zum Arbeitgeber zu verschieben, indem ein weiteres Stück der Persönlichkeit des Mitarbeiters in den betrieblichen Verwertungsprozess integriert wird. Man lasse sich also keinesfalls von seinen Emotionen mitreißen, wenn die Kommunikationstrainer und Prozessoptimierer ans Werk gehen. Nochmals. Wer skeptisch Distanz bewahrt und gekonnt die „So-tun-als-ob-Nummer" spielt, der wird am Ende der Gewinner sein. Was es zu gewinnen gibt? Nicht mehr und nicht weniger als geistige Unabhängigkeit, ein weniger entfremdetes Leben und die Würde und Autonomie des eigenen Selbst.

IM RAUSCH DER ZEICHEN ODER DIE DIKTATUR DER REINEN KOMMUNIKATION

Wenn ich an meine Kindheit zurückdenke, die ich in den 1960er-Jahren teilweise auf dem Land und teilweise in der Stadt verbracht habe, so stand diese kaum unter dem Einfluss von Medien. Die einzige Zeitung, die täglich ins Haus kam, war die Kronen Zeitung, die es nur sechsmal die Woche gab. Der Sonntag war tageszeitungsfrei, eine Konstellation, deren Einführung man auch für unsere Gegenwart ernsthaft überlegen sollte, denn weniger Medien würden uns ein Mehr an Lebensqualität bringen, insbesondere jenen Menschen, für die Lebensqualität auch etwas mit Nachdenklichkeit, Reflexion und Kontemplation zu tun hat. Wäre das schön, wenn wir zumindest am Sonntag der sinnfreien Geschwätzigkeit der Boulevardmedien nicht ausgesetzt wären.

Wir leiden alle an einem Überfluss an medialer Kommunikation, neusprachlich nennen wir das in unserer mit Anglizismen ebenso wie mit Kommunikation überladenen Zeit „Information Overload", wir sind überschwemmt und gleichzeitig überwältigt von einer Lawine aus Daten, Fakten und Meinungen, das meiste davon völlig nutzlos und ohne Wert. Nicht nur die Social-Media-Plattformen, sondern auch die Traditionsmedien wie Radio, Fernsehen und der gesamte Printsektor sind angefüllt mit Unsinn, mit leerem Geschwafel ohne Informationswert, von dem Programmplaner offenbar glauben, dass es uns amüsieren würde, weil sie die Menschen für dumm halten. Wer lediglich einmal „Cindy aus Marzahn", „Mario Barth" oder Sendungen wie „Schlag den Raab", „Bachelor", „The Voice of Germany" oder das „Dschungelcamp" im Fernsehen gesehen hat, der weiß, sollte das hier Gebotene die Mehrheit der in Deutschland und Österreich lebenden Menschen tatsächlich lustig und unterhaltsam finden, dass unsere Kultur unmittelbar vor dem Untergang stehen muss. Selbst als Pessimist will ich nicht glauben, dass eine Majorität diesen Schrott super findet und tröste mich mit dem Glauben daran, dass dieser pöbelhafte Klamauk nur von der Unterschicht gesehen wird, die aber nichts für ihren schlechten Geschmack kann, weil ihr niemand den Zugang zu besseren Alternativen vermittelt hat.

Und so wird Sendezeit und Druckerschwärze verschwendet, um uns über das Privatleben einer gewissen Larissa Marolt aufzuklären, die in einer unerträglichen Castingshow des ORF gemeinsam mit dem deutschen Vulgärkomiker Oliver Pocher inkompetente Allgemeinplätze und schwammige Gefühlsfloskeln zu den Auftritten weitgehend talentfreier Christina-Stürmer-Klone abgibt. Wahnsinnig interessant ist auch, wenn Tageszeitungen mit großer Auflage über die neuesten „Busenblitzer" von Promitussen berichten, wenn wir erfahren dürfen, dass eine japanische Katze auf Kommando auf zwei Beinen rückwärts laufen kann oder dass ein deutscher Fußballer, den alle „Schweini" nennen, mit seiner neuen Flamme in irgendeinem In-Club beim Feiern entdeckt wurde. Ganz abgesehen von der Flut an geistigem Ramsch und Schund, die die neue Gewohnheit von Prominenten und Halbprominenten produziert, jedes öffentliche Ereignis mit einem Twitterkommentar zu versehen. Heidi Klum, Boris Becker, Sido, Lukas Podolski, ja sogar die deutsche Fußballnationalmannschaft twittern nun, meist ohne Sinn und Verstand. Besonderer Ansporn eine Twitternachricht zu verfassen, sind Schicksalsschläge anderer Promis, anlässlich derer man durch die Demonstration von Mitgefühl öffentliche Aufmerksamkeit erreichen und Imagepunkte sammeln kann. Die Stellungnahmen haben ausschließlich den Zweck der medialen Selbstinszenierung, die Sache selbst ist dabei völlig gleichgültig.

Geilheit auf Öffentlichkeit, das ist wohl auch der Grund, warum uns oben genannter Lukas Podolski per Twitter mit Informationen über den schwer verunglückten Michael Schuhmacher versorgt, die wir alle ohnehin schon haben und diese mit einer banalen Durchhalteparole krönt. „Schumi ist wieder zuhause. Das sind doch mal klasse Neuigkeiten, er wird das schaffen! #KaempfenSchumi #KeepFightingMichael". Das Problem ist hier nicht Lukas Podolski, das Problem sind die Tausenden Lukas Podolskis die Namen wie Justin Bieber, Felix Sturm, Lenny Kravitz, Stefan Raab, Boris Becker, Oliver Pocher, Jörg Kachelmann etc. tragen. Ohne Twitter würde uns allen erspart bleiben, was sie über Gott und die Welt denken, nun müssen auch wir, die wir nicht zu den exhibitionistischen und voyeuristischen Zwitscherern gehören, die Botschaften dieser Menschen über uns ergehen lassen, weil selbst in den von uns gelesenen Qualitätszeitschriften, der eine oder andere Twitterkommentar der Prominenz abgedruckt und besprochen wird. So widmete die sich selbst als Qualitätszeitung rühmende FAZ Boris Beckers Twitterkommentaren einen Artikel und lässt uns so teilhaben an der Kommunikation eines Mannes, der über Twitter seine Follower dazu auffordert, „spannende Geheimnisse" über prominente Widersacher zu eruieren und diese zu veröffentlichen, um jene bloßzustellen.

Twitter ist generell ein Übel, weil es ein perverses Instrument der Transparenzgesellschaft ist, mit dessen Hilfe sich der Exhibitionismus der Beckers und Podolskis und der Voyeurismus der angepassten neugierigen Kleinbürgerlichkeit ihrer Follower verbinden lässt und sich gegenseitig hochschaukeln kann. Die einen entäußern sich permanent und überschwemmen die Welt mit leeren Signifikanten, die anderen wühlen wie Trüffelschweine in dem von der Prominenz aufgeworfenen Haufen Mist herum, finden dort aber keinen Leckerbissen, sondern nur den müden Abklatsch ihrer eigenen Kleinbürgerexistenz. Verlogenheit, Eifersucht, Bosheit, Intriganz, Neid, Missgunst – alles das, was auch ihr kleines Leben bestimmt und unerträglich macht, wird den Voyeuren durch die intimen Botschaften der Promis zurückgespielt. Sie sehen quasi durch den Spiegel der Online-Kommunikation auf ihr eigenes kleines, banales, mäßig interessantes Leben. Die Promis sind in Wirklichkeit dieselben banalen Existenzen wie ihre Follower, das einzige was sie unterscheidet, ist die größere Aufmerksamkeit der Medien, die sie genießen. Eine kulturell völlig degenerierte Prominenz und eine geschmack- und niveaulose Follower-Gemeinde ergänzen sich im postmodernen medialen Aufmerksamkeitsspektakel perfekt.

Aufgrund der Fülle der Informationen, denen wir tagtäglich ausgesetzt sind, sind wir kaum mehr in der Lage, zwischen relevanten und irrelevanten Nachrichten zu selektieren und vor allem herauszufinden, was Wahrheit oder Lüge ist, ob etwas im Bemühen um Objektivität geschrieben wurde oder ob es der parteiliche Standpunkt einer Interessensgruppe oder einer politischen Partei ist. Auch sind wir weitgehend nicht mehr imstande, uns eine eigene Meinung zu den Aussagen und Urteilen zu bilden, die uns permanent um den Kopf schwirren. Weil alles zu viel ist, um es laufend zu reflektieren, tendieren wir dazu, Meinungen einfach ungeprüft zu übernehmen und nachzuplappern. Und so hört man in den täglichen Gesprächen mit Kollegen, Freunden und Bekannten in der Regel nur mehr Meinungen und Ansichten, die man zuvor in den Print- und Online-Ausgaben der Tages- und Wochenzeitungen gelesen hat. Aber auch die Kommentare, die man dort liest, sind in der Regel nichts anderes als unreflektiertes Mainstream-Geplapper oder die Wiedergabe der Position einer Interessensgruppe – der Gewerkschaft, eines Unternehmerverbandes, der Grünen, der FPÖ oder der katholischen Kirche.

Die oft befremdliche Oberflächlichkeit und die Meinungskonformität der Zeitungskommentare hängen wohl auch damit zusammen, dass Journalisten nicht mehr ausreichend Zeit haben darüber nachzudenken, worüber sie schreiben. Immer weniger von ihnen müssen in immer kürzerer Zeit unter dem Ansturm einer epidemisch anwachsenden Informationsmenge die neue Ausgabe ihres Mediums erstellen. Dass unter solchen Bedingungen in erster Linie oberflächliche, schnell hingeworfene Banalitäten fabriziert werden, kann niemanden verwundern. Im Übrigen auch ein weiteres gutes Beispiel dafür, dass, wie in allen anderen Marktbereichen, auch in der Medienbranche durch die Intensivierung der Vermarktwirtschaftlichung und den damit verbundenen Rationalisierungsdruck, der zur Beschleunigung und Intensivierung der Arbeitsabläufe führt, die Qualitäts- und Serviceschraube nach unten gedreht wird. Mit den Zeitungen und den TV-Sendern passiert heute dasselbe wie mit den Fluglinien, den Banken, der Hotellerie, dem Lebensmittelhandel und der Gastronomie, um nur einige Beispiele aufzuzählen. Je mehr hier die Märkte liberalisiert werden, desto schlechter wird die Qualität des Outputs für den Konsumenten.

Während es vor dreißig Jahren in manchen Supermärkten noch üblich war, dass von einem Supermarktmitarbeiter der Einkauf hinter der Kasse in eine Tüte eingepackt und dem Konsumenten in die Hand gedrückt wurde, kämpft man heute an immer kürzeren und in Höchstgeschwindigkeit laufenden Warenförderbändern damit, die gekauften Produkte schnell genug in den Plastiksack zu bekommen, während schon die Waren des nächsten Einkäufers unerbittlich nachdrängen. Man hat gerade noch genügend Zeit, das Geld aus der Börse zu fingern und es der Kassiererin in die Hand zu drücken, um danach unter dem Druck der nachflutenden Konsumenten aus dem viel zu engen Ausgangsbereich des Supermarkts zu flüchten. Auch in den Banken wird es immer ungemütlicher und schwieriger jemanden zu finden, der einem bei der Abwicklung der Bankgeschäfte hilft. Wo es früher drei Kassen gab, findet man heute noch eine einzige, vor der sich lange Schlangen bilden. Beschwert man sich, wird man an die Automaten im Foyer verwiesen, bei denen man auf ebenso lange Schlangen trifft, weil hilflose ältere

Bankkunden mit den Geldmaschinen nicht zurechtkommen und deshalb länger als von den Logistikern vorgesehen die Terminals blockieren. Auch hier herrscht Hetze, Druck und Nervosität. Wo früher Service war und freundliche Gespräche stattfanden, rattern und murren heute gesichtslose technische Geräte. Auch auf den Flughäfen. Dort verschwindet das teure Humankapital und wird ersetzt durch Terminals, von denen man auch schon mal aufgefordert wird, einen komplexen Buchungscode einzugeben, über den man gerade nicht verfügt, weil man den Zettel, auf dem er vermerkt ist, im Büro liegen gelassen hat. Eine kompetente Person zu finden, die einem jetzt weiterhilft, ist eine große und in der Regel nicht leicht zu lösende Aufgabe. Hat man dann den Check in geschafft und kommt zur Sicherheitskontrolle, so gerät man sogleich in einen ähnlichen Beschleunigungssog wie an der Supermarktkasse. Hektisch wirft man seine Klamotten, den Computer, Geldbörse, Handy und Gürtel in Boxen, die man von einem Förderband nimmt und hetzt durch den Körperscanner, während das Handgepäck durch den Handgepäckscanner läuft. Wenn es nun piepst, dann muss man zur Leibesvisitation, im schlimmsten möglichen Fall sind die Schuhe auszuziehen. Während die nachfolgenden Passagiere an uns vorbeiströmen, sitzen wir in Socken auf einem niederen Hocker und warten, bis wir unsere Schuhe, nachdem sie neuerlich gescannt wurden, wieder anziehen dürfen. Man tut dies so schnell man kann und hetzt weiter, weil die Boxen mit unserem Handgepäck zwischenzeitlich einen Stau am Ende Gepäcksförderbandes ausgelöst haben. Hektisch packt man alles zusammen, vom Förderband unter ständigen Druck gehalten, weil die Gepäcksstücke der nachfolgenden Passagiere unerbittlich nachdrängen. Seit Neuestem muss man am Hamburger Flughafen die Boxen selbst in einen dafür vorgesehenen Rückgabeschacht schieben, was einen zusätzlichen Druck verursacht, weil man nun in einer Hand Teile der eigenen Habseligkeiten hält und mit der anderen Hand die Rückgabe der Transportboxen zu bewerkstelligen sucht. Da man in der Regel mindestens drei Boxen für das Durchschleusen des Gepäcks benötigt, läuft man nun dreimal mit jeweils einer Box zum Rückgabeschacht.

Eine besondere Bestialität hat man sich am Wiener Flughafen ausgedacht. Hier muss man die Boxen nicht selbst entsorgen, aber um die Prozedur zu beschleunigen, sind die Förderbänder leicht abschüssig, sodass die Boxen mit unseren Habseligkeiten vor uns weglaufen und wir hinter ihnen her, während wir nun im Laufen versuchen müssen, Jacke, Geldbörse, Gürtel und Computer aus diesen herauszufingern und sie einzupacken, anzuziehen und umzulegen. Während wir dieses tun, geraten wir unter Druck durch die Person, die hinter uns läuft, wenn wir nicht schnell genug sind. Nach diesem Verfahren ist man in der Regel körperlich und mental am Ende und schleppt sich halb angezogen und mit chaotisch eingeräumtem Handgepäck zum Gate, wo man keinen Sitzplatz bekommt, weil wohl aus Kostengründen für zweihundert Passagiere lediglich fünfzig angeboten werden. Das sind nur einige kleine Kostproben aus der durchrationalisierten und beschleunigten Welt der postmodernen Konsum- und Dienstleistungsgesellschaft. Dabei kann es uns jedenfalls kaum entgehen, dass die Rationalisierung auf unsere Kosten stattfindet: auf Kosten unserer Nerven, unserer Zeit und unserer Arbeitskraft. Denn sowohl im Supermarkt als auch auf dem Flughafen, werden wir zur Mitarbeit herangezogen. Wir werden aber für die Arbeit, die wir da leisten, nicht entlohnt, im Gegenteil. Während uns immer mehr persönliche Mitwirkung beim Erwerb von Waren und Dienstleistungen abverlangt wird, müssen wir für diese von Jahr zu Jahr mehr bezahlen. Einen Gutteil der Profitrate in Handel und Transport generiert wohl der Konsument durch seine unentgeltliche Mitwirkung beim Arbeitsprozess.

Das ist das wahre Gesicht der Ökonomisierung und Rationalisierung. Alles wird nicht nur hektischer, aufreibender und unpersönlicher, sondern auch die Qualität der Produkte und Dienstleistungen wird immer schlechter, das heißt wir erhalten für steigende Preise immer schlechtere Leistungen. Schlechte Zeitungen, die mehr kosten, denaturierte und chemisch aufgepimpte Produkte im Supermarkt und immer teurer werdende Flüge, auf denen man nun sogar für sein Bier drei Euro extra bezahlen muss. Wer es bisher nicht glaubte, der weiß es jetzt. Der Konkurrenzkampf der „entfesselten" Märkte geht auf unsere Kosten. Wir haben nichts davon, außer Hektik, Druck, weniger Leistungen und höhere Preise.

Dagegen ist Widerstand geboten. In Österreich gibt es bereits einen Verein zur Verlangsamung der Zeit. Dieser Verein ist aber eine Vereinigung von Theoretikern. Was heute nottut, ist ein Verein zur praktischen Entschleunigung, dessen Mitglieder mit organisierten direkten Aktionen Entschleunigungsprozesse, beispielsweise in Supermärkten und auf Flughäfen einleiten. Hier wäre vorstellbar ein österreich- und deutschlandweiter monatlicher Tag der Entschleunigung, an dem massenhaft Entschleuniger in die Supermärkte und Flughäfen eindringen und an den Förderbändern durch absichtsvolle Langsamkeit die Geschwindigkeit herausnehmen. Wir räumen ganz penibel unser Handgepäck aus und wieder ein und an der Supermarktkasse prüfen wir hingebungsvoll unseren Kassenbon, um danach ganz langsam die gekauften Waren einzusacken. Aber auch Entschleunigung im Straßenverkehr ist möglich. Da würde es schon genügen, wenn wir uns zu Gruppen zusammenschließen, die sich an alle Geschwindigkeitsbegrenzungen in den Städten halten. Eine deutliche Reduzierung der Lebensgeschwindigkeit insgesamt und damit ein Zuwachs an Lebensqualität in den urbanen Regionen wäre die Folge. Im Prinzip müssen wir alles verlangsamen und wenn es notwendig ist, indem wir uns den Beschleunigern in den Weg stellen.

Und nun noch ein paar Empfehlungen zum Umgang mit den alten und den neuen Medien. Eigentlich sollte man Informationen aus den Medien nicht ungeprüft Glauben schenken, aber es ist unmöglich, diese Masse zu kontrollieren. Aus diesem Grund sind zwei Dinge notwendig, um der Informationsüberlastung vorzubeugen.

Erstens: Informationsdiät. Es reicht aus, wenn man am Wochenende eine Wochenzeitung liest und die Tageszeitungen und auch die Informationssendungen in Radio und Fernsehen weitgehend weglässt. Wenn man sich auf Reisen begibt, Finger weg von Zeitungen, ob online oder offline. Nehmen wir doch im Zug oder im Flugzeug ein gutes Buch zur Hand. Gleich wird man bemerken, wie die Hektik der Zeitereignisse ein wenig von uns abfällt, denn beim Bücherlesen bestimmen wir die Rezeptionsgeschwindigkeit selbst, aber vor allem folgen wir einem einzigen linearen Informationsverlauf. Wir blättern uns nicht wild durch den Zeitungsinhalt wie der postmoderne Zeitungsleser, springen von einem Artikel zum anderen, wie beim Konsum von Online-Plattformen. Nein, in einer von uns selbst gewählten Geschwindigkeit arbeiten wir uns Zeile für Zeile durch den geschriebenen Text, halten vielleicht manchmal inne, um über das Gelesene nachzudenken, dabei blicken wir vielleicht meditativ aus dem Fenster des Flugzeugs oder des Zugs. Manchmal blättern wir vielleicht zurück, um eine Passage, die uns besonders gefallen hat, nochmals zu lesen und so mancher wird vielleicht zum Bleistift greifen und bemerkenswerte Textstücke unterstreichen oder gar kommentieren. Und einige unter uns werden sogar das Buch an die Nase führen, um daran zu riechen. Vor allem die neu gekauften Bücher haben einen ganz eigenen, oft betörenden Geruch. Professionelle Buchriecher können sogar alleine am Geruch die Bücher verschiedener Verlage erkennen.

Und zweitens: Weniger reden und mehr denken, das heißt, man muss nicht zu allem eine Meinung haben und wenn man eine hat, muss man sie noch lange nicht aussprechen. „Wovon man nicht sprechen kann, darüber muss man schweigen", schrieb einst Wittgenstein. Wer zwingt uns dazu, zu allem etwas meinen und sagen zu müssen? Warum stehen wir nicht einfach dazu, dass wir keine Ahnung davon haben, was für die Ukraine gut oder schlecht ist oder ob Israel oder die Hamas im Palästinakonflikt im Recht sind? Wir dürfen uns neutral zu wichtigen Fragen der Innenpolitik verhalten, so lange wir uns nicht sicher sind, welcher Position wir uns anschließen sollen. Ein Beispiel ist die Schuldiskussion. Es ist auch möglich, zur PISA-Diskussion und Ganztagsschule überhaupt keine Meinung zu haben, ja es gibt auch hier die Möglichkeit, keinem Experten zu glauben und keinem Politiker zu folgen. Man kann sich vom täglichen Meinungstreiben auch einfach abwenden und Montaigne, Kant, Nietzsche, Camus oder Byung-Chul Han lesen und Symphonien von Mahler und Richard Strauss hören. Man ist dann ohne Zweifel kein perfekter Staatsbürger, dem von den herrschenden Politikern geboten wird, sich permanent in die vom System inflationär angebotenen Partizipationsprozesse einzuschalten, aber sicher ein ausgeglichener und glücklicherer Mensch. Und worauf kommt es im Leben nun mehr an? Glücklich und zufrieden zu sein oder seine Pflicht einem System gegenüber zu erfüllen, das uns als Ausgleich für unsere Hingabe mit Lügen an der Nase herumführt?

Noch ein Wort zur Partizipation. Wir sollten erkennen, dass Partizipation wie sie heute gepflegt wird, in der Regel Scheinpartizipation ist. So zum Beispiel das Instrument der Volksbefragung. Die Macht über das Ergebnis liegt hier weitgehend bei denen, die die Fragen formulieren.

So lautete eine Frage der Wiener Volksbefragung 2013: „Die kommunalen Betriebe bieten der Wiener Bevölkerung wichtige Dienstleistungen. Zum Beispiel Wasser, Kanal, Müllabfuhr, Energie, Spitäler, Gemeindewohnbauten und öffentliche Verkehrsmittel. Sind Sie dafür, dass diese Betriebe vor einer Privatisierung geschützt werden?" Die Frage beinhaltet implizit die Drohung, dass die „wichtigen Dienstleistungen" nur dadurch aufrechterhalten werden können, dass die Betriebe „kommunal" bleiben. Und der Stimmberechtigte wird förmlich angefleht, die Betriebe vor einer Privatisierung zu schützen. Dass man mich nicht falsch versteht, ich bin dafür, dass die aufgeführten Betriebe kommunal bleiben. Ich bin sogar dafür, dass zudem alle europäischen Banken unter staatliche Kontrolle gebracht werden und darüber hinaus bin ich auch dafür, dass die Bahn niemals in private Hände kommt und damit ich in die „Westbahn" einsteige, müsste man mich mit glühenden Zangen zwicken. Und trotzdem halte ich solche Fragestellungen der Demokratie unwürdig und kann sie nur als recht unsensible Bürgerverarschung bezeichnen. Einer ganz ähnlichen Fragetechnik bediente man sich, als man vor Jahren über die Pflichtmitgliedschaft bei der Arbeiterkammer abstimmte. Durch Suggestivfragen werden Formen der Bürgerpartizipation zur Farce herabgewürdigt und damit entwertet.

Das Schlimmste was gegenwärtig aber geschieht, sind die sogenannten „deliberativen" Initiativen, mit denen man den Bürger mit scheindemokratischen Aktionen an den Staat zu binden versucht. Im Kern geht es bei der Deliberation darum, dass der Bürger den Staat berät, aber am Ende nichts zu entscheiden hat. Aus diesem Gedanken heraus entstehen dann zum Beispiel Gemeindejugendplattformen, an deren Spitze ein Gemeindejugendreferent steht. Dieser hat ein Ohr für die Jugend und trägt deren Anliegen dem Kreis der Gemeindehonoratioren vor, die in der Regel den österreichischen Traditionsparteien angehören. Die Honoratioren entscheiden, welche der Ratschläge der Jugend angenommen werden. Das ist natürlich keine Demokratie, sondern die reinste Fopperei. Ich würde den Jugendlichen empfehlen, eine eigene Jugendliste zu gründen und bei der Gemeinderatswahl anzutreten. Mit ein paar Mandaten hat man jedenfalls eine bessere Chance zur Durchsetzung seiner Anliegen, als mit der Hoffnung auf die Einsicht eines sechzigjährigen Bürgermeisters.

Ein ähnlicher Schmarrn sind die Jugendparlamente. Da dürfen dann ausgesuchte adrette und brave Jungs und Mädels für einen Tag die Tagungsräume der Volksvertreter in Beschlag nehmen und Parlament spielen. Vielleicht wird das Ganze auch noch im Fernsehen übertragen, damit die Eltern stolz auf ihre sauberen Buben und Mädchen sein können. Solche Inszenierungen braucht kein Mensch, weil sie nichts mit Demokratie zu tun haben. Vielmehr sind sie PR-Inszenierungen der herrschenden Parteien, in denen diese gut angepasste Jugendfunktionäre, die ihnen nahestehen, vorführen. Ganz ähnlich die heute üblich gewordenen Demokratieschulungen, die von den politischen Akademien der großen Parteien durchgeführt werden. Auch dort werden die angepassten Jugendlichen zusammengekarrt, meistens adrette und konformistische Gymnasiastinnen, denen dann mit viel moralischem Pathos zum Beispiel die heiligen Strukturen der österreichischen Sozialpartnerschaft eingetrichtert werden, die heute nichts anderes mehr repräsentiert, als den Interessensausgleich zwischen abgehobenen, ehemals antagonistischen Politeliten unter Ausschluss des Volks. Lustig, wenn solche Veranstaltungen dann auch noch im Raab-, Figl-, oder Kreisky-Saal stattfinden. Auch das hat nichts mit Demokratie zu tun. Vielmehr geht hier ein heiliges Hochamt zur Huldigung des politischen Status Quo ab. Auch hier sage ich, wenn die Jungen etwas verändern wollen, dann sollen sie raus aus den alten Strukturen und die Machthaber frontal angehen, indem sie ihre eigenen Bewegungen und Parteien gründen.

Ein Beispiel gefällig? Jahrzehntelang hat es in der ÖVP Gruppen gegeben, die die Partei von innen heraus reformieren wollten. Sie hatten keine Chance. Erst als einige von ihnen aus der ÖVP austraten und die Neos gründeten, konnten sie sich Gehör verschaffen. Damit mich hier niemand falsch versteht. Ich bin weder ein glühender Anhänger der ÖVP, noch der Neos. Ich finde nur, dass die Neos ein gutes Beispiel dafür sind, dass wir in Zeiten leben, in denen es erfolgversprechender ist, sein eigenes Ding durchzuziehen, als auf die Veränderung von Strukturen zu hoffen, die dem Neandertal der Politik entstammen.

Und noch etwas viel Fundamentaleres gilt es zu bedenken. Es besteht für überhaupt niemanden eine Pflicht, sich mit Politik zu beschäftigen oder sich gar in ihr zu engagieren, schon gar nicht angesichts dessen, was uns heute als Politik angeboten wird. Wir können uns auch gegen die Politik als Ganzes entscheiden und uns aus dem politischen Verfahren insgesamt ausklinken. Auch zu so einer Entscheidung ist der freie Bürger einer liberalen Demokratie berechtigt.

Das heute so getan wird, als bestünde eine moralische Pflicht, sich für Politik zu interessieren und sich an ihr zu beteiligen, das verdanken wir doch, sind wir uns einmal ehrlich, dem Egozentrismus und der Machtverliebtheit der Politiker. Weil die meisten Politiker ichschwache Menschen sind, die ihr Selbstbewusstsein aufgrund der Zustimmung ihrer sozialen Umwelt ausbilden, gieren sie nach unserem Interesse. Und in einer Zeit, in der die Politik uns nicht mehr mit körperlicher Gewalt beherrschen darf wie im Mittelalter, sondern durch Kommunikation, ist sie darauf angewiesen, dass wir ihr zuhören. Hören wir ihr nicht mehr zu oder lesen wir nicht mehr die Zeitungen, die sie mit ihren Inseraten der staatlichen Presseförderung oder der Hilfe von ihnen nahestehenden Investoren steuern, dann können sie uns nicht mehr manipulieren, sie verlieren die Macht über uns. Das ist der einzige Grund, warum heute in den Schulen unseren Kindern politische Bildung aufgenötigt wird und warum jedem der erhobene moralische Zeigefinger droht, der sich nicht ausreichend für Politik interessiert. Fallen wir nicht auf den inszenierten Schmäh ihrer selbstlosen Liebe zum Staat herein, durch die sie uns vermitteln wollen, dass es ihnen nur um das allgemeine Wohl geht und uns dazu bringen wollen, diesen Staat ebenso selbstlos zu lieben, wie sie es nur zum Schein tun.

Den Politikern geht es um sich selbst und ihr Wohl, um die Aufpolierung ihres schwachen Egos, um Macht und Geld. Versuchen wir ein Experiment. Lassen wir sie doch einmal alleine mit ihren Machtspielen und Staatsinszenierungen. Kümmern wir uns um unser Leben und nicht um ihres. Schnell werden sie unzufrieden und kleinlaut werden. Wir sind der Resonanzkörper, den die Politik braucht, um laut und wichtig zu klingen. Wir brauchen uns nur distanzierter und zurückhaltender ihr gegenüber zu verhalten und schon wird sie ruhiger werden und an Relevanz einbüßen. Ein Lesetipp in diesem Zusammenhang: „Die Stadt der Sehenden" von José Saramago. Das Buch wurde mir von einer äußerst netten und sympathischen, ehemaligen österreichischen Spitzenpolitikerin empfohlen. Die Geschichte des Buches erzählt von einer Stadt, in der sich plötzlich die gesamte Bevölkerung dazu entschließt, weiß zu wählen. Ein äußerst lehrreiches Buch mit praktischem Nutzen für alle jene, die über die Veränderung der politischen Verhältnisse nachdenken.

Es gibt viele weitere Ideen, mit denen wir uns den Umgang mit der ständig anschwellenden Informationsflut und dem politischen Dauergesäusel leichter machen könnten. So zum Beispiel mit der Entscheidung, dass am Tag der Familie, dem Sonntag, die Politik schweigen sollte, d.h. keine Tageszeitungen, keine Fernsehnachrichten, keine Nachrichten im Radio. Und wenn die Politik das nicht so entscheiden will, dann ziehen wir doch einfach am Fernseher den Stecker raus und lassen die Tageszeitung in den „Sonntagsstandln". Weniger Information und weniger Kommunikation bedeutet weniger Manipulation durch die sogenannten Meinungsmacher, also mehr Selbstkontrolle und geistige Eigenständigkeit. Nehmen wir uns die Zeit, um wieder zu autonomen, selbstbestimmten Bürgern zu werden. Nehmen wir weniger Informationen und Meinungen auf und denken über das Wenige, was wir aufnehmen, gründlicher nach. Dass weniger mehr ist, wird jeder bald an der Steigerung des eigenen Wohlbefindens und an größerer Kompetenz und Selbstsicherheit im Umgang mit politischen Themen merken. Weniger ist mehr, diesen Satz sollten wir uns täglich immer wieder vorsagen, wenn uns der Strudel der verwirrenden Hyperinformation, des uns erdrückenden totalen Warenkonsums und der erschöpfenden Hochleistungsgesellschaft zu verschlingen droht. Weniger ist mehr, diese Einsicht ist das wirksamste Medikament gegen Fremdbestimmung, Manipulation und Burn-out im Turbokapitalismus. In meiner Kindheit gab es von allem wenig: wenig Fernsehen, wenige Zeitungen, wenig Kommunikation, wenig Spielzeug, wenig Freunde. Das hatte die positive Folge, dass die einzelne Fernsehsendung, die einzelne Zeitung, das einzelne Spielzeug, der einzelne Freund behutsamer und mit mehr Bedacht wahrgenommen und behandelt wurden. Und es hatte auch zur Folge, dass die Welt der Dinge und der Kommunikation uns nicht absolut beherrschte, da wir genügend Zeit und Energie zum kritischen Mitdenken und zum Widerstehen der medialen Verführungen hatten.

ÜBER FARAH DIBA, DIE URANIA PUPPENBÜHNE UND DAS KURZFILMMOSAIK

Und nun wieder zurück in die ruhigen, bedächtigen 1960er-Jahre meiner Kindheit. Neben der Kronen Zeitung gab es noch eine Illustrierte im Haus, die Neue Post. Sie erschien, glaube ich, monatlich und war voll mit Geschichten über Fürsten- und Königshäuser. Sie wurde, wie die Kronen Zeitung, von meiner Großmutter gelesen. Meistens waren der Schah von Persien und seine Frau Farah Diba auf dem Titelblatt. Mit dieser Zeitschrift lernte ich lesen und schreiben, weil Texte aus ihr auch für Lese- und Diktatübungen Verwendung fanden. Somit wurde ich in jungen Jahren ein Experte für europäische Königshäuser und die persische Herrscherfamilie, eine Kompetenz, die ich zum Glück in der Zwischenzeit völlig verloren habe. Heute habe ich keine Ahnung mehr davon, was diese lächerlichen anachronistischen Adelsfiguren, die ja noch immer wie ein lebendiges Wachsfigurenkabinett durch die Boulevardmedien tingeln, so tun und denken. Nach dem mich leitenden Prinzip „weniger ist mehr“, habe ich dieses Wissensgebiet stillgelegt. Ich rezipiere nichts mehr über Königshäuser und lasse mich nicht mehr mit Medienberichten über sie beschäftigen.

Damals war das anders. Ich wusste viel über den Adel und er beeindruckte mich auch. Besonders faszinierte mich der älteste Sohn des Schahs, er hieß Reza, da er das Privileg genoss, schon mit sechzehn Jahren in den USA eine Ausbildung zum Kampfpiloten machen zu dürfen. Als ich dann selbst sechzehn Jahre alt wurde, beeindruckten mich Piloten überhaupt nicht mehr. Was sollte so interessant daran sein, als fliegender Bus-Chauffeur Menschen von einem Land ins andere zu transportieren? Oder gar als Militärpilot auf andere Länder Bomben abzuwerfen? Aber die kleinen Jungs meiner Zeit schwärmten noch von heroischen Machoberufen und die hatten in der Regel etwas mit Technik, Kraft und Geschwindigkeit zu tun, nicht wie heute, wo viele schon mit acht Jahren wissen, dass sie einmal Rechtsanwalt, Börsenmakler oder Manager werden wollen, allesamt Berufe, die die feige Beherrschung von anderen Menschen mit Hilfe demagogischer Sprache, hinterhältigen Taktiken und kalkulierender Berechnung zum Ziel haben.

Nach dem Pilotenhirngespinst folgten bei mir noch die Berufswünsche Baggerfahrer, Kranführer und Lokführer. Richtig vernünftig wurde ich erst in der Unterstufe des Gymnasiums. Ab da wollte ich eigentlich gar nichts mehr werden, außer vielleicht Rentner. Schon in diesen jungen Jahren war ich eher der Vita contemplativa als der Vita activa zugetan. Weniger hochtrabend ausgedrückt: Ich war von Kindheit an stinkfaul und wollte nichts als meine Ruhe haben vor dieser Welt und ihrem sinnlosen Treiben. Ich hatte nicht den Ehrgeiz, etwas werden zu wollen, weil alles das, was man werden konnte, mich eigentlich nicht interessierte. In meiner Jugend verfestigte sich der diffuse Ekel vor dem Sein in dieser Gesellschaft zu einem robusten Nihilismus. Eines meiner einstigen Lieblingszitate stammt von Giacomo Leopardi:

„Nichts lebt, das würdig,

Wär deiner Regungen, und keinen Seufzer verdient die Erde.

Schmerz und Langeweile ist unser Sein und Koth die Welt – nichts Andres.

Beruhige dich."

Neben Tageszeitung und Regenbogenillustrierter gab es in den Zeiten meiner Kindheit lediglich ein Fernsehprogramm, einige Jahre später zwei. Der Sendebeginn war unter der Woche um 19 Uhr 30, Sendeschluss um 22 Uhr. Danach wurde die Bundeshymne abgespielt und die österreichische Fahne wehte im Wind und dann war der Bildschirm dunkel, das Gerät hatte aufgehört zu senden.

Einmal in der Woche gab es ein Kinderprogramm, am Mittwoch um 17 Uhr. Die Sendung hieß „Hallo Kinder, der Kasperl kommt". Gezeigt wurde ein aufgezeichnetes Handpuppenspiel der Urania Puppenbühne aus Wien. Es gab auch die Möglichkeit, sich an einem Gewinnspiel zu beteiligen. Wer eine Zeichnung zu einem vorgegebenen Thema an den Kasperl unter dem Kennwort „Kasperlpost“ einschickte, konnte schöne Preise wie Lineale, Buntstifte, Ölkreiden oder ähnliches gewinnen. Ich habe einige Male einen Preis erhalten, weil meine Mutter damals wirklich gut zeichnen konnte.

Als ich in die Volksschule kam, lief im Fernsehen die Serie „Mit Schirm, Charme und Melone“ an. Einmal durfte ich eine der Folgen, die immer am Montag um 20 Uhr 15 gesendet wurden, sehen. Dann nie wieder, weil ich mich danach vor Aufregung übergeben musste. Ich kotzte auch nach dem Film „Die Schatzinsel“, nach einem Roman von Robert Louis Stevenson. Offenbar war meine Reiztoleranz relativ gering. Kein Wunder, ich war ja kaum mit brutalen und hektisch schnellen Bildern und Geschichten konfrontiert worden. Ich lebte spielend in der langsamen, monotonen Welt der Natur, in kleinen Wäldchen, in Maisfeldern, auf den sanften Abhängen des Wagrams, in Heuschobern und auf Dachböden, die voll mit altem Gerümpel waren. Mein Leben war geprägt durch die träge dahinfließende Zeit des ländlichen Alltags, nicht durch die Hochgeschwindigkeit, die elektronische Medien erzeugen und die ein Geschehen, das im wirklichen Leben Jahre dauert, auf ein oder zwei Stunden komprimieren. Und so war es wohl ganz natürlich, dass mir das hohe Tempo der Bilder, die Verdichtung der Ereignisse und das dramatisch inszenierte Handlungsgeschehen aus dem Fernsehgerät auf das Gemüt und den Magen schlugen.

Einem durch mediale Überstimulation desensibilisierten Siebenjährigen unserer Tage würde eine Folge „Mit Schirm, Charme und Melone“ aus den 1960er-Jahren kaum aus der Fassung bringen. Er würde sich dabei wohl langweilen.

Was Kinder heute vertragen können oder besser gesagt, vertragen müssen, weil es ihnen als pädagogisch wertvolle Lektüre empfohlen wird, ist manchmal gar nicht zu fassen. Ein gutes Beispiel für die Härte, die diese Gesellschaft schon ihren Kleinsten anerzieht und abverlangt, ist die amerikanische Gewalt-Trilogie „Die Tribute von Panem". Diese dystopische Mord-und-Todschlag-Geschichte, in der vierundzwanzig Jugendliche von einer perversen Diktatur gegeneinander in einen Kampf auf Leben und Tod gehetzt werden, bei dem am Ende nur einer als Sieger überleben darf, wird heute sogar für Zwölfjährige als Freizeitlektüre empfohlen.

Kein vernünftiger Mensch wäre in den 1960er oder 1970er-Jahren auf die Idee gekommen, Kindern so einen vulgären, brutalen und sprachästhetisch völlig unzulänglichen Mist anzuempfehlen. Aber heute geht das, weil wohl auch die kompetenzorientierten Mitglieder der Empfehlungskommissionen, die solche Ratschläge aussprechen, sich auf keinem höheren literarischen Niveau bewegen, als es dieses Buch vorgibt. Wenn ich mich erinnere, was ich zwischen meinem zwölften und vierzehnten Lebensjahr gelesen habe und was damals Lektüre in der Schule war, fallen mir Max Frisch („Biedermann und die Brandstifter"), Friedrich Dürrenmatt („Der Richter und sein Henker"), Theodor Storm („Der Schimmelreiter"), Ödön von Horváth („Jugend ohne Gott"), Goethes „Werther", „Das Tagebuch der Anne Frank" oder die Erzählungen und Romane von Hermann Hesse ein.

Meine Eltern haben mir Gustav Schwabs „Sagen des klassischen Altertums" und die gesammelten Werke von Jules Verne zu Weihnachten geschenkt und ab meinem vierzehnten Lebensjahr ging ich mit meiner Mutter in Theaterstücke von Wolfgang Bauer („Magnetküsse"), Samuel Becket („Endspiel") und Eugene O'Neill („Eines langen Tages Reise in die Nacht"). Niemals im

Leben wären meine Lehrer oder meine Eltern auf die Idee gekommen, mir als Lektüre Jerry-Cotton-Kriminalromane, Landser-Heftchen oder Bücher wie „Der Arzt von Stalingrad“ von Heinz G. Konsalik oder „Steiner – das Eiserne Kreuz“ von Willi Heinrich zu empfehlen. Aber auf diesem sprachlichen und inhaltlichen Niveau bewegen sich heute die meist aus dem amerikanischen Englisch ins Deutsche übersetzten Schrottbücher, die auch als Jugendliteratur Anerkennung finden.

Dass unsere Lesekultur verfällt, bestätigt ein Blick auf die Bestsellerlisten des Buchhandels. Befanden sich im Jahr 1970 unter den Top-Ten der am meist verkauften Belletristik Autoren wie Solschenizyn, Sagan, Updike und Handke, so sucht man heute gute Literatur dort immer öfter vergeblich. So dominierten 2013 US-Importe wie „Shades of Gray“ von E.L. James, „Inferno“ von Dan Brown oder anspruchslose Frauenliteratur wie Jojo Moyes „Ein ganzes halbes Jahr“ das Bücherjahr.

Zudem muss in unseren Tagen offenbar nicht nur jeder Prominente oder Semi-Prominente in einer Kochsendung auftreten und ein Kochbuch herausgeben, sondern auch einen Krimi schreiben. Aus diesem Grund ist der Buchmarkt neben schlechter Fantasieliteratur auch von unerträglich stereotypen und fantasielosen Kriminalromanen geradezu verstopft. Jeder erfindet seinen eigenen Kriminalkommissar, der auf den Namen Kluftinger, Bergmann oder Kirchhoff hört und schickt ihn im typischen Genrestil auf Verbrecherjagd. So entsteht ein Schwung von trivialer Spannungsliteratur, bei der beim Lesen ab Seite fünfzig das Gefühl aufkommt, dass man die Geschichte schon kennt. Bei genauerem Nachdenken gewinnt man schnell die Überzeugung, dass dieses Déjà-vu-Erlebnis völlig natürlich ist, ja nahezu notwendig entstehen muss, weil das, was uns hier vorgelegt wird, Massenware ist, die nur des Profits wegen geschrieben wurde und deren Inhalt und

Design sich ganz gezielt an Produkten orientiert, die schon am Markt erfolgreich sind. Im Marketing nennt man solche Produkte „Me-Too-Produkte". Ihr Vorzug besteht darin, jenen möglichst ähnlich zu sein, die den Markt beherrschen. Sie sind diesen zum Verwechseln ähnlich und sie wollen die Verwechslung, denn ihre Gleichartigkeit mit bereits Vorhandenem ist ihr wesentlichstes Qualitätsmerkmal.

Leider werden viele dieser Bücher auch noch verfilmt, sodass wir nun den ganzen Tort noch einmal im Kino und im Fernsehen vorgesetzt bekommen. Und da sind wir auch schon wieder bei den „Tributen von Panem". Zu unser aller Leidwesen wurde auch diese fantasielose Fantasiegewaltorgie, die die Autorin mit einem schmalzigen, konventionellen und flachen Liebesgeschichtchen aufgepimpt hat, wohl um ihre Jungmädchenkompatibilität zu erhöhen, auch verfilmt. Es ist übrigens ein Kennzeichen der meisten Bestseller und Blockbuster heute, dass sie auf die Bedürfnisse einer bestimmten Zielgruppe hin geschrieben und produziert sind. Hier ist nicht mehr das freie Schöpfertum am Werk, sondern der Verkaufsgedanke bestimmt schon die Produktion. Zuerst die Zielgruppe durchleuchten, sich dichtes Consumer-Insights-Wissen besorgen und dann den Wünschen der Zielgruppe entsprechend produzieren, das ist heute die Logik der postmodernen Massenliteratur. Sie wird produziert und verkauft wie Haarshampoo oder Fastfood.

Das Prinzip „Sie-wünschen-wir-spielen" beherrscht also nicht nur die Politik, sondern auch die Literatur, eigentlich überhaupt unsere ganze Kultur, wenn man es genau nimmt. Genauso, wie es für den Politiker besser ist, nicht nur nichts zu sagen, sondern tatsächlich nichts zu sagen zu haben, ist es auch für den Autor unserer Tage besser, nicht nur das kreative, stilsichere und innovative Schreiben zu vermeiden, sondern gar nicht dazu in der Lage zu sein. Wer nichts anderes kann, als mit seiner Literatur den Erwartungen seines Publikums zu folgen, ist weniger gefährdet, durch spontan ausbrechende künstlerische Initiative die Marktfähigkeit seines Produktes zu gefährden.

Den Erwartungen eines Publikums bestehend aus pubertären Mädchen und ihren postpubertären Müttern wird die Verfilmung der „Tribute von Panem“ vollkommen gerecht. Sie ist ein oberflächliches Spektakel von der ersten bis zur letzten Minute. Eine dramatisch-dröhnende Klangkulisse, schnelle Schnitte, sich akrobatisch im Kampf bewegende Körper, die beklemmende Atmosphäre einer omnipräsenten panoptischen Macht, zwischenmenschliche Gefühle von wahrer Größe und unendlicher Tiefe, der selbstlose Kampf unterprivilegierter Gerechter gegen die kalte Übermacht eines perversen und herzlosen Totalitarismus, das alles und die vielen anderen affizierenden Impulse zusammengenommen, erzeugen einen Gefühlssog, dem sich das jugendliche Publikum und ihre erwachsenen Begleiter nicht entziehen können. Vom ersten Augenblick an versinken alle in einer Handlung, die durch ihre ausschließlich emotionale Präsenz keinen Fingerbreit Distanz zwischen sich und dem Zuseher mehr zulässt und die damit seine Reflexions- und Kritikfähigkeit erstickt. Die Zuschauer sind bewegt, verstehen, fühlen, aber denken nicht mehr. Mit Brecht möchte man ihnen zurufen: „Glotzt nicht so romantisch“. In den Zwanzigerjahren hatte Brecht Transparente mit diesem Spruch im Theater aufhängen lassen, um das Publikum davon abzuhalten, durch Überidentifikation mit den Bühnengestalten die Aussage der Handlung aus den Augen zu verlieren.

Fragt man jugendliche Rezipienten zu diesem Film, dann bleiben sämtliche ihrer Kommentare auf einer emotionalen und individualistischen Ebene der Interpretation. Sie wurden bewegt durch die dramatischen Einzelschicksale, in den Bann gezogen durch die

Persönlichkeit der Filmheldin, die dystopische Hintergrundfolie, vor der die Geschichte spielt, wird in keinem Fall in die Handlungsinterpretation miteinbezogen, schon gar nicht als metaphorischer Verweis auf totalitäre Systeme der Gegenwart decodiert. Die gesellschaftskritischen Impulse, die angeblich von dieser Produktion ausgehen sollen, können offenbar nur von für Elemente der kritischen Reflexion in kulturindustriellen Produktionen hypersensiblen Oberstudienräten empfangen werden, die sich tagtäglich dazu zwingen, in immer oberflächlicher, spektakulärer und bedeutungsärmer werdenden Buch- und Filmproduktionen auch noch Elemente von Kritik zu entdecken. Die „Tribute von Panem" sind nichts weiter als ein Unterhaltungsspektakel, dessen Sinn sich einzig und allein an den Kassen des Buchhandels und der Kinos enthüllt, wo das Geld der Konsumenten eingesammelt wird.

Guy Debord hat schon vor mehr als vierzig Jahren darauf hingewiesen, dass das Spektakel das falsche Bewusstsein einer Zeit ist, weil es die Geschichte und das Gedächtnis lähmt. (Debord 1996:139) Ganz in diesem Sinne ist auch die Wirkungsweise des spektakulären Films „Die Tribute von Panem" zu sehen. Der dystopische Entwurf, der hier vorgelegt wird, kann nicht kritisch auf unsere Gegenwart zurückverweisen, weil das inszenierte Spektakel das Denken und alle kritischen Energien absorbiert. „Die Tribute von Panem" haben in keiner Weise etwas mit Aufklärung zu tun, im Gegenteil, sie sind lediglich Unterhaltung und damit Ablenkung von den Problemen und Widersprüchen unserer Zeit. Der Film erzieht keinen kritischen Menschen, sondern ist allenfalls ein Opiat, das die Schmerzen der Jugend, die ihr durch eine kalte, durchökonomisierte Leistungsgesellschaft zugefügt werden, oberflächlich lindert. Dieser Film leistet keinen Beitrag zur Heilung des Leidens, er ist nichts weiter, als eine resignierte palliative ästhetische Intervention.

Häufig wurde ich in den letzten Monaten gefragt, warum das Interesse der Jugend an Dystopien so groß ist. Darauf kann es nur eine Antwort geben: „Weil sie unterhaltsam sind.“ In ihrer Vorliebe für den Konsum von Dystopien zeigt die Jugend uns also nicht ihren Zukunftspessimismus und auch nicht ihre kritische Position zu unserem ungerechten Wirtschaftssystem und einer verkommenen herrschenden Politikerklasse. Das wird besonders daran deutlich, dass wenn sie dystopische Bücher liest und dystopische Filme sieht, sie nur die Einzelschicksale der handelnden Personen wahrnimmt. Der gesellschaftliche Hintergrund, vor dem sich diese Einzelschicksale ereignen, kommt ihr nicht mehr in den Blick. Hier haben wir es wohl mit den ersten Folgen einer kompetenzorientierten Schuldidaktik zu tun, der es nur mehr um das effiziente Aufnehmen von Informationen, aber nicht mehr um deren kritische Reflexion geht.

Mein Kinderleben verlief unbeeinflusst von kommerzieller Werbung, sieht man von vereinzelten Anzeigen für Spielzeug in der Kinderzeitschrift „Wunderwelt“ einmal ab, die monatlich ins Haus kam und aus der man lernen konnte, Werkzeuge und Waffen der Steinzeitmenschen nachzubauen.

Der Werbung haftete in den 1960ern noch etwas Stilloses und Geschmackloses an. Es galt als Form des schlechten Benehmens, jemanden eine Ware oder eine Dienstleistung aufzudrängen. Berufsgruppen, die nachdrücklich ihre Waren zu verkaufen suchten, wie Versicherungsvertreter, Blitzableiterverkäufer oder Autohändler, hatten einen schlechten Ruf. Der ehrbare Verkäufer war zurückhaltend und anständig, auf Abstand zum Kunden bedacht und er vermied Übertreibungen. Selbst die fahrenden Handwerker drängten niemanden zum Kauf ihrer Dienstleistungen. Die wenigsten von ihnen kamen auf die Idee, an Haustüren zu klopfen oder gar Türglocken zu läuten. Sie gingen durch die Dörfer und machten durch lautes Schreien auf ihr Angebot aufmerksam. „Der Kesselflicker ist da“ oder „kaufe Rehhäute, Hasenhäute“, hörte man alle paar Wochen die Dorfstraßen rauf und runter. Wer einen Kessel flicken lassen, eine Schere schleifen oder ein Hasenfell verkaufen wollte, der trat aus dem Haus und auf den Anbieter zu und nicht umgekehrt. Mit dem Aufkommen der Fernsehwerbung wurde das anders. Der Werber kam uneingeladen ins Haus, trat ohne Zurückhaltung mitten in das private Sein der Menschen. Aber auch hier war am Beginn das Auftreten sehr dezent, diskret, bescheiden und vor allem relativ selten. Es gab nur einmal am Tag Werbung im Fernsehen und das war zwischen 20 Uhr 10 und 20 Uhr 15. Und es wäre wahrscheinlich als niveaulos erachtet worden, diese kommerzielle Kommunikation tatsächlich Werbung zu nennen. Um nicht zu direkt und unverhohlen, die schnöde Verkaufsabsicht ansprechen zu müssen, nannte man den Werbeblock in der ersten Hälfte der 1960er-Jahre „Kurzfilmmosaik“.

Die Form der Werbung war wenig marktschreierisch und manipulativ. Vielmehr wurde versucht, Funktion und Vorzüge von Waren möglichst objektiv darzustellen. Anstelle von suggestiver Bildkommunikation setzte man auf lustige Reime wie: „Zugluft pfeift durch jede Ritze, diesen hier reißt es vom Sitze, jener aber macht ihm klar, dass das gar nicht nötig war, Tesa-Moll ins Fenster kleben und behaglich weiterleben!“ Kleine Werbefilmchen dienten eher der Unterhaltung der Zuschauer, als dass sie mediale Instrumente des „Hard-Sellings“ gewesen wären.

Die 1960er-Jahre waren eine Zeit, in der die Werbung noch Zurückhaltung und Moral kannte. Es wäre als peinlich, penetrant und taktlos empfunden worden, wäre man auf den Konsumenten mit einem ähnlich dichten Sperrfeuer an manipulativer Kommunikation losgegangen wie heute. Die Menschen hätten es wahrscheinlich als geschmacklos, unverschämt und geistlos empfunden, wenn man sie zwanzigmal am Tag mit demselben Werbespot oder derselben Hitsingle belästigt hätte. Das Ziel, ein Produkt zu verkaufen, rechtfertigte damals noch nicht jedes Mittel. Noble Zurückhaltung war noch eine Tugend und die plump und uncharmant vor sich hin polternden Verkäufer, die vor den Warenhäusern Küchengeräte oder billiges Parfum verkauften, genossen wenig Ansehen. Man sah sie wohl auf einer Stufe mit Jahrmarktsfahrern und Schaustellern, die als halbseiden und sittlich unterentwickelt galten.

Heute, in Zeiten des amoralischen Anything goes, darf jedes Mittel angewandt werden, das zum Erfolg führt. Der Zweck heiligt die Mittel. In Werbekollegs und Verkaufsseminaren werden Verkäufer dazu gedrillt, jede natürliche Hemmung abzulegen und alle moralischen Vorbehalte zu verdrängen. Respekt vor dem Kunden, kultivierte Zurückhaltung und Aufrichtigkeit werden ebenso wie Stilempfinden und Schönheitsgefühl nicht mehr vermittelt. Nicht mehr was und wie sie verkaufen ist relevant, sondern dass am Ende der kommerzielle Erfolg steht. Und so hämmern uns die Werbe- und Verkaufsspezialisten nicht nur hundertmal am Tag dieselbe Botschaft ins Hirn, sondern lügen uns auch unverhohlen ins Gesicht, indem sie im Kleingedruckten, das sich gleich unter dem Produktversprechen einer Werbeanzeige findet, dieses Versprechen wieder weitgehend zurücknehmen. Oder sie schulen ihre Promoter darauf, dass sie Passanten im öffentlichen Raum unter Einsatz ihres Körpers den Weg versperren, um sie so lange zu beschwatzen, bis viele, nur um der peinlichen und aufreibenden Situation zu entkommen, den Dauerüberweisungsauftrag für Greenpeace unterschreiben. Dabei wäre es viel sinnvoller, das Geld nicht Greenpeace oder dem WWF zu geben, beides bürokratisierte und verknöcherte Organisationen, die schon längst in die Herrschaftselite des Neoliberalismus integriert sind, sondern den Punks, die mit ihren Hunden rund um Bahnhöfen und an den Rändern der großen Einkaufsstraßen sitzen. Denn sie sind starke Symbole für ein richtiges und wichtiges demonstratives Desinteresse an dieser Gesellschaft der egozentrischen und rücksichtslosen Netzwerker, Performer und Händlertypen, denen es nur um ihren persönlichen Vorteil geht, großartige Propheten der Entschleunigung und der interesselosen Passivität.

Aber dennoch war das Leben auf dem Land keine Idylle. So erinnere ich mich noch heute, als wäre es gestern gewesen, an das todesängstliche Brüllen der Schweine, die jeden Donnerstag beim benachbarten Schlachter „abgestochen" wurden. Die reichen Bauern blickten verächtlich auf die landlosen Industriearbeiter und Eisenbahner herab, eine Minderheit im Dorf, der ich zugehörte, und ließen sie, so oft sich die Gelegenheit bot, spüren, dass sie Angehörige der besitzlosen Unterklassen waren. In der Hierarchie des Dorfes waren, ausgenommen der Arzt, der Tierarzt und der Schuldirektor, zur Gruppe der Angesehenen und Ehrenhaften nur die zugelassen, die Grund und Boden besaßen.

Bei Begräbnissen zogen, immer dann wenn ein Kriegsteilnehmer verstorben war, die Mitglieder des Kameradschaftsbundes durch die Hauptstraße des Ortes hinter dem Sarg zum Friedhof hoch, der oben am Wagram lag. Eine Vereinigung alter Männer, die sich einmal im Jahr vor dem sogenannten „Kriegerdenkmal" versammelte, um der Zeit zu gedenken, in der sie das einzige Mal in ihrem Leben wichtig und bedeutend waren, in der die Welt zu ihnen aufsah, in der sie etwas erleben durften, in der sie zumindest vorübergehend der bedrückenden dörflichen Enge entgehen konnten, der Zeit des Zweiten Weltkriegs.

Im Kindergarten und in der Schule wurden die Kinder mit Prügel bestraft. In der Schule dominierte die Ohrfeige als Erziehungsmittel, im Kindergarten wurde von den geistlichen Schwestern bevorzugt das nackte Gesäß der Kinder mit Schlägen malträtiert.

Wie schon gesagt, der Einfluss der Medien auf das Landleben war gering, weil Medien wie Radio und Fernsehen die meiste Zeit des Tages schwiegen und die wenigen Zeitungen, kaum waren sie gelesen, in der Tischlade verschwanden. Man drehte den Fernseher am Abend um 19 Uhr 30 an, um ihn meistens um 21 Uhr wieder auszuschalten und das Radio dudelte nicht ohne Grund und Sinn den ganzen Tag vor sich hin, nein es wurde ganz gezielt eingeschaltet, wenn man Nachrichten oder eine Unterhaltungssendung hören wollte. Und von geringem Einfluss waren die Medienbotschaften deshalb, weil sie flüchtig waren, da es keine Speichermedien gab. So konnte man eine Folge von „Bonanza“, die bekannte amerikanische Westernserie, nur einmal sehen, genauso wie man die Radiosendung „Autofahrer Unterwegs“ mit Rosemarie Isopp oder Walter Niesner nicht mit einem Kassettenrekorder aufzeichnen und immer wieder anhören konnte: Gott sei Dank. Die meisten Sendungen verschwanden gleich danach für immer im Nichts des Vergessens. In Erinnerung behalten wurde nur das wirklich Außergewöhnliche.

Die Abwesenheit von Kassetten- , Videorekordern und Festplattenspeichern sorgte dafür, dass die Gegenwart vergehen konnte, dass das gnadenvolle Vergessen, den großen Teil der nichtigen medialen und realen Episoden des menschlichen Lebens für immer auszulöschen vermochte. Denn nur weniges, was Menschen hervorbringen, ist es wert, zu überdauern. Verschwindet das Vergangene schnell, so ist es eine Wohltat für uns. Dann können wir frei von seiner Last leben, denn ist sie im Übermaß vorhanden, drückt sie uns nieder und beschwert den „Gang als eine unsichtbare und dunkle Bürde“. (Friedrich Nietzsche)

Das betrifft im Übrigen auch die Aufzeichnungen des kleinen privaten Lebens der Menschen. Auch diese können zur bedrückenden dunklen Bürde werden. Früher hatte man eine Schachtel mit vergilbten Fotos auf dem Speicher oder in einem Album im Küchenschrank. Die Menschen, Bauwerke und Landschaften auf den Fotos wirkten vergangen, verloren, nicht mehr lebendig, nicht rückholbar. Das vergilbte, verblichene, fleckige, zerknitterte alte Foto war ein Repräsentant einer Ästhetik des Verschwindens. Es zeigte an, dass das Abgebildete dabei war, langsam aus der Erinnerung zu entweichen. Auch der Umgang mit diesen Fotos passte zu einer Ästhetik des Verschwindens. Meistens ließ man sie ruhen. Nur alle paar Jahre, zu besonderen Anlässen wie runden Geburtstagen, Hochzeiten oder Beerdigungen, wurden sie für kurze Zeit hervorgeholt. Sie waren nicht Bestandteil des alltäglichen Lebens.

Heute ist das anders. Die Fotos der Vergangenheit kennzeichnet eine Ästhetik der Präsenz. Alles was man auf ihnen sieht, zeigt sich, als würde es sich gerade eben erst ereignet haben. Das Bildmaterial, weder vergilbt noch verblasst, weil das moderne Speichermaterial robust und beständig ist, wirkt, als hätte das Abgebildete ewigen Bestand. In bewegten Bildern festgehalten tun die Toten so, als würden sie noch leben. Sie gehen herum, sind albern, lachen, schneiden Grimassen, treiben Unfug, verhalten sich, als wären sie gerade aus dem Zimmer gegangen. Sie sind ein für alle Mal fixiert auf Filmkassetten, DVDs und Festplatten, also auf dauerhaften Speichermedien, auf die man einfach jederzeit zugreifen kann, auf immer und ewig. Oder die Daten stehen gar auf Homepages oder Facebook-Seiten öffentlich zur Verfügung.

Das Internet ist voll von Toten und Vergangenem. Kein Toter darf wirklich sterben, nichts Vergangenes darf vergehen. Das Gestern bleibt bestehen und es lässt uns nicht in Ruhe. Zum guten und zum schlechten Zeitpunkt wird es hervorgeholt und uns vorgehalten. Denn heute ist nicht nur unsere Gegenwart, sondern auch unsere Vergangenheit weitgehend transparent und immer präsent. Die dauerhaften Datenspeicher konservieren unsere Vergangenheit in Wort und Bild. Jeder kann uns „googeln“, wie man neudeutsch sagt und auf das Ergebnis zugreifen und uns mit seinen Funden im schlimmsten Fall kompromittieren. Und wenn wir nicht von anderen gegoogelt werden, dann googeln wir uns selbst, wühlen im alten toten Material unserer Vergangenheit herum. Die vorhandenen Daten ziehen uns an wie Odysseus die Sirenen und wir gehen immer wieder den Weg in die Vergangenheit zurück, weil wir dort etwas zu finden hoffen, was uns helfen könnte, die Gegenwart zu verstehen.

Aber in der Vergangenheit ist nichts zu finden, außer die Spuren eines uns fremd gewordenen Lebens, dass mit unserem gegenwärtigen nichts mehr zu tun hat und auf das wir manchmal voll Neid zurückblicken, weil wir damals vielleicht mehr Kraft, Energie und Entschlossenheit hatten, das heißt jung und vital waren. Blaise Pascal wusste, dass Vergangenheit und Gegenwart sich fremd sind, voneinander weit entfernte Länder, die kaum etwas miteinander verbindet. Aber alles wehrte sich in ihm dagegen, die Entfremdung, die mit dem fortlaufenden Leben zwischen Jugend und Alter entsteht und den damit verbundenen körperlichen Verfall zu akzeptieren. “Ich fühle eine böse Neigung in mir, die mich nicht anerkennen lässt, was Montaigne sagt, dass Lebhaftigkeit und Entschlossenheit in uns mit dem Alter abnehmen. Ich möchte nicht, dass es so ist. Ich empfinde Neid auf mich selbst. Dieses Ich von vor zwanzig Jahren ist nicht mehr mein Ich.“ Ganz radikal auch seine Definition der Liebe, die mit den Jahren vergeht, weil sie ihr Objekt verliert, weil der geliebte Mensch im Verlauf des Lebens ein anderer wird. „Er liebt jene Frau nicht mehr, die er vor zehn Jahren geliebt hat. Das glaube ich gern: Sie ist nicht mehr dieselbe, und er auch nicht. Er war jung und sie auch; nun ist sie ganz anders. So, wie sie damals war, würde er sie vielleicht noch lieben." (Pascal 2012:12f.) Das Leben verändert uns. Wir müssen uns damit abfinden, dass wir das, was wir gestern waren, nicht mehr sind und dass die Beschäftigung mit dem Vergangenen uns auch nicht dabei helfen kann, unsere Gegenwart besser zu verstehen.

Es macht keinen Sinn, sich an die Vergangenheit zu klammern, weil wir andere geworden sind und auch die uns umgebende Welt hat in vielem nichts mehr mit dem zu tun, was einmal war. Man muss den Mut haben, die Vergangenheit vergehen zu lassen, man muss abhaken was abzuhaken ist, denn „wer sich nicht auf der Schwelle des Augenblicks, alle Vergangenheiten vergessend, niederlassen kann, wer nicht auf einem Punkte wie eine Siegesgöttin ohne Schwindel und Furcht zu stehen vermag, der wird nie wissen, was Glück ist". (Nietzsche 2009:10)

Friedrich Nietzsche hat immer wieder darauf hingewiesen, dass es den Menschen ganz und gar unmöglich ist, ohne die Fähigkeit des Vergessens zu leben. Ein Mensch, der nicht vergessen kann, muss dem Wahnsinn verfallen, weil ihn die Last der Vergangenheit niederdrückt und seinen Lebensweg beschwert. Die Vergangenheit, wenn wir sie nicht vergehen lassen, hat die Macht uns zu zerstören. Es gibt einen Grad von Wiederkäuen des Vergangenen, „bei dem das Lebendige zu Schaden kommt und zuletzt zugrunde geht, sei es nun ein Mensch oder ein ganzes Volk". (Nietzsche 2009:11)

Das Vergangene, das nicht vergehen kann, liegt auf den vernetzten Speichern des Internets. Es sind Texte, Bilder, Videos, die keiner kontrollieren kann und die den Ruf von Individuen, Familien, Organisationen, Gemeinden, Ländern nachhaltig schädigen können, wenn sie zufällig, oder von bösen Mächten bewusst hervorgezogen, wiederkehren. Häufige Opfer der Vergangenheit, die nicht vergehen kann, sind jene, die sorglos alles von sich preisgeben, die der schädlichen und verderblichen Ideologie der „Post-Privacy“ glauben schenken, die vom Menschen fordert, in der totalen Transparenz und ohne Geheimnisse zu leben. In erster Linie junge Menschen. Sie posten Material über Saufexzesse, politische Aktivitäten, Konsumgewohnheiten, sexuelle Vorlieben, Krankengeschichten und vertrauen auf die Moralität und Anständigkeit des Schwarms, vor dem das alles offengelegt wird. Doch die Schwärme des Internets sind boshaft und missgünstig, in ihnen potenziert sich die Verderbtheit und Schlechtigkeit des einzelnen Individuums. Die gedankenlose und egozentrische Destruktivität des Schwarms stürzt sich genussvoll auf jede Schwäche, die ein Mensch offenbart. So werden die Bikinifotos einer übergewichtigen Klassenkameradin genauso genüsslich in alle Richtungen verschickt, wie die Internetadresse unter der man ein Bild findet, auf dem sich das amerikanische Supermodell am Strand mit einem Hängebauch blamiert. Mit klammheimlicher Freude werden Unwahrheiten über das Beziehungsleben des Mathematiklehrers genauso verbreitet, wie über die Frau des früheren deutschen Bundespräsidenten, der die missgünstige Konkurrenz eine Bordellvergangenheit anhängte. Dem Schwarm ist nichts heilig. Besonders liebt er es, sexuelle Intimitäten an die Öffentlichkeit zu zerren oder Pornofilmchen von Prominenten durch das Netz zirkulieren zu lassen, in denen das leibhaftig zu sehen ist, was in ihrem Kopf täglich als nicht ausgelebte Fantasie abläuft. Noch heute sind die Pornofilme der deutschen Schauspielerin Sibel Kekilli ein Renner im Internet. In denen ist das zu sehen, was die eingepanzerten, frustrierten, normophatischen Kleinbürger gerne tun würden, wenn sie ein grausames Über-Ich nicht davon abhalten würde.

Der Schwarm hasst vor allem jene, die sich die Freiheit nehmen Dinge zu tun, die zu tun er sich selbst nicht zugesteht. Der

Schwarm hasst seine eigenen Unfreiheit und die Freiheit derer, die sich nicht so einschränken und beschränken lassen, wie die sogenannten Normalen. Wie die Lesergemeinde der Boulevardpresse, will der Schwarm Blut sehen. Er will die Bestrafung derer, die sich das nehmen, was er sich nicht zu nehmen getraut. Der Schwarm ist der verrohte Boulevard der Postmoderne.

DIE BREITE GEGENWART UND DER TRIUMPH DER RETROKULTUR

Nochmals zurück zu den Speichermedien, die sich alles merken und damit verhindern, dass die Vergangenheit vergehen kann. Die Vergangenheit, die nicht vergehen kann, beeinflusst unser gesamtes Leben, unsere Psyche, unsere sozialen Beziehungen, unsere Kultur. Speichergeräte verbreiten sich erst so richtig seit den 1970er-Jahren in der breiten Öffentlichkeit und damit begann sich das zu entwickeln, was Hans Ulrich Gumbrecht die „breite Gegenwart" nennt. (Gumbrecht 2010) Heute ist das Internet das große, omnipräsente elektronische Gedächtnis unserer Zeit. Es ist hauptverantwortlich dafür, dass es diese „breite Gegenwart" gibt.

Die „breite Gegenwart" ist eine von der Vergangenheit überflutete Gegenwart. Sie ist zu einer sich ständig weiter verbreiternden Dimension der Simultanität geworden, d.h. zu einem Zeitraum, in dem gleichzeitig viele Vergangenheiten neben dem Gegenwärtigen existieren. Das Grundprinzip unserer Gegenwart ist die Gleichzeitigkeit des Ungleichzeitigen. Gumbrecht weist darauf hin, dass alle jüngeren Vergangenheiten, insbesondere die der letzten fünfzig Jahre, Teil der breiten Gegenwart sind.

So fällt es zusehends schwer, einen früheren Modestil der populären Kultur oder eine Musikströmung der vergangenen Jahre aus dieser „breiten Gegenwart" auszuschließen. Alles ist zur gleichen Zeit präsent: der Film noir der 1940er-Jahre, der Bombshell-Look Marilyn Monroes aus den 1950er-Jahre, der Beat der 1960er, die Langhaarfrisuren der 1970er-Jahre, der Jugendstil der Popper der 1980er-Jahre und die Musik des Britpop der 1990er. Nichts kann vergehen, alles wird permanent recycelt, wiederbelebt und auf den Markt geworfen. Fast jedes Jahr ein neues Revival und das wohl so lange, bis die ständigen Wiedergeburten des Alten die sozialen und kulturellen Räume dermaßen verstopft hat, dass überhaupt nichts Neues mehr entstehen kann.

Die zweite große Treibkraft der Retrokultur ist neben dem unauslöschlichen Gedächtnis des Internets der kommerzielle Markt, der Gott unserer Tage, der alles Vergangene so oft aufkocht, bis der letzte mögliche Cent aus dem Gewesenen herausgepresst ist. Darauf verweist auch der britische Kulturkritiker Mark Fisher der meint, dass es seit der Jahrtausendwende keine zeittypische Musik mehr gibt. Während wir eine deutliche Vorstellung davon haben, wie die 1960er oder 1970er klingen, fehlt uns eine solche Vorstellung für das erste Jahrzehnt des neuen Jahrtausends. Früher haftete die Musik an wichtigen Ereignissen der Zeit: dem Vietnam-Krieg, der 1968er Bewegung, dem Nato-Doppelbeschluss, der Ölkrise und der damit verbundenen Rezession, der Umweltbewegung, den Hungerkatastrophen in Afrika, den sozialen Spannungen in den Metropolen, dem Fall des Eisernen Vorhangs. Heute sind die Zusammenhänge zwischen Musikkultur und Zeitgeschehen weitgehend zerrissen. Unser Jahrzehnt hat weder eine typische Jugendkultur noch eine zeittypische Musik. Die Musikkulturen der letzten fünfzig Jahre sind alle gleichzeitig präsent, überlagern sich, durchdringen sich, grenzen sich puristisch voneinander ab, sind vielfach zu von Bedeutung freien flottierenden Zeichen geworden, leere Signifikanten, reine Ästhetik ohne soziale Referenz.

Die elementaren Werte der historischen Musikkulturen sind in Vergessenheit geraten, lediglich oberflächliche Attitüden sind geblieben. Ein gutes Beispiel dafür ist die neue Psychedelic-Generation in der englischen Popkultur. Die Bands dieser Retrokultur beziehen ihre Inspiration aus dem Psychedelic Rock der 1960er und 1970er-Jahre. Vorbilder sind die frühen Pink Floyd oder Soft Machine. Alben der 1960er-Jahre, wie „A Saucerful of Secrets" von Pink Floyd, erlangen wieder Kultstatus. Die Industrie reagiert darauf und bringt sie remastered auf den Markt, also in einer Form, die den sauberen Qualitätsansprüchen einer zeitgenössischen Hörkultur angemessen ist. Die Bands der Neo-Psychedelic-Szene orientieren sich an dieser Musik. Aber sie richten sich bloß soundästhetisch nach den Originalen. Was Werthaltungen und Lebensart betrifft, nimmt man sich weitgehend den dominierenden neoliberalen Individualismus zum Vorbild, dessen Maxime die permanente Kontrolle des eigenen Selbst, die Unterdrückung spontaner Lebensäußerungen und die Anpassung des individuellen Seins an die gesellschaftlichen Notwendigkeiten ist. Genau deshalb ist es nichts mehr mit dionysischen Exzessen und Ich-Auflösung, mit Alkohol, Drogen, promiskuitiven Sex, mit dem Leben im Parallel-Universum des Rausches. Dafür gibt es Obst- und Gemüsesäfte und veganes Catering, regelmäßiges Fitnesstraining, Yoga, Tibeter, meditative Naturwanderungen. Vom exzentrischen Individualismus der 1960/1970er-Jahre sind nichts weiter als die Soundästhetik und einige Designelemente geblieben. Wieder aufgenommen wird lediglich die Oberfläche des Vergangenen, dessen Substanz bleibt im Gestern zurück.

Die Musiker und das Management der Neo-Psychedelic-Kultur sind hochgradig selbstkontrollierte Jungs und Mädels, die genau wissen was und wohin sie wollen, die immer bemüht sind, eine gute Performance abzuliefern, damit Management, Plattenfirma und Fans zufrieden sind. Sie sind professionell, was so viel heißt wie, dass sie der performativen Ökonomie des Neoliberalismus gehorchen, einer Selbstdarstellungsökonomie, die von den Performern der populären Kultur in erster Linie die marktökonomisch am besten verwertbare Selbstinszenierung verlangt. In Wirklichkeit zählt hier alleine die Bühnenexistenz. Der dahinter steckende Mensch hat mit der von PR-Agenturen produzierten sozialen Rolle, die hier gespielt wird, kaum mehr etwas zu tun.

Wer sich nur die Hüllen einer Kultur, aber nicht deren Inhalte aneignet, der interessiert sich nicht wirklich für die Vergangenheit, er benützt sie nur, er greift sich das Design von Gestern, um in der Gegenwart mit dessen Hilfe Aufmerksamkeit zu erregen. Es wird nicht mehr versucht, die Vergangenheit zu verstehen, es geht nur mehr um deren Verwertung.

Die postmodernen Retrokulturen sind weitgehend Mummenschanz, Karnevalskulturen von denen jeder weiß, dass kaum etwas von dem, was sie vorführen, wirklich ernst gemeint ist. Und so sind am Ende der Neo-Hippie, der Neo-Psyedelic, der Neo-Hipster oder der Neo-Rocker leere Signifikanten, die nichts von dem wirklich bedeuten wollen, was sie uns zeigen. Das einzige was sie wollen, ist der Erfolg. Es geht am Ende nur mehr um die Akkumulation von Aufmerksamkeitskapital, das sich in ökonomisches Kapital und soziale Anerkennung tauschen lässt. Wem die größte Aufmerksamkeit gehört, dem fallen am Ende die meiste Anerkennung und der größte Reichtum zu.

Das einzige was die Rollenspieler, die um Aufmerksamkeit ringen, wollen, ist der eigene Nutzen, der in persönlicher Anerkennung und materiellen Erträgen besteht. Ihrem Handeln geht es nur um diesen egozentrischen Erfolg, niemals um irgendein ideelles Ziel, das über die ganz persönlichen Interessen hinausweist.

Menschen, die nichts mehr wollen und meinen als ihren persönlichen Nutzen, nennt man heute Pragmatiker. Der egozentrische Pragmatismus ist die dominierende Triebkraft des Neoliberalismus. Der Kern des neoliberalen Pragmatismus ist der hemmungslose Wille, sich selbst zur Ware zu machen, sich selbst um jeden Preis zu verkaufen. Das, was die Stars der Retrokulturen vorführen, ist das beherrschende Prinzip der neoliberalen Postmoderne. Und dieses Prinzip bedeutet, dass es nicht mehr um die Sache, sondern nur mehr um den Erfolg als Folge einer guten individuellen Performance geht. Was immer gewünscht wird, wird gespielt, solange es Aufmerksamkeit und Kohle bringt.

Woran zeigt sich das nun in der Praxis? An jungen Menschen, bei denen die primären Kriterien der Berufswahl das Image des Berufs und die Höhe des Einkommens sind. Berufsberater erzählen davon, dass Pflichtschüler ihre spontane, an den persönlichen Interessen ausgerichtete Berufswahl sofort revidieren, wenn sie hören, dass in einem anderen Beruf die Lehrlingsentschädigung höher ist. Oder Studienanfänger, die gerne Germanistik studieren würden, schwenken am Ende doch auf Jura um, weil der Rechtsanwalt mehr verdient und mehr Ansehen genießt als der Deutschlehrer. Ein cooler Pragmatismus geht unter der Jugend um, der nüchtern kalkulierend das äußere über das inhärente Gut stellt, den materiellen Ertrag über die Identifikation mit dem Inhalt des Berufes. „Out of the hot – into the cool", so heißt die Devise, auf die sich die Erfolgreichen unserer Tage berufen. Ihre Passion ist, wenn es um den Job geht, primär Geld und Image, niemals die Tätigkeit selbst.

Nicht nur die populäre Kultur, auch die Politik wird mehr und mehr vom kühlen Kalkül emotional distanzierter Rollenspieler geprägt. Auch in ihr zählen nicht mehr Inhalte und Programm, sondern Selbstdarstellung und manipulative Selbstinszenierung. Zuerst kommt die Form, der Inhalt ist beliebig dazu kombinierbar. Wie in den sozialen Netzwerken, so haben auch in der Politik jene die meisten Follower, die am besten performen. Und wer performt am besten? Der, der sein kommunikatives Verhalten, seine Selbstpräsentation an dem ausrichtet, was die Mehrheit will. Wir sehen uns einer Politik gegenüber, die nicht mehr von Überzeugungen und Programmatiken geleitet wird, sondern von Umfrageergebnissen. Die Authentizität der Gegenwartspolitik ist ihre Nicht-Authentizität. Sie hat kein anderes Ziel mehr als den Wahlerfolg. Und um den zu erreichen, nimmt sie die Form an, die die Masse von ihr verlangt. Der erfolgreiche Politiker der Gegenwart ist ein Performancekünstler, ein Perfektionist der Metamorphose. Grundsätze und Inhalte sind ihm hinderlich, er spielt lieber mit Kostümen und Masken.

Durch ihr Verhalten sagen uns Politiker täglich: „Wir machen in erster Linie das, was ihr von uns wollt. Nicht das, was wir wollen ist entscheidend, sondern was bei Euch ankommt. Wir wollen Euch gar nicht überzeugen, weil wir keine Überzeugungen haben. Wir sind lediglich Dienstleister, von Meinungsforschern und PR-Beratern gesteuert, nicht viel mehr als eine Ware im Supermarkt." Noch heute erinnere ich mich an die Aussage eines Ministersekretärs, der nach der erfolgreichen Regierungsbildung nach seinen politischen Zielen gefragt wurde. Seine Antwort war inhaltsleer aber klar. „Wir werden versuchen, ein gutes Spiel zu machen." Nein, nicht um Bildungs-, Sozial-, oder Wirtschaftspolitik geht es, sondern um ein gutes Spiel, um ein Spiel mit Worten und Bildern, mit Charaktermasken und Verkleidungen. Was vorgeführt wird, ist zweitrangig, Hauptsache das Publikum applaudiert. Politik als die hohe Kunst der hohlen Form, als warenästhetische Spielerei?

Postmoderne Politiker sind keine Vorbilder, sie sind eher „Verbilder", sie verbilden die Menschen, indem sie sie durch ihr Beispiel dazu anregen, in ihrer Lebenswelt genauso zu handeln, wie es auf der Bühne der großen Politik täglich vorgeführt wird – grundsatzlos, selbstsüchtig und vor allem cool, also ohne innere Teilnahme. Es geht im Leben nicht um Ideale und eigene Ziele, so der latente Inhalt der täglichen politischen Botschaften, sondern um emotionslose Anpassung und professionelle Selbstdarstellung. Mache nicht das, was du willst, mach nicht das, was du für richtig hältst, sondern das, was die anderen von dir wollen, denn das Leben in der Postmoderne ist in erster Linie ein Sein für die anderen. Die Politiker sind Idealtypen der Rückgratlosigkeit, an denen sich die Masse orientiert und die sich in der Gesellschaft epidemisch ausbreiten.

Unsere Gegenwart ist mit Vergangenheiten vollgestopft, die nicht vergehen dürfen. Retro dominiert unser Leben. Auch in der Mode ist die Wiederholung des Vergangenen fast schon zum Zwang geworden. Angesagt ist immer das, was große Anleihen beim Gestrigen oder Vorgestrigen macht. Ein gutes Beispiel für den Retro-Style ist die Sportmarke Adidas. In ihren Marken-Stores werden Schuhe und Klamotten im Stile der 1970er-Jahre verkauft. Selbst alte Laufschuhmodelle werden wieder aufgelegt, natürlich nicht, damit der Kunde einen Marathon laufen kann, sondern einfach, weil Retro, das heißt die Ästhetik von gestern, angesagt ist. Der Laufschuh ist in erster Linie ein Zitat, Zierrat ohne praktischen Nutzen.

Aber nicht nur Adidas ist im Oldschool-Modus unterwegs. Auch Puma und Lacoste vermarkten Jacken im Stil der 1970er und 1980er-Jahre. Mit den alten Produkten betreten auch wieder die Stars von gestern die Bühne der Gegenwart. Was gut zu einer Zeit passt, in der man sich lieber mit der Ästhetik der Vergangenheit beschäftigt als mit einer Zukunft, die sich als Realität aufdrängt und den Menschen überwiegend Angst macht. Flucht in die Vergangenheit lautet die Devise, in der, wenn schon nicht alles besser war, die Dinge zumindest schöner aussahen. So zum Beispiel die Sportschuhe. Und so bietet Adidas als größte Neuerung des Jahres 2014 den Stan-Smith-Schuh aus den 1970er-Jahren an. Der heute 67 Jahre alte Stan Smith, Wimbledon-Sieger von 1972, wird damit zur Stilikone erhoben, zum ästhetischen Referenzpunkt für die modebewussten Hipster der Gegenwart.

Heute sind Rückgriffe auf die Vergangenheit notwendig, um sich stilvoll kleiden zu können, weil es keinen Stil der Gegenwart mehr gibt. Und so wird auch Ivan Lendl mobilisiert. Er symbolisiert die 1980er-Jahre und sein Tennis-Shirt ist heute ein Renner unter postmodernen Modefreaks.

Aber warum greifen die Menschen, vor allem junge Menschen, heute so gerne zurück auf die alte Mode, auf den Style der 1960er, 1970er und 1980er-Jahre? Weil es auch in der Mode wohl so ist wie in der Musik: Es gibt keinen zeitgemäßen Stil mehr. Wie der Musikstil der Postmoderne ist ihr Modestil eine Mischung aus allen möglichen abgelebten Elementen. Eben weil die „breite Gegenwart" mit Vergangenem bis oben hin zugemüllt und verstopft ist, gibt es keinen Raum mehr für neue Ideen, vielmehr können neue Ideen nicht entstehen, weil die Hirne der Kreativen vollgestopft sind mit altem Mist.

Eine Zeit, die nicht vergessen kann, der fällt offenbar auch wenig Neues ein. Wie in der Musik und der Mode sowie in der Politik. Die Politik der Gegenwart ist komplett Retro, eine Mischung aus Versatzstücken der Vergangenheit – ein wenig Sozialpartnerschaftsromantik, eine Prise Liberalismus, zwei Prisen Dirigismus, viel Österreich- und Deutschlandpathos, dazu ein Schuss Katholizismus oder Protestantismus, viel Bürokratie und natürlich das heilige Subsidiaritätsprinzip, damit die Landesfürsten ihre Eigenheiten ausleben können. Denn Österreich und Deutschland gibt es in Wirklichkeit nur an staatlichen Feiertagen oder wenn ein hoher Repräsentant des Staates stirbt. Da wird die große, historisch gewachsene Einheit beschworen, die tatsächlich aber eine Vielheit ist, ein Stückwerk aus regionalen Partikularinteressen, nach dem Geiste der aus der Schweiz bekannten „Kantönli-Mentalität". Der Bundesländerpartikularist ist nur glücklich, wenn er seine monatliche Extrawurst bekommt, wenn er etwas sein Eigen nennen darf, was andere nicht haben. Oder wenn er verhindern kann, dass andere etwas bekommen, was er nicht hat. Denn der Partikularismus ist auch bösartig. Gerne verzichtet er sogar auf einen Vorteil, wenn andere dafür Nachteile ertragen müssen. Und so ist die österreichische Bundesregierung ein Konglomerat aus

Länderabgesandten, die gleichzeitig auch noch die veralteten Sozialpartnerschaftsorganisationen repräsentieren müssen, also den Kammern, den ÖVP-Bünden und dem ÖGB entstammen.

Alle die nach dem Proporz Ausgewählten, die nun in Regierung und Parlament zusammensitzen, sehen keine Zukunft mehr, weil sie so eng mit der strukturellen und geistigen Vergangenheit verstrickt sind und oft nur aus Traditionsbewusstsein Prinzipien folgen, die aus der Zeit ihrer Väter, Mütter und Großeltern stammen.

Rasender Stillstand beherrscht die Retropolitik. Alle sind voll busy und manchmal gibt es auch ganz ordentlich Zoff, aber alle Energieverausgabung bewirkt nichts, weil es den ständig aufgebracht schwätzenden Politikern nur um die Machtverhältnisse innerhalb ihres Systems geht. Das Draußen, das Volk in seiner Lebenswelt, haben sie, vor lauter narzisstischer Selbstbespiegelung, längst aus den Augen verloren. Die Politik der Gegenwart ist zur fensterlosen Monade degeneriert, die blind ist für alles, was um sie herum passiert. Innerhalb ihrer kleinen eigenen parlamentarischen Welt bewegen sich die Abgeordneten wie Labormäuse in einer Versuchsanordnung. Aufgeregt laufen sie durch die Gänge ihrer Parlamente und immer wenn ein Glöckchen ertönt, dann rasen sie in den Plenarsaal, um dort über etwas abzustimmen, dass sie in der Regel nicht wirklich interessiert. Aber sie werden dafür belohnt mit 10 000 Euro Brutto-Gehalt im Monat.

Bewegung ist die Veränderung eines Objekts in seinem räumlichen Verhältnis zu anderen Gegenständen. Wenn wir es aber mit einem Gebilde, wie der Politik, zu tun haben, dem die Relation zur Umwelt völlig verloren gegangen ist, weil es sich nur mehr mit sich selbst beschäftigt, dann ist Bewegung unmöglich. Die postmoderne Politik kommt nicht vom Fleck, weil sie ihren Referenzpunkt nicht mehr im Volk, sondern in sich selbst hat.

Dass sie von gestern sind, demonstrieren Politiker täglich, indem sie sich voll retro kleiden: die Männer in Anzügen, deren Schnittstil und Farbe schon bei Raab, Figl und Schärf gesehen wurde, die Frauen in einem etwas modernisierten Grete-Rehor-Look. Aber sie kleiden sich nicht bewusst wie die Leute der 1950er-Jahre, um ein ästhetisches Zeichen zu setzen, dann hätten sie Stil. Nein, sie machen es aus purem Konformismus, aus reiner Unfähigkeit zur Veränderung.

Wer sich geistig nicht bewegen kann, ist auch stilistisch unbeweglich. Die österreichische Innenpolitik ist ästhetisch so gestrig, dass sie noch nicht einmal in der Postmoderne angekommen ist. Das Spiel mit Epochenstilen und modischen Accessoires ist dort noch unbekannt. Wenn es einer, wenn auch zurückhaltend, tut, wie der frühere BZÖ-Abgeordnete Petzner, dann ist er gleich ein schräger Vogel, der aus der konformen Masse heraussticht. Unter normalen Menschen hätte Petzners Ästhetik nicht einmal in einer Altenpension für Aufregung gesorgt. Die österreichischen Politiker sind also keinesfalls retro, denn um retro zu sein, müssten sie mit den ästhetischen Formen der Vergangenheit zu spielen vermögen, sie meinen aber die Art und Weise wie sie sich kleiden völlig ernst. Also bleibt uns wohl nichts anderes übrig, als sie als authentische Abgesandte der 1950er-Jahre zu betrachten. Die österreichische Politik ist, angesichts der Schnelllebigkeit unserer Zeit, im ästhetischen Sinne, eine Art Ur-Steinzeit. Um in der Gegenwart anzukommen, müsste sie mehrere Epochen überspringen. Wohl eine Unmöglichkeit.

Wenn wir es also genau betrachten, so leben wir in einer Zeit, die keine authentische Gegenwart mehr hat. Um authentisch zu sein, müsste eine Gegenwart etwas Eigenständiges, Einzigartiges, Neues hervorbringen. Das ist aber nicht der Fall. Unsere Gegenwart hat der Zukunft den Rücken zugewandt und starrt permanent in die Vergangenheit, um dort irgendetwas Brauchbares zu entdecken.

Unsere Gegenwart ist auf die Vergangenheit ausgerichtet, aber es gibt in ihr zwei Arten, mit der Vergangenheit umzugehen. Eine antiquarische Art, die voller Ernst die alten überkommenen Werte und ästhetischen Formen zu konservieren versucht, d.h. es wird versucht das Gestern ins Heute hineinzuverlängern. Dieser aktive Anachronismus ist identisch mit der politischen Kultur. An Staatsfeiertagen und bei parlamentarischen Feierstunden erreicht diese Kultur die Klimax. Es gibt aber auch eine postmoderne Vergangenheitsfixierung, die unter ihrer eigenen kreativen Impotenz leidet und diese dadurch zu verschleiern sucht, dass sie altes Zeug immer wieder in neuen Kombinationen zusammenfügt, am Ende aber unbefriedigt bleibt, weil sie nicht blöd genug ist zu übersehen, dass das Neue nichts anderes ist als das Alte in neuer Anordnung. Und so rollen die Postmodernen den Stein immer wieder den Berg hoch, oben angekommen entgleitet er ihnen und während sie absteigen, um ihn erneut zu holen, sind sie nicht von heroischen Gefühlen erfüllt, sondern von tiefer Melancholie und hoffnungslosem Pessimismus.

ÜBER TRADITIONELLE GÖTTER UND DEN NEUEN MEGA-GOTT MARKT

Retrokultur, das ist eine Kultur, die an ihrer Vergangenheit langsam erstickt und die sich vor der Zukunft fürchtet. Wir wissen ja, dass der große Teil der unter Vierzigjährigen wenn schon nicht pessimistisch, dann zumindest mit gemischten Gefühlen der Zukunft entgegensieht. Im Volk gibt es keine Zukunftseuphorie. Das ist wohl auch der Grund für den nicht enden wollenden Retrotrend, die Huldigung einer Vergangenheit, die nicht vergehen darf. Denn mit dem Vergangen hat man wenigstens etwas, das man kennt, auch wenn es nicht perfekt ist. Und nachdem wir in den letzten dreißig Jahren gelernt haben, dass das, was nachkommt immer schlechter ist als das, was ist, klammern wir uns am Alten fest. Die 1970er-Jahre waren ein Jahrzehnt der Ölkrise, des Terrorismus, des Nato-Doppelbeschlusses, des Vietnamkriegs und des aggressiven Konflikts um die friedliche und militärische Nutzung der Atomenergie, aber dennoch war es das Jahrzehnt einer vergleichsweise selbstbewussten Bevölkerung, die noch den Eindruck hatte, dass es möglich wäre, sich bei der Politik Gehör zu verschaffen, wenn es wirklich darauf ankommt. Man fühlte sich stark genug, der Politik und der Wirtschaft in den Arm fallen zu können, wenn es galt, das Schlimmste zu verhindern. Die Anti-AKW-Bewegung, die Friedensbewegungen und die Bewegung gegen den Bau des Flusskraftwerks in Hainburg waren selbstbewusste Initiativen, die die herrschenden Eliten vor sich hertrieben und ihre Positionen auch durchsetzten. Damals waren außerparlamentarische Bewegungen noch möglich, die sich gegen die Macht der institutionalisierten Politik behaupteten.

Heute glauben viele, einem kybernetischen Herrschaftsapparat unterworfen zu sein, dessen Zentrum weder lokalisierbar ist, noch mit handelnden Personen in Verbindung gebracht werden kann. Wie eine seelenlose Maschine funktioniert das System und keiner hat mehr das Gefühl, zu dem großen Schaltpult, von dem aus es gesteuert wird, durchdringen zu können.

Wir müssen die Vergangenheit förmlich lieben, weil wir eine fürchterliche Gegenwart haben, die wir nicht mehr glauben beeinflussen zu können und weil wir die schreckliche Vorahnung haben, dass uns die Zukunft noch mehr und größere Abscheulichkeiten bescheren wird, als die, mit denen wir es heute zu tun haben. TTIP, das Außenhandelsabkommen mit den Vereinigten Staaten, wird Europa total versauen, alleine dadurch, dass es das Niveau der Lebensmittel auf das der USA herabziehen wird und ich habe keinen Zweifel, dass die Eliten das Ding am Volk vorbei durchmanipulieren werden. Dazu fällt mir übrigens eine nette kleine Geschichte ein. Ein Bekannter von mir, er ist Anwalt in New York und ein in der Wolle gefärbter Neoliberaler, kauft sich regelmäßig, nachdem er in Wien angekommen ist, ein Grillhuhn, damit er nicht vergisst, wie ein richtige Huhn schmeckt. Ein anderer berichtete mir, dass es in New York Restaurants gibt, die ausschließlich aus Europa importierte Grill-Hühner anbieten. Diese Restaurants sind aber so dermaßen teuer, dass sich selbst gut verdienende Menschen ein Essen dort nicht allzu häufig leisten können. Das also ist nur ein kleiner Aspekt dessen, was uns erwartet, wenn dieses Abkommen unterzeichnet wird. Und nochmals: Es wird kommen, auch wenn zwei Drittel der Deutschen und Österreicher dagegen sind. Denn heute passiert auf der Welt das, was man in den Konzernzentralen will und nicht das, was sich die Mehrheit der Bevölkerung wünscht. Wer sollte unter solchen Bedingungen zukunftsoptimistisch sein, mit Ausnahme des Narren, den ein esoterischer oder religiöser Wahn beherrscht oder des zynischen Berufsoptimisten, der vom Verkauf euphorischer Parolen lebt?

Die ruchlosen Berufsoptimisten, jene Zyniker, die davon leben, dass sie den Menschen im Interesse der Erhaltung ihrer eigenen Macht eine bessere Zukunft versprechen, an die sie selbst nicht glauben und die Wahnsinnigen, die den Widersinn, den sie verkünden, tatsächlich für wahr halten, sind die beiden Gruppen, die uns die Zukunft als Erlösung versprechen, wenn wir uns ihren Doktrinen unterwerfen.

Die Zukunft wird uns als die große Lösung aller Menschheitsprobleme vorgestellt, denn mit kleinen Fortschritten geben sich die Berufsoptimisten und die Wahnsinnigen nicht zufrieden. Es muss schon der große Fortschritt sein. Sie propagieren den großen Wurf, egal ob es um die Zukunft des Individuums oder der ganzen Welt geht. Wichtig ist, dass die Berufsoptimisten sich primär mit der Erlösung der Gesellschaft beschäftigen, während die Wahnsinnigen sich der Erlösung des Individuums annehmen.

Die Berufsoptimisten findet man unter Politikern und Ökonomen, während man die Wahnsinnigen unter religiösen Fanatikern, Esoterikern, Alternativmedizinern, Astrologen, Lichtnahrungsapologeten, Schamanen, Reinkarnationstherapeuten, Homöopathen, Bachblütentherapeuten und unter tibetischen Urintrinkern findet. Gemein ist ihnen, dass sie sich nicht mit Kleinigkeiten abgeben. Ihre Erlösungsvorstellungen sind total, grenzenlos und umfassend.

Als Realist muss man sich die Ohren zuhalten, um den Unsinn, der da verkündet wird, nicht hören zu müssen, um dem Sermon der Berufsoptimisten und der Wahnsinnigen, die mit Schaum vor dem Mund ihre Erlösungsbotschaften predigen, zu entgehen. Ihre Reden sind üblicherweise von typischen Zukunftsbegriffen wie Visionen, Wirtschaftswachstum, Produktivitätssteigerung, Globalisierung, Leistung, Konkurrenz, Selbstfindung, Selbststeuerung, Zukunftsfähigkeit, Erlösung, Befreiung, etc. durchsetzt. Daran sind sie zu erkennen.

Ein wichtiger Ratschlag an dieser Stelle: Kommunikative Diät bringt mehr Lebensqualität. Wenn einer der Propheten zu sprechen beginnt, dann macht das Radio aus, schaltet den Fernseher ab oder klappt den Laptopdeckel zu. Und redet man persönlich auf euch ein, dann wendet euch ab und sucht das Weite. Politiker, Vertreter von neoliberalen Think Tanks, Religionsführer und Esoteriker tun immer so, als wäre es unsere moralische Pflicht oder das Gebot staatsbürgerlicher Vernunft, ihnen zuzuhören, mit ihnen in einen Diskurs einzutreten. Doch diesen Diskurszwang gibt es nicht, genauso wenig wie es die Pflicht gibt, wählen zu gehen. Sie wollen doch nur deshalb, dass wir ihnen zuhören und mitmachen, weil sie uns dann besser manipulieren können. In der Disziplinargesellschaft des 18. Jahrhunderts hat uns die Macht mit körperlicher Gewalt regiert, in der Kontrollgesellschaft der Gegenwart herrscht sie mit der Hilfe manipulativer Kommunikation und der digitalen Überwachung unseres Lebens.

„Weniger ist mehr" ist im Gegensatz dazu das Leitmotiv der neuen Realisten. Sie verlangen nicht nach einer großen Zukunft, ihnen reicht eine kleine Zukunft, in der der Mensch nicht von missionierenden Welterlösern permanent heimgesucht wird, in der das Spiel des Lebens ungezügelt von den Systemimperativen totalitärer Ökonomismen, Theologismen und Bildungslehren spontan, kreativ, lustvoll und vor allem in Freiheit gemeinsam mit seinen Mitmenschen spielen darf.

Die Mehrheit der Menschen hat deswegen die Zukunft satt, weil ihnen von den Berufsoptimisten und den Wahnsinnigen ständig mit ihr gedroht wird. Die Szenarien, mit denen Druck ausgeübt wird, sind vielfältig und bunt. Hier einige Beispiele. Wenn wir nicht lebenslang lernen, werden wir, vom Fortschritt abgekoppelt verurteilt, ein Leben als Außenseiter führen zu müssen. Sprechen wir nicht mindestens zwei Fremdsprachen, sind wir nicht zukunftstauglich, was so viel wie Langzeitarbeitslosigkeit bedeutet. Beten wir nicht fünfmal am Tag zu Allah, werden wir verdammt und bleiben vom Paradies ausgeschlossen. Stellen wir uns nicht täglich mit dem Wachturm an die Straßenecke und missionieren, dann droht uns die Vernichtung im Zuge von Armageddon, der endzeitlichen Entscheidungsschlacht zwischen Gut und Böse. Begeben wir uns nicht ohne Unterlass auf die Suche nach unserer Mitte, dann droht uns ein sinnleeres, ungerichtetes Taumeln durch eine armselige und unerfüllte Existenz. Und natürlich, wenn wir uns nicht richtig ernähren, vegetarisch oder vegan in der Regel, dann droht uns ein baldiges Ende in Krankheit und Elend. Jeder lächerliche Geisteswurm, der sich irgendeine Erlösungsidee zurechtgelegt hat, tritt uns heute wie Moses gegenüber, der gerade mit den von Gott übergebenen Gesetzestafeln vom Berg Horeb herabgestiegen ist.

Ganz ähnlich wie vor zweitausend Jahren in Palästina Hunderte Erlöser und Gottesgesandte predigend durch die Lande zogen, ist es heute bei uns, nur viel schlimmer. Die Zahl der postmodernen Erlöser ist größer und sie sind bei Weitem penetranter und kommunikativ wirkungsvoller, weil es diese verdammten digitalen Medien gibt. Was früher in einer abgeschiedenen Wüstenecke vor ein paar Dutzend Menschen stattfand, kann sich heute via Internet gleich Hunderttausenden Usern präsentieren. Wir müssen systematisch alle Kommunikationskanäle verstopfen, wollen wir den Traktaten, Weissagungen und Programmatiken der taktlosen und zudringlichen Weisen unserer Postmoderne entgehen. Den Zeugen Jehovas konnte man früher noch die Tür vor der Nase zuknallen und gut war es. Heute hat man täglich den digitalen Postkasten mit Erlösungsbotschaften voll und damit die gleiche Mühe, wie Sisyphos mit seinem Stein. Kaum hat man ihn leergeräumt, ist er schon wieder voll mit dem gleichen oder mit ähnlichem Dreck.

Wir haben gesehen, dass die Zukunft der Berufsoptimisten und der Wahnsinnigen keine offene Zukunft ist, sie ist normiert und verregelt. Ihre Zukunft ist immer mit Drohszenarien verbunden, mit Hilfe derer wir abgerichtet und diszipliniert werden sollen. Das meint auch Konrad Paul Liessmann, wenn er schreibt: „Wer immer seine Interessen durchsetzen will, macht dies gegenwärtig mit der Drohgebärde dass anderenfalls die Zukunftsfähigkeit – des Landes, der Wirtschaft, des Standortes, seiner Partei – gefährdet sei." (Liessmann 2013) Aber es wird nicht nur den Kollektiven mit der Zukunft gedroht, auch das Individuum ist ins Fadenkreuz der Angstmacherei mit der kommenden Zeit geraten. Es muss an sich arbeiten, sein Selbst entwickeln, sein Ich stärken, seine Mitte finden und wenn es gar nicht mehr geht, sich neu erfinden – sonst wird es den Anforderungen der Zukunft, die mit Gewissheit härter und anspruchsvoller sein wird als das Heute, nicht gerecht werden können und untergehen.

Aber die Zukunftsvisionen, die uns heute präsentiert werden, sind auf eine eigentümliche Art abgeschmackt und trivial. Schaut man sie näher an, so bekommt man das Gefühl, als hätte man all das Neue, was da verkündet wird, schon einmal gelesen, gehört, gesehen oder gar erlebt. Bald fällt auf, dass die Zukunftsentwürfe unserer postmodernen Visionäre wie abgelaufene Lebensmittel sind, wiederaufgewärmte alte Systemideen, alte philosophische Theorien, alte Wirtschaftsdoktrinen, anachronistische Theologien und bei fast allen steht ein Gott im Zentrum, je nach der weltanschaulichen Position der Verkünder, entweder ein alter traditioneller Gott im Himmel, den Nietzsche schon vor mehr als hundert Jahren leider voreilig für tot erklärt hat, oder der neue Gott auf Erden, der Markt. Beiden wird die totale Problemlösungskompetenz zugeschrieben, lässt man sie nur gewähren, wie sie wollen. Während die religiösen Totalitaristen uns irgendwelche uralten Bücher unter die Nase halten, aus denen eine überzeitliche Wahrheit herausgelesen werden kann, mit der sich unsere gegenwärtiges Leben perfekt steuern lassen soll, predigen die anderen die Erlösung von allem Leiden durch den Markt. Die „Entfesselung" der Marktkräfte wird uns als Weg ins Licht anempfohlen.

Beiden Totalitarismen ist aber noch eines gemein: Sie fordern uns auf, unsere Zukunft, die persönliche und die gesellschaftliche, in die Hände transzendenter Mächte zu legen. Der eigentliche Irrwitz besteht hier vor allem darin, dass zwei Ideologien, die innerhalb der Gesellschaft alles ihrer totalen Kontrolle unterwerfen wollen, sich selbst einer übermächtigen Instanz Untertan machen, die weder im einen noch im anderen Fall ihr wohltätiges Wirken, noch überhaupt ihre Existenz unter Beweis gestellt hätte. Im Gegenteil, überall wo Berufsoptimisten und Wahnsinnige auftreten und sich auf Markt und Gott berufen, ist Gewalt, Elend und Chaos die Folge. So werden heute die meisten aller Kriege auf der Welt im Namen von einem dieser beiden Götter oder einer Kombination aus beiden geführt. In Palästina kämpft Jahwe gegen Allah, in der Ukraine der europäische Markt gegen den russischen, in Afrika die westlichen gegen die chinesischen Marktinteressen und im Irak und Syrien ein Haufen wahnsinniger Gotteskrieger gegen Andersgläubige, die sie zu Ungläubigen erklärt haben. Denn im Irak und in Syrien genügt es nicht, dass man an Allah glaubt, man muss richtig an ihn glauben. Sonst ist die Rübe ab.

Die haltlose Verehrung von Gott und Markt – alles überflüssiger Ballast, von dem man sich befreien muss. Um mich nicht falsch zu verstehen. Von mir aus soll jeder glauben, was er will. Aber niemand soll aggressiv missionieren und jene mit Verderben und Höllenqualen oder gar mit der Ermordung drohen, die nicht Gefolgschaft leisten wollen.

Heute wird auch bei uns wieder missioniert, mehr denn jemals zuvor. Auf der Wiener Mariahilferstraße, der größten Einkaufsstraße Wiens, werden Bibeln verteilt. Anhänger einer internationalen Bibelgesellschaft versuchen, sie unter die Leute zu bringen. Evangelikale Eiferer. Spricht man mit ihnen, so versprechen sie denen, die sich ihnen anschließen, das ewige Leben, allen anderen die Verdammnis und Elend im Höllenfeuer.

Gestylt sind diese Leute wie Zeugen Jehovas: sauber, adrett, farblos, unauffällig – die Männer mit Sakko und Krawatte, die Frauen im braven Kostüm, nett frisiert und wenn man ihnen näherkommt, bemerkt man, dass sie geruchsneutral sind. Sie riechen weder nach Parfum, Deodorant oder Bodylotion und sie haben auch keinen natürlichen Körpergeruch. Ein erster Hinweis darauf, dass es sich um körperlose Wesen, um Engel, um apostolische Illusionen direkt aus dem Himmel handelt?

Natürlich nicht, es sind Menschen mit wirklichen Körpern, aber sie gehen diskret mit ihnen um, sie versuchen sie zu neutralisieren, in den Hintergrund zu schieben, indem sie sie in eine Ästhetik der freudlosen Unauffälligkeit einhüllen. Eine Ästhetik, die bedeuten will, dass der Körper, der sie umgibt, völlig irrelevant ist. Eine Ästhetik des Verschwindens also, dazu da, den Körper als Quelle des Empfindens und der Lust zu neutralisieren.

Die Kleidung der Evangelikalen als auch der Zeugen Jehovas ist aber auch bejahendes Statement in Bezug auf die herrschende Ordnung. Sie ist das Symbol eines kleinbürgerlichen Lebensstils, der Zurückhaltung, Selbstunterdrückung, Verzicht, Unauffälligkeit, Angepasstheit und Unterordnung propagiert. Der Kleidungsstil steht nicht nur für die Unterwerfung unter die Allmacht Gottes, er steht auch für die Akzeptanz der politischen Macht, der weltlichen Hierarchien und ihrer Regeln und Normen. Und er demonstriert eine Form der Anständigkeit, die ihren praktischen Ausdruck im offensichtlichen Verzicht auf ein lustvolles Leben findet. Das Leben ist eine Kette aus Pflichtübungen und Sühnehandlungen, nicht Genuss, Vergnügen und Spaß.

Dass es sich hier um Menschen handelt, die ihre Dogmen über die Würde des Menschen und dem Mitleid mit der Kreatur stellen, beweist ihr Verhalten gegenüber der bettelnden Armut. Nach getaner Missionsarbeit steht eine Gruppe von Aposteln unter dem Portal einer Buchhandlung auf der Wiener Mariahilferstraße. Es regnet. Man unterhält sich, wie es sich für den Kleinbürger in der Öffentlichkeit geziemt, in verhaltener Lautstärke, mehr murmelnd als sprechend. Es nähert sich ein junger Obdachloser und bittet um Geld. Die Kleinbürgerversammlung winkt kühl und ungerührt ab. Der Obdachlose geht weiter, spricht ein paar Jugendliche an, die mit Bierdosen in der Hand herumstehen und sich unterhalten. Ohne sich in ihrem Gespräch stören zu lassen, greifen zwei von ihnen en passant in die Hosentasche und drücken dem Bettler ein paar kleine Münzen in die Hand. Kein Wort wird gewechselt, der Obdachlose geht weiter, es ist eine Selbstverständlichkeit passiert. Offensichtlich wird, dass man unter den Menschen mit der vorgeblich reinsten Gesinnung und höchsten Moral nicht notwendigerweise Mitgefühl und Freigebigkeit finden muss.

Der kleine Glaube im Kopf des Einzelnen, der individuell konstruierte „persönliche Gott“ (Ulrick Beck), die vielen Glaubenserzählungen en miniature, sie sind nicht das Problem, die großen Religionserzählungen, die institutionalisierten Glaubenssysteme, die über mediale und materielle Macht verfügen, sie könnten uns um Kopf und Kragen bringen. Wir müssen sie durch Aufklärung, aber vor allem durch situationistische Aktionen zurückdrängen. Die christlichen Kirchen, den Islam, den Hinduismus, den Buddhismus und alle anderen Irrlehren müssen wir gnadenlos ironisieren und dadurch bewerkstelligen, dass sie in Grund und Boden verlacht werden. Die Ironie ist das beste Mittel, um den Glauben zum Verdunsten zu bringen.

DER DIGITALE MENSCH: HYPERAUSSENGELEITET, HYPERKOMMUNIKATIV UND HYPERREFLEXIV

Neben den großen Weltreligionen zählt zu den institutionalisierten Glaubenssystemen auch das Internet und seine sogenannten sozialen Netzwerke. Die Bezeichnung ist durch und durch irreführend, weil diese Netzwerke tatsächlich unsozial sind. Unsozial sind sie, weil sie das soziale Leben entgegenständlichen, das heißt Zwischenmenschlichkeit in ein gespenstisches Treiben verwandeln, einen virtuellen „Asozialraum" schaffen, in dem weitgehend verfremdete Bilder und zusammengelogene Biografien zirkulieren, die mit dem realen Sein ihrer Absender nichts zu tun haben. Im Internet regiert die performative Ökonomie, das große Spiel mit Zeichen und Symbolen, das freie Rollenspiel, frei von Spontanität und Uneigennützigkeit, ein Markt, auf dem der Wert ein direktes Produkt der durch Kommunikation erreichten Aufmerksamkeit ist.

Das Internet ist der Ort der totalen Kommunikationsplanung, der zweckorientierten Kommunikation, ein Ort, an dem die performative Ökonomie regiert, eine Form der Ökonomie, die Werte aus der Aufmerksamkeit generiert. Die erfolgreiche Internetkommunikation überlässt nichts dem Zufall und sie ist auch in den seltensten Fällen spontan. Internetkommunikation ist immer auf den Nutzen ausgerichtet, auf den Nutzen eines Individuums, einer Gruppierung, eines Unternehmens. Hier wird nicht mehr kommuniziert, weil die User Spaß an der Kommunikation, an der Interaktion mit anderen Menschen haben, hier wird kommuniziert, weil ein bestimmtes Ziel erreicht werden soll. Kommunikation im Internet ist kein absichtsloses Spiel. Das Internet ist die Plattform des Schwindels, der Täuschung, der Maskerade, der gezielten Manipulation und der ökonomischen Interessen und des persönlichen Vorteils.

„Out of the hot – into the cool." – Im Internet wird Kommunikation rationalisiert, durchgestylt, inszeniert, konstruiert. Die Schere im Kopf regiert die Internetcharaktere. Wie muss mein

Foto aussehen, welche Hobbys darf ich haben, welche Musik muss ich hören, für welche Themen muss ich mich interessieren, damit ich meine Rolle glaubwürdig spielen kann? Wer hier erfolgreich sein will, der darf nichts dem Zufall überlassen, muss Spontanität vermeiden, muss seine Kreativität in „vernünftige" Bahnen lenken. Das Internet ist das strengste Zuchtmittel der postmodernen Rollenspieler, strenger als die Vernunft oder das eigene Gewissen. Es gibt ihnen sofort das ihnen zustehende verheerende Feedback, wenn sie etwas nicht richtig gemacht haben.

Das Internet ist aber auch deshalb unsozial, weil es Kommunikation und Selbstdarstellung zur Pflicht erhebt. Alle Menschen werden unter Druck gesetzt, sich an der virtuellen Kommunikation zu beteiligen und erfolgreich zu performen. Zum erfolgreichen Performer wird man, wenn man die eigene Kommunikation permanent analysiert und rational steuert. Internetkommunikation ist heute in den seltensten Fällen spontan. Im Internet passiert nichts ohne Plan und Absicht.

Das Ziel der Kommunikation im Internet ist häufig nicht die Vermittlung des vorgegebenen Inhalts, sondern in der Regel ein Zweck, der dem Inhalt äußerlich ist. Dieser äußerliche Zweck ist das Erreichen von Aufmerksamkeit. Der Wert der Kommunikation ist nicht mehr ihr Inhalt, also das, was vermittelt wird, sondern die Beachtung, die der Absender erringt.

Entscheidend ist der Response, sind die Feedbacks und Klicks, die Folgekommunikation, die ausgelöst wird. Weniger relevant ist die Qualität einer Botschaft, das Niveau dessen, was in Umlauf gebracht wurde. Viel wichtiger sind die quantitativ messbaren Effekte, die die Botschaft hervorruft.

Qualität lässt sich nur qualitativ messen, auf den Internetmärkten wird aber quantifiziert. Dass bedeutet, es steht nicht im Vordergrund, was der Inhalt einer kommunikativen Aktivität ist, sondern wie häufig und von wem sie rezipiert wird. Die Ökonomie der Aufmerksamkeit folgt der Logik der Quantität, der Masse, der Effektstärke.

Ein Beispiel für diese quantitative Funktionslogik ist die Internetplattform Klout. Die Plattform analysiert den Auftritt der Menschen in den großen Social-Networks und stellt fest, wer dort ausreichend gut performt und bei wem es Optimierungsbedarf gibt. Das geschieht dadurch, dass die Präsenz der User auf den Social-Media-Plattformen aufgrund von quantitativen Kriterien evaluiert wird. Dabei werden drei Variablen kontrolliert: 1. Wie viele Leute werden vom Teilnehmer erreicht. 2. Wie viele Leute reagieren aktiv auf – oder sharen – seinen online gestellten Content. 3. Wie viele Menschen mit hohen „Klout-Scores" involvieren sich in seine Kommunikation.

Die Güte der Performance des evaluierten Teilnehmers wird mit einer Index-Zahl ausgedrückt. Erreicht man dreißig, so ist man ein Normalo, mit sechzig hat man es zum Influencer gebracht. Als Influencer genießt man Vorteile. So wird man in der Regel in Amerika in Hotels upgegradet, weil die Hotelbetreiber bei einem Meinungsführer, dem großer Einfluss auf die Meinung seines sozialen Umfeldes nachgesagt wird, einen möglichst guten Eindruck hinterlassen wollen. Ziel ist es, vom Meinungsführer weiterempfohlen zu werden. Deshalb versucht man, ihn durch das Upgrade zu bestechen.

In der Zwischenzeit verlangen viele Unternehmen in den USA, dass der Klout-Score in den Bewerbungsunterlagen angegeben wird. Und damit steigt für jeden einzelnen der Druck, an den Social-Networks teilzunehmen und dort gezielt seine Performance zu verbessern.

Vorbei das freie Spiel der Kommunikation auf Online-Plattformen und -Foren. Kommunikation im Internet wird nun zur gezielten, erfolgsorientierten Tätigkeit, zur Arbeit, und diese Arbeit findet nicht nur während der Arbeitszeit, sondern immer auch in der Freizeit statt. Die Arbeitszeit dehnt sich aus, wird grenzenlos. Und so setzt sich der Durchschnittsamerikaner nach einem aufzehrenden Arbeitstag spätabends wieder an seinen PC, um an seinem Klout-Score zu arbeiten. Und er macht es nicht, weil er es will, sondern weil er es muss, denn wer in sozialen Netzwerken nur durchschnittlich performt, hat nicht nur schlechte Chance auf einen neuen guten Job, sondern er wird wohl auch Probleme haben, seinen alten zu behalten. Also gehen der berufliche Konkurrenzkampf und der Leistungswettbewerb nach der Arbeit weiter. Die Freizeit wird so von einer Sphäre der Freiheit zum Raum der Notwendigkeit. Die Freizeit wird zu einem nützlichen Anhängsel der Arbeit herabgewürdigt und verliert damit ihre ursprüngliche Funktion als Raum der Muße und der Regeneration.

Dieser Zwang zur Performanceverbesserung führt zur Ausbreitung eines hyperaußenorientierten Verhaltens unter den Menschen. An die Stelle eines selbstbewussten und auf Autonomie gerichteten Individualismus tritt das postheroische Selbstmanagement, dem es nicht mehr darum geht, etwas Einzigartiges oder Besonderes zu sein, sondern um die perfekte Anpassung an die Erfordernisse der Massenkultur und der Massenkommunikation. Die Menschen der Social-Networks werden zu anpassungsorientierten Pragmatikern ohne eigene Meinung erzogen. Sie haben gelernt, nicht zu kommunizieren was sie denken und meinen, sondern was die anderen hören wollen.

In einem dermaßen auf die Außenorientierung ausgerichteten System setzt sich die soziale Umwelt an die Stelle des autonomen Ich. Wer ein Influencer nach der Klout-Logik sein will, der muss sich selbst innerlich und äußerlich so zurichten, dass er in seiner sozialen Umgebung die höchstmögliche Akzeptanz erreicht. Es geht nicht mehr darum, was der einzelne will, es geht in erster Linie darum, was die anderen von ihm wollen. Wer sein Leben an den Klout-Scores ausrichtet, der tauscht seine Identität gegen eine Nicht-Identität, tauscht kontinuierliche Ich-Eigenschaften gegen die von einer Ökonomie der Aufmerksamkeit geforderte Flexibilität der Werte, Überzeugungen und Ästhetiken. Das ist das Erfolgskonzept der Postmoderne, ein Konzept, das auf dem Idealbild des flexiblen Menschen fußt, ein Mensch, dessen zentrale Aufgabe es ist, sich mehrere Male in seinem Leben neu zu erfinden. Zusammengefasst bedeutet ein solches Lebenskonzept den weitgehenden Verzicht auf ein eigenständiges, unabhängiges Sein, den Verlust der Kritikfähigkeit, den Verzicht auf Spontanität und die Aufgabe jeden Anspruchs auf ästhetische Eigenart.

Der Begriff des Außengeleitetseins geht auf den amerikanischen Soziologen David Riesman zurück. In seinem Buch „Die einsame Masse", das in den 1950er-Jahren erschien, beschreibt er den außengeleiteten Menschen als einen Charakter, der sich mangels eigener Ziele an dem orientiert, was die anderen tun. Typische Beispiele für außengeleitetes Handeln findet Riesman im Konsumverhalten der Menschen. So besitzen in den amerikanischen Vorstädten, in denen die Mittelschichtangehörigen wohnen, in einer Straße alle ein Auto aus der gleichen Preiskategorie. Schafft sich einer der Bewohner der Straße ein Auto aus einer höheren Kategorie an, dann müssen die anderen nachziehen, wollen sie einen Statusverlust vermeiden.

Sherry Turkle, Professorin am MIT in Boston, konstatiert, dass in unserer Gegenwart Riesmans Außengeleitetheit zur Hyperaußengeleitetheit gesteigert wird. Dabei spielt die digitale Kommunikation eine entscheidende Rolle. Hyperaußengeleitetheit heißt, dass dadurch, dass wir permanent online sind, ein Gefühl und Gedanke bereits in dem Augenblick, wenn er entsteht, im Hinblick auf seine Akzeptanz im sozialen Umfeld abgecheckt wird. Während die Prozesse der Anpassung in den 1950er-Jahren relativ träge und langsam verliefen und erst begannen, nachdem ein Mitglied einer sozialen Gruppe eine sichtbare Handlung, zum Beispiel einen Kaufakt, gesetzt hatte, erfolgt die Anpassung an die soziale Umwelt heute schon im Stadium des Vorhabens, also im Planungsstadium einer Aktivität. Der postmoderne Mensch passt sich schon an, noch bevor er begonnen hat, etwas zu tun. Praktisches menschliches Handeln als spontaner Versuch oder Experiment ist damit weitgehend eliminiert. Wenn man etwas tut, dann ist es davor weitreichend reflektiert und diskutiert. Der theoretische Vorlauf, der dem menschlichen Handeln vorangeht, ist länger und intensiver als jemals zuvor. Die allgemeine Folge für die Gesellschaft, wenn ein solches Verhalten die Menschen dominiert, ist, dass viel diskutiert und reflektiert und im Vergleich dazu wenig gehandelt wird. Die hyperaußengeleitete Kommunikationsgesellschaft ist eine Gemeinschaft, in der die Reflexion die Praxis erstickt. In der Jugendforschung wird aus diesem Grund die heutige Jugendgeneration auch als „Generation Null Fehler“ bezeichnet. Sie versucht Handlungsfehler zu vermeiden, indem sie jede Aktivität ausführlich bedenkt. Die postmoderne Jugend ist damit nicht nur hyperaußengeleitet, sondern auch hyperreflexiv. Die Folge davon ist, dass sie, bevor sie etwas tut, das schiefgehen könnte, lieber gar nichts macht.

Übersteigerte Reflexivität und verbissene Intentionalität können zur Handlungsblockade führen, darauf hat bereits Viktor E. Frankl hingewiesen. Wer das, was er erreichen will, zu präzise in seiner Fantasie im Voraus konstruiert, der blockiert sich durch die damit verbundene überzogene Erwartungshaltung selbst. Und wer immer exakt weiß, wie er sein Ziel erreichen wird, der erleidet nicht selten Schiffbruch, weil er an seinen eigenen rigiden Vorgaben der Zielerreichung scheitert. Die Internetgeneration muss deshalb häufig Fehlschläge hinnehmen, weil sie zu genau weiß, was sie will und wie sie es erreicht. Der fehlende Mut zum spontanen und intuitiven Handeln der „Generation Null Fehler“ und ihre dezidierten Pläne sind der Grund dafür, dass ihre Angehörigen immer seltener dort ankommen, wo sie hinwollen.

Der hyperkommunikative Mensch der Postmoderne wird durch sein Hyperaußengeleitetsein von seiner sozialen Umwelt an der kurzen Leine geführt und gibt an diese große Teile seiner persönlichen Autonomie ab. Und wo die unmittelbare Kontrolle durch die Außenwelt endet, beginnt die bedrückende Selbstkontrolle durch unablässiges Abwägen und Sinnieren darüber, ob das, was man will, richtig oder falsch, zulässig oder unzulässig, zweckmäßig oder unzweckmäßig ist. Die Kombination von Hyperaußengeleitetheit und Hyperreflexivität sind mächtige Quellen der Unfreiheit. Ein Übermaß von exogenen und endogenen Norminstanzen schafft einen Sozialcharakter, der Anpassung als das ideale Erfolgskonzept unserer Zeit internalisiert hat und dem Freiheit und Unabhängigkeit mehr eine Bürde als eine Wohltat sind.

Weniger Selbstreflexivität und emotionale Selbstkontrolle, das heißt mehr Spontanität und die deutliche Reduzierung der kommunikativen Rückversicherungen in den Online-Communities bevor man etwas tut, könnte hier die notwendige krampflösende Wirkung bringen.

Der hyperaußengeleitete Mensch ist eine ich-schwache Existenz. Denn das ständige Eingebundensein in ein Netzwerk der permanenten Kommunikation führt nicht nur dazu, dass er verlernt hat, alleine und unabhängig über Gefühle und Verstandesangelegenheiten nachzudenken. Er verfügt auch nur mehr über ein eingeschränktes Selbstbewusstsein, autonom Entscheidungen zu treffen, sich seines Verstandes ohne Leitung eines anderen zu bedienen, wie es Immanuel Kant als Grundvoraussetzung des aufgeklärten Menschen beschrieben hat. Er ist hochgradig abhängig von der Bestätigung durch seine Umwelt. Und hier geht es nicht um die großen Lebensentscheidungen wie Berufswahl oder Partnerwahl, bei denen es ganz selbstverständlich ist, dass man Rat und Hilfe bei Freunden sucht, sondern jede alltägliche Kleinigkeit wird im Netz zur Diskussion gestellt. Ohne Bestätigung durch die Facebook-Freunde wird kein neuer Schuh, keine Pizza, kein Lippenstift, kein Fußabstreifer und keine Unterhose mehr gekauft. Selbst das tägliche Frühstück wird fotografiert und auf Facebook gepostet. Esse ich das Richtige, ist es liebevoll genug angerichtet, passen die Teller zum Tischtuch? Heute will man ununterbrochen und für alles den Kommentar der Umwelt. Selbst die kleinste Kleinigkeit, die früher spontan und autonom entschieden wurde, wird nun zu einer Angelegenheit der öffentlichen Diskussion, zumindest aber zu einer Sache des Freundeskreises.

Unter solchen Rahmenbedingungen muss massenhaft der Typus eines adaptiv-pragmatischen Menschen entstehen, der selbst für die geringsten Alltagsentscheidungen des Lebens der permanenten Rückversicherung bedarf, der am Ende kaum mehr in der Lage ist, für das eigenen Leben Verantwortung zu übernehmen und der selbst über das, was man früher nebenbei und ohne viel nachzudenken entschieden hat, eine Onlinekonferenz abhält.

Die Folge ist nicht nur das Anwachsen der Zahl von rückgratlosen und anpassungssüchtigen Softies, sondern auch eine ausufernde Menge an Kommunikation über Bagatellen, die nicht nur die Köpfe der Individuen überschwemmt und damit Raum und Energie für vernünftige Gedanken absorbiert, sondern auch den öffentlichen Raum mit Nebensächlichkeiten zumüllt.

Offenbar will der hyperaußengeleitete Mensch in den Medien auch nichts anderes mehr sehen, als anpassungssüchtige Menschen, die sich über Nichtigkeiten, Trivialitäten und Kleinkram unterhalten oder streiten. Anders wäre der Erfolg des sogenannten „Reality-Genres“ nicht erklärbar. In „Berlin bei Tag und Nacht“, „Wien bei Tag und Nacht“, „Big Brother“, „Promi Big Brother“, „Frauentausch“, „Saturday-Night-Fever“, „Dschungelcamp“, um nur einige wenige dieser Qualformate aufzuzählen, werden durchschnittliche Menschen vor einer oder mehreren Kameras versammelt, die sich dort über Lappalien und Petitessen austauschen und streiten oder alltägliche Tätigkeiten wie duschen, schlafen, kochen, essen, trinken etc. zelebrieren. Ansonsten sitzen sie und reden in der Regel über Sexualität, Beziehungsfragen, zwischenmenschliche Sympathie und Antipathie, Hautprobleme und ähnlichen Mist, den wir schon in unserm realen Alltag zur Genüge aufgetischt bekommen. Warum lassen wir uns das Ganze am Abend noch einmal im Fernsehen vorführen? Wahrscheinlich weil unsere ganze Gesellschaft angefüllt ist mit ich-schwachen, hyperaußengeleiteten Charakteren, die dann, wenn sie sich gerade nicht von Freunden die Legitimität für alltägliche Bagatellentscheidungen einholen, wie die Wahl der Farbe des Lippenstiftes oder der Marke des Aftershaves, andere ich-schwache Menschen dabei beobachten wollen, wie sich diese genau wie sie selbst verhalten.

Wir leben in der Ära der Post-Privacy. In der Praxis heißt das, dass das, was früher hinter verschlossenen Türen getan oder besprochen wurde, nun hemmungslos in der Öffentlichkeit präsentiert wird. Die Menschen haben den unstillbaren Drang, sich zu öffnen und das nicht nur online, sondern auch offline. Es ist kaum mehr möglich, den privaten Offenbarungen unserer Mitmenschen zu entgehen, auch wenn man sich aus den Social-Networks weitgehend heraushält. Selbst bei Telefonaten, Gesprächen in der U-Bahn, Zusammentreffen in Kaffeehäusern wird das Innerste nach außen gekehrt. Beziehungsprobleme, sexuelle Vorlieben,

Verdauungsschwierigkeiten, alles was man nicht wissen will, wird transparent gemacht und entäußert. Man kann sich der Intimitäten nicht erwehren, die uns von den Menschen aufgedrängt werden, die sich offenbar für nichts anderes mehr interessieren, als ihre kleine nichtige Existenz. Bevor man noch sagen kann „ich will es gar nicht wissen", ist man schon mit oft verstörenden Informationen zugemüllt, die man dann nicht mehr loswird, die im Kopf noch Tage später von neuem lebendig werden, um uns wieder und wieder zu quälen und zu malträtieren. Besonders mitteilsam, was die Gespenster ihrer Psyche betrifft, sind Menschen, die eine Therapie machen. Sie versuchen offensichtlich, die Therapie in den Alltagsgesprächen fortzusetzen. Das, was sie ihrem Therapeuten erzählen, der den unschätzbaren Vorteil besitzt, dass er gut dafür bezahlt wird, sich Dinge anzuhören, die er gar nicht hören will, erzählen sie wahllos jedem Mitmenschen, der ihnen in die Quere kommt. Sie finden dabei aber offensichtlich, genau wie im professionellen Therapiegespräch, keine Erlösung, denn wenn man sie Wochen später trifft, werden wir wieder mit denselben Problemen konfrontiert, die wir schon kennen. Das einzige was sie erreichen ist, dass sie den bisher psychisch Gesunden nun auch zu einem Fall für den Psychiater oder Neurologen machen, weil man eine Paranoia gegenüber dem persönlichen Gespräch entwickelt.

Wie kann man dieser größten Zumutung unseres modernen Lebens entgehen? Es gibt nicht viele Möglichkeiten. Die erste ist Kommunikationsdiät. Gespräche mit Personen, die dazu tendieren, in ihrer Konversation persönlich zu werden, weitgehend meiden. Oder solchen Austausch nur in Gegenwart von hemmungslosen Zynikern und Ironikern führen, die selbst bei Erzählungen über existenzielle Beziehungsprobleme nicht davor zurückschrekken, satirisches Gift zu versprühen. Niemals hingegen darf man ein anteilnehmendes Gesicht aufsetzen und auch nur eine einzige empathische Floskel verwenden. Dann ist man schon verloren, weil man, ehe man es sich versieht, zum verständnisvollen Vertrauten wird.

Die zweite Möglichkeit, wenn man zwischenmenschlichen Kontakt überhaupt noch notwendig hat, ist die Intensivierung von Kontakten mit Menschen aus traditionellen Milieus wie der Arbeiterklasse oder der Landbevölkerung. Diesen ist nämlich das, was man natürliche Scham nennt, noch nicht von offenbarungssüchtigen Ich-Psychologen und Esoterikern ausgetrieben worden. In diesen Bevölkerungsschichten ist es noch peinlich und nicht akzeptiert, Erektionsstörungen, Angstneurosen, Beziehungsunfähigkeit, Erschöpfungssymptome und ähnliches zu offenbaren. Mit ihnen kann man einen entspannten Abend verbringen, an dem über Fußball, Urlaubserlebnisse, Autos, Haustiere oder das Wetter gesprochen wird. Und man muss dabei nicht grünen Tee trinken, Tofu essen und die selbstgemachte Marillenmarmelade loben. Im Gegenteil, man darf sich sogar besaufen und ungesundes Zeug wie fetten Schweinebraten, Burger und Bratwurst essen. Ein weiterer wichtiger Benefit: Kein einziges Mal werden Worte wie Ökologie, Nachhaltigkeit und Gender in solchen Gesprächen fallen. Und man muss auch nicht zum Rauchen vor die Tür.

Aber auch wenn der postmoderne Mensch reflexiv wird und sein Innerstes nach außen kehrt, ist er seltsam cool. Wie ein distanzierter Naturwissenschaftler seziert er leidenschaftslos in der professionellen Sprache der Psychotherapie sein Innenleben. Der postmoderne Patient der Psychotherapie ist weitgehend zur theoretischen Existenz geworden. Er hat kaum noch ein praktisches Leben, weil er den Großteil seiner Zeit mit der Suche nach dem Grund seines Leidens verbringt, nach der substanziellen Wahrheit seines Seins. Niemals jedoch kommt er auf die Idee, dass der Grund seines Leidens nicht in ihm selbst, sondern in der Realität der Gesellschaft zu suchen ist. Das Grundübel vieler psychischer Krankheiten unserer Zeit liegt meiner Meinung nach darin, dass sich die vermeintlich Kranken die Verantwortung für ihr Unwohlsein ohne Widerstand auferlegen lassen. Niemand denkt mehr daran, dass die Gründe seines psychischen Leidens gesellschaftlicher Natur sein könnten. Würde man auf die Idee kommen, psychisches Leid als gesellschaftlich verursachtes Leid zu deuten, dann wäre es wohl naheliegender, über den Zustand der Gesellschaft zu reflektieren und nicht über sich selbst und in der Folge die Umgestaltung der Gesellschaft ganz oben auf die persönliche Agenda zu setzen und nicht die eigene. Aber eine solche Überlegung ist hochgradig unmodern, in einer Gesellschaft, die ihre aktuelle Politik gerne als „alternativlos" apostrophiert, die sich selbst als den End- und Höhepunkt der Geschichte versteht.

Der Anpassungsdruck, den der neoliberale ökonomische Totalitarismus dem Individuum auferlegt, ist der Grund für das sich unter den Menschen ausbreitende Unwohlsein. Die Ursachen für psychisches Leid sind also in der Regel nicht endogen, sondern exogen, sie sind weitgehend den materiellen Umständen und den sie begleitenden normativen Diskursen anzulasten. Die Menschen leiden und zwar – das ist meine tiefe Überzeugung – weil ihr Sein heute ein entfremdetes Sein ist und es ihnen verwehrt wird, so zu sein, wie sie es wirklich wollen. Ein Mensch, dessen Wert nur mehr in seinem ökonomischen Nutzen erscheinen darf, der seine Vergemeinschaftungs-, Bildungs- und Freizeitbedürfnisse dieser Ökonomie anzupassen hat, der hat wenig Spielräume für ein gutes und glückliches Leben im eigenen Interesse. Denn Menschen, die in einem immer konkurrenzorientierteren und sie in ihrer gesamten Lebenstotalität vereinnahmenden Arbeitsleben stecken, sind nicht beziehungsunfähig, wenn sie ein Leben lang an der Familiengründung, die sie sich herbeisehnen, scheitern. In Wirklichkeit ist das System die Ursache dafür, dass ihre Beziehungen misslingen. Sie gehören nicht zum Psychologen, sondern in eine neue Occupy-Bewegung, die durch kreative Aktionen die Herrschenden zur Rücknahme der Deregulierung im Arbeitsrecht zwingt. Ihre Heilung wird beginnen, wenn sie die erste Nacht in einem Zelt vor dem österreichischen Parlament oder dem deutschen Bundestag mit Tausenden Gleichgesinnten verbracht haben. Aber dass solche Therapien massenhaft von den Menschen angetreten werden, verhindert ein Bildungssystem, das nur mehr an Nützlichkeitserwägungen ausgerichtet ist und die humanistische und musische Bildung weitgehend zurückdrängt, wohlwissend, dass sie die Quellen von Autonomie- und Freiheitsbedürfnissen sind. Wenn man Bildung so handhabt, dann muss man sich nicht wundern, dass wir massenhaft Anpassungsmenschen produzieren und „ein Problem mit Freiheitspotentialen haben". (Liessmann 2014:180)

IM RAUSCH DER ZEICHEN – DIE ÄSTHETISIERUNG DER KOMMUNIKATION

Wir leben heute im Rausch der Zeichen, mit den Worten von Jean Baudrillard gesprochen, ereignet sich gegenwärtig so etwas wie ein „Aufstand der Zeichen“. Was ist damit gemeint? Ganz einfach, die Form einer Aussage ist heute wichtiger als deren Inhalt oder noch radikaler gedacht, viele der im Übermaß zirkulierenden Informationen bedeuten gar nichts mehr, verwirren mehr als dass sie uns helfen unsere Lebensrealität zu verstehen.

Viele sprechen heute von der Ästhetisierung der Kommunikation, ja der ganzen Kultur. Was bewirkt diese Ästhetisierung? Mehrere Beispiele: Im Sport bekommen die die größte Aufmerksamkeit, die am besten aussehen. Die Leichtathletik ist längst weitgehend zu einem Wettkampf von Sportmodels geworden. Männer und Frauen kämpfen sich in enganliegenden, körperbetonten Trikots über die Laufbahn. Stabhochspringerinnen greifen geschminkt in den Wettkampf ein. Damit ist auch die Leichtathletik zu einem Opfer der performativen Ökonomie geworden, einer Ökonomie, in der die zentralen Werte Aufmerksamkeit und körperliche Attraktivität sind. Hart gesprochen: Wer heute keinen geilen Arsch hat, der kann in der Frauenleichtathletik gerade noch beim Kugelstoßen und beim Hammerwerfen antreten. Nicht dass man in der Leichtathletik nicht auch etwas leisten muss. Die Zeiten, Weiten und Höhen müssen schon stimmen, aber trotzdem ist der Körper das Zeichen, auf das sich die Blicke richten und das, worauf der Blick sich richten kann, ist heute das Entscheidende.

Die Leistung alleine ist nicht genug, um zu Ansehen und Geld zu kommen. Jedenfalls hat der oder die, die im engen Trikot eine gute Figur macht, die deutlich besseren Chancen, zu Ehre und Reichtum zu kommen. Der Aufstand der Zeichen, er ereignet sich täglich in den Medien. Sie sind angefüllt mit leeren Signifikanten, mit Wesen, die nur mehr bedeutungslose Erscheinungen sind. Auf den Menschen bezogen heißt Bedeutungslosigkeit die Reduktion der Person auf ihr Erscheinen. In Castingshows wie „Germanys next Topmodel“ werden die leeren Signifikanten über den Laufsteg gejagt. Laufstegökonomie. Der Wert der Hungerhaken, die sich qualvoll unter Anleitung einer verantwortungslosen Kulturindustrie selbst so hergerichtet haben, ist der körperliche Anschein, sonst nichts. Der Mensch als reine Erscheinung. Was er zu sagen hat, ist sekundär, ist die Angelegenheit von PR-Agenturen, die die Textbücher schreiben. Der Text, der gesprochen wird, muss unterhaltsam sein, seine primäre Aufgabe ist es, die Wirksamkeit der Körpererscheinung zu unterstützen. Er darf die Inszenierung des Körpererscheinens nicht stören.

In letzter Zeit ist es zum Ideal geworden offen auszusprechen, dass man nichts bewirken will als den persönlichen Nutzen. Waren früher die Teilnehmer von Castingshows wie dem „Dschungelcamp“, noch bemüht, ihre egozentrische Absicht, die darin bestand, im Showbusiness Fuß zu fassen und berühmt und reich zu werden, hinter dem Ideal der Persönlichkeitsentwicklung mit Aussagen wie „ich wollte meine Grenzen kennenlernen“ oder „ich wollte mich im Dschungel persönlich weiter entwickeln“ zu verbergen, so wird die schnöde egozentrische Absicht heute offen ausgesprochen. Gutes Beispiel dafür ist das Model Larissa Marolt. Sie gibt offen zu, worum es ihr geht: Kohle und Aufmerksamkeit. Diese Frau hat keine andere Absicht, als, womit auch immer, die eigenen Karriere innerhalb einer Ökonomie der Aufmerksamkeit voranzutreiben. Sie will nichts, außer sich selbst. Und dieses selbst kommt dadurch zu sich, indem es sich den Imperativen der Mainstreammedien anpasst. Leere Signifikanten taumeln über die Bildschirme und durch die Welt der Events, nichts anderes im Sinn, als mehr Aufmerksamkeit auf sich zu ziehen, um diese danach gegen ökonomisches Kapitel, gegen Geld tauschen zu können.

Die Prioritäten wandeln sich im Showbusiness wie in der Sphäre der Ökonomie. Der Wert steckt mehrheitlich in der Verpackung, nicht mehr in der Absicht, der Mission, dem Inhalt, der sachlichen Wirkung. Wer heute nicht singen kann, der kann durchaus als Sänger Karriere machen, denn wichtiger als sein Gesang ist seine Frisur, sein geiler Hintern, sein durchtrainierter Waschbrettbauch oder die aktuelle Liaison. Wer spricht schon von der Gesangskunst Helene Fischers? Ein viel wichtigeres Thema ist, dass sie ihren nackten Bauch beim Empfang des deutschen Weltmeisterteams in Berlin in die Kamera hielt und mit Florian Silbereisen zusammenlebt. Und umgekehrt. Was wäre Florian Silbereisen ohne seine Beziehung zu Helene Fischer? Zumindest nur mehr die Hälfte wert. Zwei leere Signifikanten, die sich gegenseitig mit Bedeutung aufladen, eine Spirale hinein in einen Exzess des nicht endenden Nichts.

Leere Signifikanten, Hohlheit, Plattheit, Seichtheit, Trivialität – sofort ist man wieder gezwungen, an Politik zu denken. Politik, längst auch schon ein Spiel der leeren Signifikanten? Ein österreichisches Beispiel zuerst: Der Sozialdemokrat Alfred Gusenbauer war gerade ein wenig mehr als ein Jahr österreichischer Bundeskanzler. Dann wurde er zum Rücktritt gezwungen. Warum? Aus zwei Gründen. Es gibt wohl kaum einen Österreicher, der weniger mit dem Gut der sozialen Intelligenz, das heißt Anpassungsfähigkeit, ausgestattet ist als er. Zudem sieht er nicht besonders gut aus. Aber er hat außerordentlich viel Verstand und ist wahrscheinlich einer der größten politischen Analytiker, die dieses Land jemals hervorgebracht hat. Woran ist er gescheitert? Erstens: Sein mangelndes Aussehen. Zweitens: Er sagt das, was er will und was er sich denkt, d.h. er stülpt sein fürchterliches Innenleben ohne Hemmung nach außen. Was dem Mann fehlt ist Stil, also die Fähigkeit, seine grausige Persönlichkeit hinter der künstlichen Fassade des guten Benehmens zu verbergen.

Auf ihn folgte Werner Faymann. Das genaue Gegenteil von Alfred Gusenbauer. Er sieht zwar auch nicht besonders aus, aber er hat von dem zu viel, von dem Gusenbauer überhaupt nichts hat, von der sozialen Intelligenz. Seine Anpassungsfähigkeit ist in einem nie dagewesenen Ausmaß vorhanden. Alles was er tut, ist genau überlegt: jedes seiner Worte, jede Antwort, die er gibt, die politischen Themen, die er aufgreift, die Menschen, mit denen er sich umgibt, die Kleider, die er trägt. Und nun der wahrscheinlich wichtigste Unterschied zu Alfred Gusenbauer: Faymann ist ein Phantom. Wo immer es möglich ist, entzieht er sich der Öffentlichkeit. Er verbirgt seinen wohl wenig ansehnlichen Körper unter dunklen Anzügen in traditionellem Schnitt, niemals würde er auf die Idee kommen, in einem engen weißen Radfahrdress durch Österreich zu radeln. Während der eine unsensibel und stillos ist und sein unzureichendes Äußeres transparent macht, verbirgt es der andere geschickt, wann und wo immer er kann. So beseitigt er seinen größten Nachteil, sein ästhetisches Sein. Sehr intelligent.

Faymann verbirgt sein Erscheinen unter einer Hülle der Unauffälligkeit. Wer in einer ästhetisierten Welt, in einer Welt der Zeichen, in der das Design, die Form vor dem Inhalt kommt, erfolgreich sein will, trotzdem er unansehnlich ist, der muss sein Erscheinen unauffällig gestalten. Er muss jeden Hinweis darauf vermeiden, dass er für sein Äußeres irgendeine Relevanz beansprucht. Diese Technik der Unauffälligkeit beherrschen Angela Merkel und Werner Faymann perfekt. Gusenbauer ist daran gescheitert, weil er einen Bedeutungsträger inszenierte, den in Wirklichkeit keiner sehen wollte. Faymann und Merkel überleben, weil sie ihren Körper so geschickt getarnt durch die Welt tragen, dass man ihn kaum bemerkt.

Was kann man daraus nun für allgemeine Konsequenzen ziehen? Was ist das Learning für die große Mehrheit der normalen kleinen Bürger, wie ich selbst einer bin? Ganz einfach, wenn der Signifikant nicht passt, dann muss man ästhetisch unauffällig agieren, das heißt man präsentiert sich so, als wäre man gar nicht materiell vorhanden, als hätte man gar keinen Körper oder als würde man seinen Körper als reines Nutzobjekt lediglich dazu gebrauchen, um seinen Geist zu transportieren.

Das ist mein Ratschlag an die, die wie ich durchschnittlich oder unterdurchschnittlich aussehen. Sie überstehen den Alltag in einer Gesellschaft, die den Körper als den Inbegriff des Menschseins inszeniert am besten dadurch, dass Sie es Faymann und Merkel gleichtun: Sie demonstrieren öffentlich, dass Ihnen Ihr Körper überhaupt nichts bedeutet, Sie tun so, als würden Sie höhere Ziele, wie religiöse, berufliche, soziale, weit über Ihre körperlich-ästhetischen Bedürfnisse stellen. Durch Ihr demonstratives Desinteresse am eigenen Körper wird es Ihnen gelingen, auch das öffentliche Interesse an diesem bis gegen Null zu reduzieren. Sie werden sich in den Augen Ihrer Mitmenschen in körperlose Idealisten verwandeln, in Moralwesen, deren Gestalt man übersieht, weil Ihre inneren Werte so hell leuchten. Ähnlich wie Priester und Nonnen werden Sie durch die Welt gehen, deren Körper man lange übersah, weil der Glanz ihrer Heiligkeit die Menschheit blendete. Erst mit dem Aufkommen der Missbrauchsskandale wurden sie wieder auf das Niveau der Körperwesen herabgezogen, als ganz normale Triebwesen enttarnt, ihre Heiligkeit als pompöses Kirchentheater entschleiert.

Aber Faymann und Merkel ist etwas gelungen, das weit über die perfekte Inszenierung der Körperlosigkeit hinausgeht. Sie haben sich als doppelt leere Zeichen erfunden, weil sie nicht nur nicht erscheinen, sondern zudem auch völlig inhaltsleer sind.

Es gibt diese beiden eigentlich nicht, weil sie politisch völlig absichtslos sind, sie haben keine Mission, keine Vision, kein Ziel, sie wollen nichts, außer an der Spitze der Regierung ihres Landes zu stehen. Was in diesem Land passiert, ist ihnen so lange egal, so lange es der Erhaltung ihrer Position nicht schadet.

Damit sind Faymann und Merkel Prototypen des postmodernen Politikers. Der postmoderne Politiker ist hyperaußengeleitet. Er richtet sein gesamtes politisches Handeln an Umfragen und an seinem Feingefühl für die Befindlichkeit der Bevölkerung aus, genauso wie die hyperaußengeleiteten Menschen der Gegenwart ihr gesamtes Denken und Handeln am Feedback der Facebook-Community ausrichten. Wie sie drehen sich Faymann und Merkel ohne eigene Absicht in einer ständigen Feedbackschleife im Kreis, in welcher sie sich selbst als authentische Person längst aufgelöst und die Form eines sich in Dauermetamorphose befindlichen Wolkenwesen angenommen haben. Wie Nebelschwaden treiben sie übers Land, ohne eigenen Willen, ausschließlich von Umwelteinflüssen geformt.

Und wie bei den Facebook-Menschen lautet ihr Motto: „Sie wünschen, wir spielen." Und beide wissen: Wer nicht spielt, was die anderen wollen, hat heute in der Politik keine Existenzberechtigung mehr.

Merkel und Faymann, die doppelt leeren Zeichen. Sie erscheinen nicht nur nicht, sie haben auch keinen kontinuierlichen Inhalt, eigentlich sind sie perfekte Nicht-Zeichen, nicht vorhandene Bedeutungsträger ohne Bedeutung.

Unter vielen Beobachtern der deutschen und der österreichischen Politik hält sich bis heute der Irrtum, dass Gusenbauer oder Schröder in ihrer polternden und überheblichen Art Machiavellisten gewesen wären, also Menschen, die sich am Ideal des Herrschers bei Nicolò Machiavelli orientierten. Das ist völlig falsch, denn was den beiden im Vergleich zum Idealtypus Machiavellis fehlte, waren raffinierte Schlauheit und Tücke. Schröder und Gusenbauer hatten einen echten, wenn auch manchen abstoßenden, Kern. Sie waren authentische Wesen, die unter der Schwäche litten, in vielen Situation nur so sein zu können, wie sie wirklich waren. Sie waren als überhebliche, selbstgefällige und den Willen zur Macht offen vor sich hertragende politische Führungswesen präsent. Wenn ihnen etwas fehlte, dann war es Plastizität, die Adaptionsfähigkeit von Naturwesen, die wichtigste Voraussetzung für das Überleben in einer immer unzivilisierter werdenden Konkurrenz- und Leistungsgesellschaft. Gusenbauer und Schröder waren zu wenig „adaptiv-pragmatisch“. Für sie war Aufstieg durch Anpassung etwas Verächtliches. Sie wollten sich nicht von einer Epoche den Stempel aufdrücken lassen, sie wollten eine Epoche prägen.

Im Gegensatz dazu ist der ideale Fürst Machiavellis einer, der mit dem Schein spielen können muss. Er darf keinesfalls der Anziehungskraft seiner Eitelkeit erliegen und überheblich das sagen, was er wirklich will. Denn der Fürst Machiavellis hat ein Spieler zu sein, ein Schauspieler, ein Meister des Spiels mit dem Schein. Nach Machiavelli ist es nicht notwendig, wirklich tugendhaft zu sein, es genügt die Fähigkeit zu haben, diese Tugenden zum Schein zu inszenieren, „denn die Menschen urteilen insgesamt mehr nach den Augen als dem Gefühl, denn sehen können alle, fühlen aber wenige. Jeder sieht was du scheinst, wenige fühlen, was du bist (...). Denn der Pöbel hält es stets mit dem Schein“. (Machiavelli:88)

Die wahren Machiavellisten sind Faymann und Merkel. Wie der ideale Renaissance-Fürst verbergen sie sich mit ihren Gleichgesinnten in ihren parlamentarischen Schlössern und Burgen, was nach außen dringt, sind sophistische PR-Texte und wohltemperierte Politikinszenierungen, also visuelles und verbales Futter für den Pöbel, dessen Vernunft schwach ist und der es mit dem

Schein hält. Sie kommen zur Macht und erhalten die Macht durch Manipulation, durch Trugbilder und listenreiche Täuschung. Auf der einen Seite die wuchtigen Politikegozentriker Gusenbauer und Schröder, die auch dann, wenn die Möglichkeit bestand, durch die Tür in ein Haus zu kommen, lieber heroisch durch die Wand gingen und auf der anderen Seite Merkel und Faymann, die sich unbemerkt ins Haus schleichen und dort im Stillen schon alles umgekrempelt haben, noch bevor die Bewohner überhaupt ihre Anwesenheit bemerken.

Aber einen wichtigen Nachteil hat die politische Existenzweise der Faymanns und Merkels wahrscheinlich doch, denn es steht zu befürchten, dass ihr Leben hinter den stilisierten Fassaden der politischen Inszenierung wahrscheinlich ähnlich kalkuliert, kühl, freudlos und öde ist wie ihr leeres, emotionsloses und angepasstes politisches Sein. Den opulenten Renaissance-Menschen traut man dann doch eher Gusenbauer und Schröder zu, die wohl ohne Zweifel auch mal in der Lage sind, die Sau so richtig rauszulassen, also richtig zu feiern. Wenn Merkel und Faymann die Sau rauslassen, wird wohl eher nur ein kleines Schweinchen durch den Bankettsaal ihrer Regierungsresidenzen laufen.

ÜBER DIE REBELLION DER TODKRANKEN

Zurück zum Körper. Taktisches Verbergen des Körpers, das ist das richtige Konzept für jene, die erkennen müssen, dass ihre Hässlichkeit alternativlos ist, die den Glauben an die Verbesserungsfähigkeit ihres Aussehens verloren haben.

Dass man sich im Kampf mit dem eigenen Körper geschlagen gibt, ist in der Regel ein Phänomen des Alters. Der alte Mensch muss sich nicht mehr von den Körperidealen herausgefordert fühlen, die die kulturindustriellen Medien transportieren. Er darf resignieren und sich gehen lassen. Das fällt ihm insofern leicht, da sein Körper als ästhetisches Objekt tatsächlich im positiven Sinn bedeutungslos geworden ist, das heißt sein Anblick kann niemanden mehr erfreuen. Wenn er Wirkung entfaltet, dann im negativen Sinn und das heißt, dass er Menschen, die seiner ansichtig werden, abstößt. Diese Abstoßungswirkung des Körpers bringt nicht nur Nachteile mit sich. So ist man nicht mehr der dämlichen Gegenwart und den stillosen Avancen des Körpervolkes ausgesetzt. Nur aus weiter Ferne sieht man, wie sich ihre Münder bewegen. Den geistlosen Inhalten ihrer Reden entgeht man durch die große räumliche Entfernung, in der man sich nun zu ihnen befindet.

Im ästhetischen Sinn ist das Körpervolk jung. Während das Alter seinen Körper zu verhüllen trachten muss, wird die Jugend dazu angehalten, ihren Körper zu zeigen. In einer Welt der gebotenen Sichtbarkeit, in einer Zeit des skopischen Regimes, ist es nicht mehr die körperliche Gesundheit, die den Unterschied macht, sondern die Körperästhetik. Das Leben in einer Gesellschaft der Diktatur des Blicks wird bestimmt durch die demonstrative Körperlichkeit. Die Körpersignifikanten werden aufpoliert ins Rennen um die größte Aufmerksamkeit geschickt. Die Sieger sind am Ende die Gutaussehenden, auch wenn sie häufig sowohl psychisch als auch physisch krank sind.

Denn in einer ästhetischen Zeit sind jene Krankheiten erlaubt, die man nicht sieht. Depressionen, Neurosen, Psychosen sind ebenso zugelassen wie ästhetisch dezente Krebserkrankungen. Krebs kann überhaupt einen wichtigen Beitrag zum gesellschaftlichen Ansehen eines Menschen leisten und zwar dann, wenn er ihn heroisch durchsteht, indem er sich von ihm in seinem Leistungswillen in Beruf und Privatleben nicht beeinträchtigen lässt. Der heroische Krebskranke ist eine der Leitmetaphern einer Zeit, in der der Kranke nicht mehr als Kranker erscheinen darf, in der er sich hinter der Maske der „normalen" Leistungsfähigkeit verbergen muss. „Möglichst das Leben weiterleben, wie man es davor gelebt hat." Das ist der typische Rat einer neoliberalen Ärzteschaft, die den schwerkranken Menschen die Fortsetzung der täglichen Anpassung an die Normen der Leistungsgesellschaft als Medikament verordnet.

Natürlich ist es ganz im Gegenteil für den schwerkranken Menschen, wenn er noch dazu imstande ist, angezeigt, Verrücktheiten zu begehen, Dinge zu tun, die er sich bisher selbst verboten hat, die Normen zu brechen, von denen er sich bisher einengen ließ. Er hat nun das Privileg, die Anpassung an die Regeln der Gemeinschaft auf ein Minimum zu reduzieren, weil Sanktionen gegen Regelverstöße ihn kaum noch treffen können. Der Kranke kann nicht mehr diszipliniert werden, weil er keine Zukunft mehr hat und wer keine Zukunft mehr hat, den kann man nicht mehr bestrafen. Womit auch? Indem man ihn ins Gefängnis wirft, ihn vorübergehend von der Gesellschaft absondert, einen Menschen, der gerade im Begriff ist, durch den unmittelbar bevorstehenden Tod für immer von der Gemeinschaft, vom Leben überhaupt, abgesondert zu werden?

Was kann es dem Todkranken ausmachen, wenn er im Supermarkt beim Klauen erwischt wird? Bis es zur Gerichtsverhandlung kommt, ist er wahrscheinlich schon längst tot. Oder warum sollte es ihn stören, wenn man ihn beim Verlassen eines stadtbekannten Swingerclubs sieht? Es gibt keinen Grund, denn einer, der bald tot ist, für den ist ein schlechter Ruf kein Nachteil mehr. Oder man erwischt ihn mit überhöhter Geschwindigkeit auf der Autobahn und nimmt ihm den Führerschein ab? Auch egal, dann fährt er eben ohne Führerschein weiter, weil die Wirkungen aller Strafkonsequenzen, mit denen man ihn bedroht, in der Zukunft liegen, in einer Zeit, in der man nicht mehr über ihn wird verfügen können.

Das alles sind individuelle Grenzüberschreitungen. Der Todkranke kann aber auch die wenige Zeit, die ihm noch bleibt, zur lustvollen Subversion der Verhältnisse nutzen. So kann er den Arbeitgeber, der ihn und seine Kollegen jahrelang genervt hat, desavouieren, indem er gezielt Indiskretionen begeht. Durch die Veröffentlichung von Beweisen über verdreckte Küchen in Gastronomiebetrieben, Verstoß gegen Arbeitszeitgesetze im Einzelhandel, illegale Beschäftigung im Baugewerbe oder gar betrügerische Verkaufspraktiken von Finanzdienstleistern. Oder aber er hat das Glück, in einer politischen Partei oder einer Interessensvertretung zu arbeiten. Dann kann er den Zeitungen Dokumente über versteckte Parteienfinanzierung oder unmoralische politische Deals zuspielen. Möglich wäre auch, dass eine sehr kranke Hure öffentlich macht, dass der Abgeordnete der katholischen Partei, der mehrmals im Monat die christlichen Familienwerte beschwört, Stammgast im SM-Puff ist und sich dort gerne ans Andreaskreuz fesseln lässt. Ein anderer Kranker könnte durch gezielte Indiskretion an die Öffentlichkeit bringen, dass Institutionen der Arbeitnehmervertretung im eigenen Haus die Regeln nicht einhalten, die sie von allen anderen Arbeitgebern einfordern. Wenn man sich die Sache genau überlegt, so muss man zur Überzeugung kommen, dass in der Gruppe der Todkranken ein ungeheures revolutionäres Potenzial schlummert. Sie haben nichts mehr zu verlieren und können damit alles das voll Lust oder meinetwegen auch voller Hass umsetzen, was ihnen vorher Anstand, Sitte und Gesetze verbaten. Sie können die Verhältnisse zum Tanzen bringen, indem sie ihre zivilisatorischen Hemmungen über Bord werfen, die ja, rational gedacht, nur über den Macht ausüben können, der morgen noch weiterleben muss und somit von der Gemeinschaft und ihren Institutionen für seine Taten zur Verantwortung gezogen werden kann. Dem, der nur mehr ein paar Wochen zu leben hat, den rettet der Tod vor allen möglichen Konsequenzen seines Handelns.

Vor meinem geistigen Auge sehe ich schon marodierende Horden von Todkranken durch die Straßen ziehen, die lustvoll die Niederlassungen von Hedge-Fonds, Investmentbanken, Gentechnologie-Unternehmen oder Pharmakonzernen devastieren und die Manager geteert und gefedert durch die Straßen jagen. Wenn die Todkranken ihre wahre Macht erkennen, kann es für die Herrschenden eng werden. Und der Jammer wäre für sie ohne Ende, denn kaum ist ein Todkranker von der Welt verschwunden, wird schon wieder eine neue Krankheit zum Tod diagnostiziert. Eine permanente Bedrohung für die Mächtigen, die von diesen nicht aus der Welt geschafft werden kann, gegen die kein Kraut gewachsen ist.

DER ADRETTE DURCHSCHNITT IST ANGETRETEN, UNS ZU BEHERRSCHEN

Nun nochmals zurück zum Körperkult. Wir leben in einer Zeit, in der die schlimmste Beeinträchtigung des Menschen nicht die Blödheit, sondern die Hässlichkeit ist. Schön und blöd ist allemal besser als hässlich und klug. Die schöne Larissa muss nicht wissen wie der Papst heißt, solange Brüste und Po noch nicht welk sind, die sie in die Kamera hält, wird sie die ausreichende geldwerte Aufmerksamkeit bekommen, also erfolgreich sein.

Die heute aber verbreitetste geistig-körperliche Kombination ist durchschnittliches Aussehen in Verbindung mit mittelmäßiger Klugheit. Diese Mischung steht für einen Menschentypus, dessen wichtigste Eigenschaften Anpassungsfähigkeit und Unauffälligkeit bis hin zur Unsichtbarkeit sind. Solche Menschen schleichen sich fast unbemerkt in Führungspositionen. Sie sind weder laut noch leise, weder witzig noch ernst, weder stark noch schwach, weder groß noch klein. Sie haben ihre Mitte in der absoluten Durchschnittlichkeit gefunden. Sie sind so durchschnittlich, dass man sie leicht übersieht, wenn sie geduckt die Karriereleiter nach oben kriechen. Sie kommen niemals festen Schrittes daher, sondern sie gehen ganz leise, als würden sie jene Filzpantoffeln den ganzen Tag hindurch tragen, die sie immer zu Hause anhaben, um den neuen Klebeparkett zu schonen.

Dieser adrette Durchschnitt will niemals über den Mainstream hinaus, auch wenn er nach dem sozialen Aufstieg sucht. Wenn er nach oben strebt, dann indem er die Durchschnittlichkeit des Mainstreams perfektioniert. Die heutigen Spitzenpolitiker – siehe Merkel oder Faymann – sind die perfekte Repräsentation ihres Volkes, weil sie die meisterhafte Vollendung der adretten Durchschnittlichkeit sind. Die adrette geistige Mittelmäßigkeit, der führende Lifestyle unserer Gegenwart, der kollektive Individualismus der stillen Schleicher und mustergültigen Anpasser findet in ihnen ihren vorübergehenden Höhepunkt.

Die adrette geistige Mittelmäßigkeit hat es immer gegeben, heute ist sie aber zum Massenphänomen geworden und verantwortlich dafür ist vor allem unser Bildungssystem, sind die Gesamtschulen, Fachhochschulen und Privatuniversitäten. Dort werden keine autonomen Denker und freimütigen Kritiker mehr herangebildet, sondern brave Praktiker, emsige Aktivisten der Betriebswirtschaft, gut ausgebildete Ungebildete, als Fachmenschen ohne Bildung und Genussmenschen ohne Herz hätte Max Weber sie beschrieben. Still, angepasst und erfolgreich soll ihr Leben sein, das ist ihre einzige Passion. Sie verfügen über kein Ideal mehr, das ihr Interesse an der Selbstverwirklichung im Rahmen des Status Quo der Verhältnisse übersteigt.

Den Erfolg sucht diese geistlose Pragmatik keinesfalls durch Abgrenzung oder Exzentrik, sondern durch Perfektionierung der Durchschnittlichkeit des Massenideals. Es sind egozentrische Massenmenschen, deren Individualismus ein modischer Konformismus ist, der sich grundsätzlich von einem aufgeklärten Individualismus, dem es um Autonomie, Freiheit und Würde geht, unterscheidet.

Durchschnittlich sein wie alle, aber besser, so lautet die Gewinnformel der postmodernen Erfolgsgeneration. Am Ende reüssiert man dadurch, dass man im „kleinbürgerlichen Rahmen" bleibt. Die Erfolgreichen der Gegenwart sind Rahmenexistenzen, das bedeutet sie sind wie Bilder, die gemalt werden, um gut in einen schon vorhandenen Bilderrahmen zu passen, keine wilden, ungestümen, rebellischen Gemälde, die sich einen passenden Rahmen suchen, lange nachdem sie gemalt wurden oder die überhaupt eine rahmenlose Existenz zu führen beanspruchen.

Ein Symbol für eine Gesellschaft der Rahmenexistenz ist die deutsche Schlagersängerin Helene Fischer. Sie ist das perfektionierte Mittelmaß. An ihr ist nichts, das die ästhetischen Ansprüche, Werte und Lebensideale des Massenmenschen überschreiten will. Sie fordert die gesellschaftlichen Verhältnisse nicht heraus, im Gegenteil, sie ist ihre Übertreibung in Form und Inhalt. Sie sieht aus und benimmt sich wie die Durchschnittsdeutsche, nur in die aus Gesundheits- und Lifestyle-Illustrierten bekannte weibliche Idealform hineingezimmert. Die Inhalte ihrer Lieder sind so, wie ihr veröffentlichtes Leben: aufpolierte Facetten der Durchschnittsexistenz, wie wir sie in Groschenromanen, romantischen Hausfrauensoaps und der vulgärpsychologischen Lebensberatungsliteratur vorgeführt bekommen. Helene Fischer ist so, wie Horst Seehofer sich wahrscheinlich die ideale deutsche Frau vorstellt: gutaussehend, selbstbewusst, sozial, empathisch, in Beruf und Privatleben erfolgreich und dennoch dazu bereit, sich dem Mann unterzuordnen. Eine ehrgeizige, erfolgreiche Frau, die die Grenzen der traditionellen Frauenrolle kennt und sie nur dort überschreitet, wo die alte Geschlechterordnung nicht substanziell tangiert wird.

POSTMODERNE KÖRPEREXZESSE

Rahmengrenzen und Rahmenexistenz, das sind auch die wesentlichen Begriffe, mit denen man operieren muss, wenn man über die den jungen Körpermenschen kulturindustriell aufgezwungenen Körperpraktiken sprechen will. Mehr denn je erscheint das heute gängige Körperideal standardisiert. Die Männer müssen jedenfalls einen flachen Bauch, breite Schultern und eine drahtige Figur haben. Die erforderliche Muskelmasse ist je nach Milieuzugehörigkeit unterschiedlich. Während untere Sozialschichten den wuchtigen anabolisch-muskulösen Mann schätzen, der in enganliegende Muscle-Shirts durch die Unterhaltungsszenerie der Vorstädte zieht, bevorzugt man in der Mittel- und Oberschicht den Sportsmann mit dezenter Muskeldefinition, dessen Statur die Poloshirts von Lacoste und Ralph-Lauren nicht bis an die Grenze ihrer Strapazierfähigkeit aufspannt. Man ist eben distinguiert, was so viel bedeutet wie, dass man mit seinem Körpervermögen genau so wenig protzt, wie mit seinem kulturellen und ökonomischen. Während die unteren Sozialschichten danach trachten, ihre Substanz offensichtlich zu machen, verbergen die Mittelschichten ihr Vermögen hinter einer distinguierten Hülle, die das Verborgene lediglich stilvoll andeutet.

Bei Frauen schätzt man einen wohlgeformten Busen, schlanke Taille, knackigen Hintern, gut geformte Beine. Und auch hier unterscheiden sich die Sozialschichten. Während die unteren Schichten ihre körperlichen Vorzüge im wahrsten Sinne des Wortes förmlich heraushängen lassen, pflegt man in der weiblichen Mittelschicht die subtile Andeutung der manchmal auch mit Hilfe der Schönheitschirurgie perfektionierten weiblichen Formen. Der Adressat der Botschaft, der geistig mittelmäßige und äußerlich adrette Erfolgsmann, will nicht, dass sich ein offensichtlicher Körper ihm aufdrängt. Geprägt durch das in der Parfüm- und Kosmetikwerbung inszenierte Geschlechterverhalten, will er den geheimnisvoll verborgenen Körper entdecken können, der sich eingehüllt in Designerklamotten und exotische Düfte damit begnügt, lediglich das anzudeuten, was ein kühner Eroberer später freilegen wird. Während die wohlerzogene bürgerliche Frau eine rätselhafte Quelle der versteckten Andeutungen und des dezenten Versprechens sein muss, ist die Vorstadtschönheit angehalten, das was sie hat, offensichtlich zu machen. Der einfache Mann kauft nicht die Katze im Sack. What you see is what you get – das ist das Lebensmotto der Milieus, die das Vieldeutige, Komplexe und subtil Angedeutete nicht wirklich schätzen. Sie verlangen jene Klarheit, die jemand, den ein einfaches Weltbild leitet, von anderen Menschen einzufordern zu dürfen glaubt.

In Fitness- und Kosmetikstudios rackern sich nun die jungen Körpermenschen ab, um in die von Modeschöpfern, Ernährungsberatern, Fitnessaposteln und anderen entbehrlichen Lifestyle-Berufen geschaffenen und kontrollierten Körperrahmen zu passen. Wenn die adornosche Definition vom Totalitarismus als Herrschaft des Allgemeinen über das Besondere auf irgendetwas besonders gut passt, dann auf die Körperdiktatur der Postmoderne. Denn die Körperkultur der Postmoderne ist uniform. Es geht ihr nicht um Vielfalt und Differenz, sondern um allgemeine Gleichförmigkeit. Ist die Bildungstheorie der Gegenwart die Lehre vom gleichen Denken, so ist die Theorie der Körper die Lehre von der Homogenität der Körperformen.

Der uniforme Totalitarismus der Mode- und Fitnessindustrie terrorisiert vor allem die jungen Menschen. Sie dürfen nicht mehr so aussehen wie sie nun einmal gewachsen sind, sondern nach dem Motto „was nicht passend ist kann passend gemacht werden“, müssen sie sich in das allgemein gemachte Idealformat eines Körpers hineinarbeiten. Sie tun es, weil das Leitmotiv der totalitären Lifestyle-Gesellschaft ihnen täglich von Medien und

Werbung ins Hirn gehämmert wird: „Wenn du dich zu weit von der Uniformität des Allgemeinen entfernst, dann wirst du aus der Gemeinschaft der Gleichdenkenden und Gleichgeformten ausgeschlossen."

Als hätten die Menschen nicht schon genug Stress mit Ausbildung und Beruf, zwängt man ihnen nun auch noch die inquisitorische Selbstbeschäftigung mit dem eigenen Körper, die Körperarbeit, auf. Denn Arbeit ist heute das ganze Leben. Viele Sphären des absichtslosen, spontanen Spiels sind längst sistiert oder in Räume des planvollen und zielgerichteten Handelns verwandelt worden. Heute arbeiten wir auch, nachdem wir unseren Arbeitsplatz verlassen haben. Wir nennen das Beziehungsarbeit, Motivationsarbeit, Emotionsarbeit, Partnerschaftsarbeit, Körperarbeit, Erziehungsarbeit, Familienarbeit. Wir arbeiten an uns und an unserem sozialen Leben, anstelle spontan das zuzulassen, was kommt und was sich ergibt und den Zufall gewähren zu lassen. Und hier sind wir an dem Punkt angelangt, der der Hauptstressfaktor unserer Zeit ist und der am Ende dazu führt, dass das Leben von vielen als nicht mehr lebenswert empfunden wird: der Zwang, aus unserem ganzen Leben eine Planungsaufgabe und eine Planabarbeitung zu machen. Während die Planwirtschaft mit dem Kommunismus aus der Welt verschwunden ist, hat sie von der Lebenswelt der Menschen des freien Westens vollkommen Besitz ergriffen. Der Selbstzwang des individuellen Lebensplans ist an die Stelle des Fremdzwangs der kollektiven Pläne getreten.

DORT WO DER PLAN
REGIERT, WIRD DAS
LEBEN LANGWEILIG,
ÖDE UND LEER

Der technische Machbarkeitswahn der industriellen Moderne des 20. Jahrhunderts überzieht nun Körper und Psyche der Menschen. Man kann auch an sich selbst nichts mehr so lassen, wie es ist. Noch viel weniger kann man hinnehmen, dass im Leben vieles einfach so kommt und geht, ohne dass wir es beeinflussen oder ändern können. Nein. Alles muss erbarmungslos unter Kontrolle gebracht, hergerichtet und geformt werden. Haben Kinder abstehende Ohren werden sie chirurgisch angelegt, Männer fette Bäuche, dann wird abgesaugt und Frauen zu kleine Brüste, dann werden diese aufgebaut. Nichts kann mehr so hingenommen werden, wie es ist. Für alles im Leben muss es einen Plan, ein Konzept, ein Richtiges und ein Falsches, ein unumstößliches Ideal geben. Für Kinder ein pädagogisches Entwicklungskonzept, für Arbeitnehmer einen Karriereplan, für Partnerschaften einen Beziehungsplan, für Familien ein Familienzukunftsplan und für das ganze Leben einen Lebensplan. Es ist der Planungs- und Selbststeuerungswahn in Verbindung mit einer totalen Begründungspflicht für alles, was wir tun, die uns das Leben versauen. Für alles, was man tut, braucht man eine rationale Erklärung, eine Erklärung, die dem abgehobenen Idealbild eines total vernünftigen Menschen entspricht.

Ich habe persönlich für die meisten Dinge, die ich tue, keine rationale Erklärung. Ich tue sie, ohne mir das Geringste dabei zu denken. Ob ich fünf Biere hintereinander runterspüle oder mich in einer öffentlichen Veranstaltung über einen anwesenden Spitzenpolitiker lustig mache, mein Handeln ist völlig spontan. Im ersten Fall mache ich mir keine Gedanken über den damit verbundenen Kontrollverlust und mein wachsendes Bauchfett. Wenn mich Leute in bierseliger Stimmung peinlich finden, ist mir das egal und wem mein Bauch nicht gefällt, der soll daran vorbeischauen. Im zweiten Fall kann mir meine Lust am Schabernack große berufliche Nachteile bringen, aber es kann verdammt viel Spaß machen, im Angesicht der Macht subversiv zu sein. Vom Standpunkt rationaler Nützlichkeitserwägungen aus betrachtet, ist der spontane Scherz natürlich kontraproduktiv, aber soll ich mich nun in eine freudlose, selbstkontrollierte Kommunikationsmaschine verwandeln, die, wenn auch missgestimmt, immer alles richtig macht, die jedes spontane Gefühl der Zensur der Nützlichkeit unterwirft? Ich meine, dass der, der immer alles ausführlich bedenkt und reflektiert, bevor er etwas sagt oder tut, sich damit möglicherweise die eine oder andere Schwierigkeit erspart, es entgehen ihm aber ohne Frage auch eine Fülle an Momenten spontaner Lust und aufregender Überraschung. Die zufälligen, überraschenden Ereignisse sind die Würze des Lebens. Unser Ehrgeiz, sie durch Planung auszuschließen, ist oft größer als der der untergegangen Kommandowirtschaften des Ostens. Am Ende sind diese Länder nicht nur an ihrer ineffizienten Wirtschaft, sondern auch an ihrer kulturellen Eintönigkeit und Farblosigkeit und ihrer lebensweltlichen Ereignislosigkeit zugrunde gegangen. Genauso wie das Leben in den kommunistischen Planwirtschaften spannungslos, trübsinnig und missgestimmt war, ist es heute in unserer neoliberalen Kontrollgesellschaft. Der einzige Unterschied besteht darin, dass unsere Spannungslosigkeit kulturindustriell verhübscht wird und die bunte Fassade einer emotional entleerten Warenästhetik trägt.

Dort wo der Plan regiert, dort wird das Leben öde, langweilig und leer. Das kann auch jeder erleben, der sich auf eine organisierte Reise durch China begibt. Die Reise wird sicher perfekt ablaufen, aber Überraschendes, die tägliche touristische Routine Durchbrechendes, wird es wenig geben. Mit feierlichen Gesichtern voll Interesse und Hingebung bewegt sich die Reisegruppe von Sehenswürdigkeit zu Sehenswürdigkeit. Alles, was besucht wird, ist eine gravierende Angelegenheit: Jedes Bauwerk, jede Skulptur, jede nichtige Seidenproduktion wird zum Weltereignis stilisiert, zum Bedeutungsträger einer großen Kultur, die nicht nur einfach zur Kenntnis genommen, sondern angebetet werden will. Der pathetische Vortrag der Reiseleitung verwandelt jedes Kulturgut, dessen man ansichtig wird, in einen heiligen Kultgegenstand, in dem die Wahrheit der gesamten chinesischen Kultur aufgehoben ist. Trotz allem Pathos wird das Programm so heruntergespult, wie dort neunzig Prozent der Menschen ihr Leben herunterspulen müssen – monoton, stereotyp, vorhersehbar, berechenbar. Bald erkennt man, dass auch die pathetischen Lobpreisungen der großen chinesischen Vergangenheit in einen Gesamtplan eingebettet sind. Er verfolgt das Ziel einer asiatischen Despotie, die gerade den irrwitzigen Versuch unternimmt, eine liberale Marktwirtschaft unter Beibehaltung des politischen Systems einer kommunistischen Diktatur einzuführen, den Mantel der humanistischen Würde umzulegen. Man stellt die chinesische Vergangenheit in den Dienst der neoliberalen Rohheiten eines Regimes, das seiner Bevölkerung nicht einmal die formalen Freiheiten einer bürgerlichen Demokratie gewährt. Die Zumutungen werden verborgen hinter einer Anhäufung von Seidenkimonos, Porzellanfiguren, Perlen- und Jadeschmuck, Tempelbauten und historischen Soldatenstatuen. Am Ende sind wir froh, wenn uns der verlogene despotisch-neoliberale Moloch aus seiner langweilig-durchgeplanten Monotonie entlässt.

VON DER PFLICHT ZUR LÜGE IN DER KONTROLL-GESELLSCHAFT

Den entscheidenden Spin zur totalen Unerträglichkeit gewinnt die Kontrollgesellschaft durch die totale Psychologisierung unserer Existenz. Außer dass wir immer und ununterbrochen an unserem eigenen Selbst und unseren Lebensplänen arbeiten müssen, wird uns auch noch die Pflicht auferlegt, öffentlich darüber zu reflektieren, wie wir uns dabei fühlen. Der postmoderne Mensch darf sich auch hier keine Privatheit, keinen Rückzugsbereich, kein intimes Hinterzimmer mehr erlauben. Er muss alles offenlegen, alles begründen, nicht der kleinste Winkel seines Innenlebens darf unausgeleuchtet und intransparent bleiben. Wie kommt man dagegen an? Wie kann man dem Wahrheitsdruck, der mit der Pflicht zur Selbstkontrolle und zur rationalen Lebensplanung einhergeht, entgehen?

Ganz einfach: durch systematische Lügen und subversive Rollenspiele. Beginnen wir mit der systematischen Lüge. Sie muss überall dort zu einem Grundprinzip, ja zu einem habitualisierten Verhalten werden, wo uns jemand im Auftrag von Staat und Wirtschaft in die Logik der Selbstkontrolle, der rationalen Lebensplanung und der Offenbarungspflicht pressen will.

So sollte man zum Beispiel bei Mitarbeitergesprächen, die der psychologisch geschulte Chef oder gar ein Betriebspsychologe mit uns führt, niemals die Wahrheit darüber sagen, wie man sich wirklich fühlt und was man wirklich will. Unser Prinzip muss lauten: Wir erreichen besser was wir wollen, wenn wir nichts über unsere Ziele und Strategien verraten und wir versuchen ganz gezielt die zu manipulieren, die uns manipulieren wollen. Denn wer sagt denn, dass man durch ehrliche Gespräche mit Vorgesetzten und Kollegen, durch das, was Foucault das „Wahrsprechen" nennt, wirklich besser das erreicht, was man sich vorgenommen hat? Genau das Gegenteil ist der Fall. Wir leben in einer Inszenierungsgesellschaft, in einer Gesellschaft des exzessiven Rollenspiels, in der jeder verschiedene Charaktermasken in der Tasche hat und die jeweils für die Situation passende aufsetzt. Das ganze Gerede vom authentischen Menschen ist nur der Trick derer, die uns die Wahrheit entlocken wollen, um uns so besser beherrschen zu können. Und meistens sind gerade die nicht wahrhaftig, die uns die Wahrhaftigkeit predigen, oder glaubt noch jemand wirklich, dass der Chef deshalb immer so gut aufgelegt ist, weil das die authentische Entäußerung seines sonnigen Selbst ist? Keinesfalls. Er hat auf einem Seminar zum Thema Mitarbeitermotivation gelernt, dass seine gute Stimmung eine Produktivkraft ist und deshalb setzt er jeden Tag schon am Morgen sein nerviges Sonnengesicht auf und versucht, uns mit seinem unerträglichen dynamischen Schulterklopfen zu motivieren.

Vor allem die Sprache der Management- und Motivationstrainer ist eine Lügensprache. Niemals wollen sie die Wahrheit. Sie springen nicht deshalb auf der Bühne wie Hampelmänner herum und brüllen gut gelaunt und positiv in ihre Mikrophone, dass wir echt, ehrlich und individuell sein sollen, weil sie so gut aufgelegt sind. Nein, sie sollen uns im Auftrag unseres Arbeitgebers auf Linie bringen, sollen unsere Identifikation mit dem Unternehmen verbessern, sollen unsere Emotionen für die „gemeinsame Sache“ mobilisieren. Aber in Wirklichkeit gibt es keine gemeinsame Sache. Das erfährt man spätestens dann, wenn der Standort eines Multis in ein Billiglohnland verlagert wird. Dann endet der gemeinsame Weg abrupt und der motivierte Mitarbeiter kann seine positiven Energien im Gespräch mit den Mitarbeitern des Arbeitsamtes verausgaben.

Doch die Managementsprache ist schon längst aus den Motivationsseminaren und den Dialogforen der Wirtschaft ausgetreten, hat die Grenzen zur Politik hin überschritten. Offensichtlich wird dies anhand der neuen Partei der Neos, mit der ein Schwung von Kommunikations- und Motivationstrainern ins Parlament gespült wurde. Und dort ziehen sie nun alle Register ihres Könnens.

Redner treten im Plenarsaal des Parlaments auf, die „chancenorientiert und nicht problemorientiert" an die Politik herangehen, die sich „proaktiv" um Informationen bemühen, die „erfolgsorientierte Aktionspläne" vorlegen und mit „Best-Practice-Beispielen" zu überzeugen versuchen und die ihre Fehler mit Begriffen wie „suboptimale Ergebnisse" als knappes Verfehlen des Optimums zu tarnen versuchen. Es ist eine hohle, inhaltsleere Sprache, die um sich greift, ein furioses Herumwerfen mit Nebelkerzen, eine Orgie der Intransparenz, erzeugt durch eine Kommunikation der leeren Signifikanten, die nichts bedeuten. Gleichzeitig wird nun auch der Körper der Redner exzessiv eingesetzt, um das Nichts, das man vermitteln will, zu emotionalisieren. Ein Redner, der über die Schulreform spricht und nichts Essenzielles zu sagen hat, als dass er ein paar neoliberale Floskeln wie „Leistung", „Konkurrenz", „Mobilisierung der Begabungsreserven" oder „fairen Wettbewerb" in den parlamentarischen Hohlraum wirft, breitet seine Hände aus, symbolisiert Flügelschläge und verkündet, dass „unsere Schüler fliegen werden", wenn man seinen Vorschlägen folgt. Das Einzige, was hier abhebt, ist eine mit leeren Floskel und Gesten getränkte Sprache, die ebenso manipulativ, ephemer und praktisch irrelevant ist, wie das wolkige Gerede der Pastoren von amerikanischen Freikirchen.

Politik ist heute weitgehend ein sophistisches Verwirrungsspiel, d.h. den Politikern geht es niemals um einen ehrlichen Diskurs über die Angelegenheiten des Gemeinwesens, sondern in erster Linie um Manipulation durch Sprache mit dem Ziel des eigenen Vorteils.

Die Politik herrscht durch Wahrheitsverdrehung und Lüge. Der ehrliche Politiker würde schnell ein Opfer seiner Gegner und damit seiner eigenen Offenheit werden. Ein Beispiel gefällig: In Österreich wurde vor einigen Jahren die sogenannte „bedarfsorientierte Mindestsicherung“ eingeführt. Der Begriff suggeriert, dass nun jeder Österreicher einen Anspruch auf eine bedürfnisgerechte Grundsicherung hätte. Aber davon kann in Wirklichkeit keine Rede sein. Vielmehr wird den Bedürftigen die Grundsicherung, die im Übrigen knapp über 700 Euro im Monat beträgt, nur dann zuteil, wenn man den Anweisungen des AMS (=Arbeitsamt) bedingungslos Folge leistet. Wer also einen der vielen sinnlosen Kurse verweigert, der von einem der vielen, politisch gut vernetzten, privaten Schulungsinstituten durchgeführt wird, der verliert schon einmal die ersten 25 Prozent seiner sogenannten Mindestsicherung. Wenn er sein renitentes Verhalten fortsetzt, dann verliert er sie am Ende ganz.

Zudem können alleinerziehende Mütter dazu gezwungen werden, ihre unter drei Jahre alten Kinder in eine Kinderbetreuungseinrichtung zu stecken und eine Arbeit anzunehmen, wenn es das Arbeitsamt so will. Eine Mutter, die sich gegen die neospartanische Logik der Gegenwartspolitik stellt – im griechischen Sparta wurden die männlichen Kinder schon im Säuglingsalter aus den Familien gerissen, um sie besser im Sinne der politischen Interessen des diktatorischen spartanischen Staates indoktrinieren zu können –, wird durch die Kürzung ihres Bezugs bestraft.

In wessen Sinn ist diese Maßnahme nun bedürfnisorientiert? Natürlich nicht im Sinne der betroffenen Armen, sondern im Sinne des neoliberalen Staates. Denn was im sophistischen PR-Jargon der Politik als bedürfnisorientiert daherkommt, hat in Wirklichkeit nichts mit den Bedürfnissen der Mindestsicherungsbezieher zu tun, sondern mit den Bedürfnissen einer Armutsadministration, die die Armen durch diese Maßnahme besser kontrollieren und für den Arbeitsmarkt mobilmachen kann und dabei auch noch Geld spart. Denn mit jeder Verpflichtung mehr, die man den Bezugsberechtigten auferlegt, je mehr man sie kontrolliert, wird die Zahl derer größer, die aus dem Kreis der Bezugsberechtigten hinauskatapultiert werden. Je höher man die Hindernisse steckt, desto mehr Pferde verweigern oder müssen sie reißen. Eine Weisheit aus dem Springreiten, die sich hier eine Politik, in der der Rechenstift die Menschlichkeit ersetzt, mitleidslos zunutze macht.

Aber es wird noch besser. In manchen Bundesländern sind die Angehörigen von Beziehern der „bedarfsorientierten Mindestsicherung“ regresspflichtig, d.h. der Staat holt sich zum Beispiel von den Kindern das Geld zurück, das er für deren erwerbslose Mutter ausgibt, d.h. diese sogenannte Mindestsicherung bezahlt am Ende nicht der Staat, sondern die Verwandten des Bedürftigen. Die Mindestsicherung ist damit keine Angelegenheit des Staates, sondern die der Familienangehörigen. Die Lasten einer sozialen Aktivität, derer sich eine verlogene Politik rühmt, zwingt sie klammheimlich den Bürgern auf.

Was wir sehen ist, dass hier pure Manipulation und Tatsachenverdrehung am Werk sind. Und natürlich ein Spiel mit Sprache, die in diesem Fall das glatte Gegenteil von dem behauptet, was tatsächlich der Fall ist. Eine Politik, die so agiert, spricht mit dem Volk nicht in einem offenen Diskurs mit dem Ziel, es über politische Maßnahmen aufzuklären. Nein, es wird mit dem Volk gesprochen, um es zu manipulieren, um ihm ein X für ein U vorzumachen.

Warum sollten wir aber, wenn wir von der Politik systematisch belogen werden, dem Staat die Wahrheit sagen? Was sollte uns davon abhalten, mit dem Staat genauso zu verfahren, wie er mit uns umgeht? Wir könnten doch ebenso die Wahrheit zum taktischen Instrument der Kommunikation herabwürdigen, wie es die Politik uns täglich vormacht. Eine durch und durch unmoralische Politik hat jegliches Recht verspielt, vom einfachen Bürger moralisches Verhalten zu verlangen. Die Wahrheitspflicht dem Staat gegenüber ist dann aufgehoben, wenn der Staat die Lüge zum Prinzip erhebt. Ein Gespräch mit einem guten Steuerberater oder Anwalt kann uns beim taktischen Umgang mit der Wahrheit behilflich sein. Sie sind die gewerbsmäßigen Wahrheitsverdreher unserer Zeit. Ihr Geschick sollte uns dabei helfen, an dem zu sparen, was den Staat am Leben hält, an den Steuern. Anerkennung wird im Kapitalismus mit Geld ausgedrückt. Verweigern wir dem Staat wirkungsvoll die Anerkennung, indem wir ihm solange systematisch ökonomische Ressourcen entziehen, bis er wieder lernt, uns so zu behandeln, wie wir es als freie Subjekte verdienen. Auf diese Weise kann die zentrale Frage unserer Zeit, die Frage danach, wem der Staat gehört, den Politikern oder den Bürgern, wirkungsvoll auf die Tagesordnung gesetzt werden.

Oder wählen wir alle einmal weiß. In seinem Roman „Die Stadt der Blinden" beschreibt der portugiesische Nobelpreisträger José Saramago eine Stadt, in der die Wähler allesamt leere Stimmzettel in die Wahlurnen werfen. Auf unsere Situation übertragen wäre ein solches Verhalten eine Möglichkeit, den Protest gegen die vorherrschende politische Kultur, mit einem Bekenntnis zur parlamentarischen Demokratie zu verbinden. Wir verzichten nicht auf unser demokratisches Recht, aber wir verwerfen wirkungsvoll das politische Angebot, das uns präsentiert wird.

Ich möchte es aber, was die sophistische Lügenherrschaft der Politik betrifft, nicht nur bei einem Beispiel bewenden lassen und ein weiteres anführen. Es zeigt, dass Politiker miteinander genauso verfahren, wie sie es mit dem Wahlvolk tun. Für ein solches Verhalten gibt es übrigens Analogien in der Natur. Eines der ältesten Meerestiere ist das Neunauge, ein kiementragendes fischähnliches Wesen, das über fünfhundert Jahre auf der Erde lebt, sich dabei kaum evolutionär weiterentwickelt hat und das dadurch überlebt, dass es sich wie ein Vampir an Fischen festbeißt und ihnen das Blut aussaugt. Sperrt man diese Neunaugen zusammen in ein Bassin, dann greifen sie sofort den Artgenossen an und saugen sich an ihm fest. Eine schöne Analogie zur Politik, in der die Politiker miteinander genauso respektlos umgehen, wie sie es mit den Bürgern tun.

Auch in unserem zweiten beispielhaften Fall für die Verlogenheit der Politik geht es um die kommunikative Strategie, die Wahrheit hinter sophistischen Sprachkonstrukten zu verstecken. Sprache wird nicht für den offenen Informationsaustausch, sondern als Waffe im Kampf um die politische Macht benutzt. Das Beispiel betrifft eine Nebensache, aber es ist in seiner Art beispielhaft für den Umgang der Politik mit der Wahrheit in unserer Zeit.

In den Jahren 2005 und 2006 wurde vom Bundesministerium für Inneres 464 710 Euro für eine Studie über Muslime und die Entwicklung eines Lehrgangs an einen „Verein Kompetenzzentrum Integration und Sicherheit" vergeben. Einer der Betreiber des Vereins war ein Funktionär der Partei der amtierenden Innenministerin. Im Budget des Innenministeriums waren als Zahlung an den Verein aber lediglich fünftausend Euro aufgeführt. Auf eine parlamentarische Anfrage der Grünen, deren Intention es war, die Differenz zwischen der tatsächlichen Zahlung und dem mickrigen Budgetposten aufzuklären, antwortete die Innenministerin, dass die restliche Förderung, also 459 710 Euro, unter dem Budgetposten „Sicherheitsakademie" verbucht wurde, einer Einrichtung des Ministeriums. Dies sei deshalb möglich gewesen, weil die „Sicherheitsakademie" eine „Flexiorganisation" ist und deshalb die dort budgetierten Beiträge „virementfähig" wären. Auf Deutsch heißt dies, dass man die Gelder einer „Flexiorganisation" für alles verwenden kann, was man will, ohne den Verwendungszweck im Budget nachvollziehbar ausweisen zu müssen. Und natürlich verweigerte die Ministerin auch unter Bezugnahme auf den Datenschutz die Auskunft darüber, wer im Vorstand des begünstigten Vereins zum Zeitpunkt des Förderungsbezugs saß. Ein Volk, das

Politiker hat, die derart miteinander kommunizieren, kann alle Hoffnungen darüber fahren lassen, dass mit ihm auf eine weniger zynisch-sophistische Art gesprochen wird.

Wir sind hier mit einem klassischen Fall von sophistischer Sprachakrobatik konfrontiert, der es nicht um die Wahrheit geht, sondern um die Errichtung von sprachlichen Barrieren, die einen Sachverhalt unzugänglich machen sollen. Bevor die Innenministerin den Begriff „virementfähig“ verwendet hatte, wusste ich nichts von dessen Existenz. Nun weiß ich, dass es sich um einen Begriff aus dem Haushaltsrecht handelt, der bedeutet, dass ein Etatposten auf einen anderen Haushaltstitel übertragen wird. Die Übertragung ist in diesem Fall dadurch möglich, dass die Sicherheitsakademie eine „Flexiorganisation“ ist und somit rein theoretisch alle möglichen Etatposten unter diesem Haushaltstitel versteckt werden können.

Mit der Intention der Anfrage der Grünen hat diese Antwort natürlich nichts gemein. Vielmehr wollten die Grünen wissen, warum nicht der gesamte Betrag unter dem Etatposten „Verein Kompetenzzentrum Integration und Sicherheit“ verbucht wurde und ob damit möglicherweise die Alimentierung eines politischen Günstlings der Innenministerin verschleiert werden sollte. Die Mitglieder des Vereinsvorstands wollte man deshalb gerne wissen, weil überprüft werden sollte, ob nicht noch andere Personen mit einem Naheverhältnis zur politischen Partei der Ministerin dort aktiv waren.

Am Ende standen die Anfragesteller mit leeren Händen da. Eine formale Erklärung aus dem Haushaltsrecht und die Vorschiebung von Datenschutzgründen wurden genutzt, um die Wahrheit zu verschleiern.

Das ist Sophismus wie er leibt und lebt. Die Sprache wird ein Verschleierungs- und Manipulationsinstrument, sie dient zur Desymbolisierung, zur Ablenkung von der Wirklichkeit, vom wirklichen Geschehen.

Tatsächlich handelt es sich hier aber, kaum will man es glauben, um einen relativ intelligenten Sophismus. Man ist von der Politik vulgärere Sprachspiele zur Ablenkung von der Wahrheit gewohnt. Vor einigen Jahren bezeichnete ein Funktionär der FPÖ in einer Rede den damaligen Bundespräsidenten als Lump. Nachdem es zu einer öffentlichen Erregung darüber gekommen war, redete er sich damit heraus, dass er in Wirklichkeit nur die Begriffe „Hump oder Dump“ verwendet habe. Was er mit diesen bisher unbekannten Bezeichnungen aussagen wollte, konnte er nicht erklären. Die Worte seien spontan aus ihm herausgeglitten. Oder ein anderer FPÖ-Politiker, der dem ORF in einem Telefonat drohte, es werde Stunk geben, wenn ein bestimmter Beitrag ausgestrahlt werden würde. Er bestritt die Aussagen. Lediglich hätte er gesagt, „dann kommt die Trunk“, eine damals aktive SPÖ-Nationalratsabgeordnete, die dann, warum auch immer, in den ORF kommen würde, sollte der Bericht auf Sendung gehen. Was er damit sagen wollte? Auch er ist uns die Antwort schuldig geblieben.

Eine Politik, die derart mit Sprache umgeht, verwandelt nicht nur die Politik selbst in ein Pendant des neuen deutschen Vulgärkabaretts à la „Cindy aus Marzahn“ oder „Mario Barth“, sie entwertet auch die Sprache als Mittel des „Wahrsprechens“. Sprache und Wahrheit werden auseinandergerissen, dass sie sich miteinander verbinden, wird zur Ausnahme von der Regel. Die Konsequenzen sind heute schon klar sichtbar. Aus der Politik, die ja durch ihre permanente mediale Präsenz notwendigerweise zum Vorbild für die Gesellschaft wird, wird die Lüge auch im Alltag der Menschen zur üblichen Form der Kommunikation. Eltern, Jugendliche, Kinder, Arbeitskollegen, Lehrer, Schüler, Ehepartner, Priester, Ärzte, Rechtsanwälte: Sie alle lügen, dass sich die Balken biegen. Jetzt könnte man sagen, dass war immer schon so. Ich glaube das zwar nicht, aber tun wir kurz so, als sei das Argument richtig. Dann gibt es noch immer einen wesentlichen Unterschied zu früher. Früher hatten die Menschen noch ein schlechtes Gewissen, wenn sie logen. Im Zeitalter der totalen Verzweckung des gesamten menschlichen Handelns und Sprechens, ist die Lüge zu einem akzeptierten Mittel der Durchsetzung und der persönlichen Zielerreichung geworden. Weil jedes Mittel erlaubt ist, das dem Zweck dient und damit moralische Prinzipien weitgehend außer Kraft gesetzt sind, ist die Lüge auch nichts anderes mehr, als eines der vielen funktionalen Mittel zur Durchsetzung des individuellen Willens. Dem Lügner droht weder die Hölle der Religion noch die Verachtung seiner sozialen Umwelt. Dem Betrüger und dem Lügner gibt der Erfolg recht. Und zum totalen Held wird er, wenn er sich nicht erwischen lässt. Der erfolgreiche Lügner und Betrüger ist das Objekt der Bewunderung unserer Tage, das Vorbild einer unmoralischen Zeit.

Die Enttabuisierung der Lüge hat dazu geführt, dass wir heute vor dem Trümmerfeld der Glaubwürdigkeit jeglicher Form von politischer aber auch kommerzieller Kommunikation stehen. Wir alle tendieren dazu, nichts von dem, was uns tagtäglich in den Medien aufgetischt wird, zu glauben. Hat die Regierung gewusst, dass wir von Geheimdiensten abgehört werden? Hat Assad chemische Vernichtungswaffen? Ist die russische Armee in der Ostukraine aktiv? Hat ein ehemaliger Finanzminister Steuern hinterzogen? Vertreten EU-Abgeordnete gegen Bezahlung die Interessen von Konzernen? Wird die Berichterstattung der Printmedien mit Hilfe von bezahlten Inseraten manipuliert? Haben Rüstungskonzerne Parteien finanziert, um dem Staat ihre Kriegsgeräte zu verkaufen? Werden Rüstungsgüter wissentlich an Staaten verkauft, die diese an Terrororganisationen weitergeben? Hunderte solcher Fragen könnte man stellen. Eine klare Antwort dazu werden wir wohl nie bekommen. Anstelle dessen überschüttet man uns täglich tonnenweise mit PR-Gerede und manipulativen Geschwätz. Hinter jedem Politiker steht eine PR-Agentur. Nicht er spricht zu uns, sondern ein Team gewerbsmäßiger Wahrheitsverdreher. Und weil wir das wissen, glauben wir sicherheitshalber einfach gar nichts mehr.

Aber während die Regierungen, die öffentlichen Institutionen und die internationalen Konzerne mit Hilfe von professionellen Sprachspielern, den PR-Agenturen, das Blaue vom Himmel lügen, wird dem Einzelnen von Tag zu Tag eine größere Wahrheitspflicht auferlegt. Dem kleinen Bürger wird mit Moral und Zwang auf den Leib gerückt, um aus ihm die Wahrheit herauszupressen. Er muss dem Finanzamt, dem statistischen Zentralamt, der Kirche, den Lehrern, dem Sozialamt, den Krankenkassen, den Banken, den Versicherungen, ja selbst dem Ehepartner und seinen Kindern gegenüber immer ehrlich sein. Es kann ja kein Zweifel darüber bestehen, dass für ein funktionierendes Gemeinwesen zum Beispiel Steuerwahrheit ein wichtiges Gut ist. Aber immer nur für die Kleinen? Google und Apple versteuern ihre Gewinne in Irland. Sie bezahlen dort dafür nicht einmal zwei Prozent Steuern. Und der kleine Gewerbetreibende, der sich den Steuerstaat nicht aussuchen kann, der soll ehrlich mit seinen Abgaben umgehen? Das verstehe, wer es verstehen kann. Wir alle müssen uns vor dem statistischen Zentralamt und dem Finanzamt ausziehen bis auf die Unterhose und der Staat selbst bringt es nicht einmal fertig, das Amtsgeheimnis abzuschaffen. Der transparente Bürger steht einem durch und durch intransparenten Staats- und Parteiensystem gegenüber, das sich hinter Paragrafen und kühnen Gesetzesinterpretationen verschanzt, wenn es bloß darum geht, die Mitglieder eines Vereinsvorstandes zu erfahren, der staatliche Fördergelder bezogen hat. Und der Bürger? Der soll wahrhaftig sein?

DER GESPALTENE BÜRGER UND DAS KLEINE HINTERZIMMER

„Out of the hot – into the cool" – diese Aussage steht für den Kerninhalt meiner Zeitdiagnose. Es ist zum einen ein gesellschaftsanalytischer Satz, weil er den politisch und ökonomisch erzwungenen Wandel einer Gesellschaft thematisiert, die den Individuen die spontanen, emotionalen, um mit Nietzsche zu sprechen, die dionysischen Anteile ihres Selbst, nicht mehr auszuleben erlaubt. Die Menschen der Kontrollgesellschaft sind heute dazu angehalten, sich selbst zu kontrollieren, sich selbst zu rationalisieren, sich selbst so weit zu unterdrücken und zu beherrschen, dass eine Drangsalierung und Knechtung von außen nicht mehr notwendig ist. Denn der selbstbeherrschte Mensch ist ein rentables Wesen. Er hilft dem Staat beim Sparen, denn den Menschen ein grausames Über-Ich anzuerziehen ist allemal billiger, als einen riesigen hochtechnisierten Sicherheitsapparat zu erhalten.

Wirtschaft und Politik profitieren von der coolen Gesellschaft der sich selbst kontrollierenden, zielorientierten Pragmatiker, einer Gesellschaft der rechnenden Denker, die keiner staatlichen Zwangsmaßnahmen mehr bedürfen, um sich regel- und ideologiekonform zu verhalten. Was früher der staatliche Zwang bewirkte, bewirken nun die inneren Zwänge eines zur gnadenlosen Selbststeuerung erzogenen Individuums. Das sich selbst kontrollierende und steuernde Ich ist heute die wichtigste Produktivkraft der neoliberalen Ökonomie. Die allgemeine Logik des neoliberalen Systems ist den Individuen unserer Zeit immanent, die Differenz zwischen allgemeiner Notwendigkeit und individuellem Wollen weitgehend beseitigt. Rebellische und revolutionäre Potenziale können damit gar nicht mehr entstehen, weil das Individuum längst zu einer Einheit mit den Verhältnissen verschmolzen ist.

Aber die emotionslose Rationalität der strategisch kalkulierenden Pragmatiker trifft nun das System, schlägt sozusagen auf den Staat und die Wirtschaft zurück, denn die Menschen versagen nun auch der Ökonomie und dem Gemeinwesen ihre emotionale Gefolgschaft. Genauso wie sie nach Jahrzehnten der Selbstkontrolle und Selbstunterdrückung sich selbst gegenüber hart und gefühllos geworden sind, sind auch die Gefühle gegenüber dem Staat, in dem sie leben und dem Unternehmen, in dem sie arbeiten, ausgekühlt. Emotionslos und müde lächelnd hören die Menschen den Management- und Motivationstrainern der Wirtschaft und den staatlichen Sonn- und Feiertagsrednern zu und folgen dem Schein nach ihren Ratschlägen. Man tut so als würde man den Staat lieben und seine Arbeit motiviert verrichten, um keine Schwierigkeiten zu bekommen. Und insgeheim denken sich viele, dass es doch genügen muss, das cool zu absolvieren, was zu absolvieren ist, um unter den gegebenen Bedingungen ein individuell halbwegs gelungenes Leben zu haben.

Neben ihrem offiziellen „adaptiv-pragmatischen" Alltag, in dem sie sich kühl kalkulierend verhalten, halten sich immer mehr Menschen, ganz wie Montaigne, ein Hinterzimmer offen, in dem sie das wahre, das emotional erfüllte, das spontane, das sinnliche, das selbstbestimmte Leben führen. Hier versuchen sie ihr autonomes Selbst vor der Vereinnahmung durch die neoliberale Macht zu bewahren, hier leben sie entgegen der Prinzipien von Staat und Wirtschaft. Nach außen der coole Mitmacher, nach innen der emotional bewegte Beziehungsmensch mit hohem Selbstverwirklichungsanspruch, nach außen der Schauspieler, nach innen der wahrhafte, authentische Mensch.

Dieser Menschentypus analysiert täglich cool die Lage, um aus den Strukturen des Staates und der Wirtschaft das Optimum an Erträgen herauszuholen, damit er am Ende des Tages mehr psychische und physische Energie und ökonomisches Kapital für seine eigenen kleinen, partikularen, emotionalen Projekte zur Verfügung hat. Ja, so wie die großen Wirtschaftskapitäne denkt auch der Einzelne immer betriebswirtschaftlicher. Maximaler materieller Output – bei minimalem Input an persönlichen Ressourcen, das ist seine Haltung gegenüber Staat und Gesellschaft. Im Privaten ist es dann gerade umgekehrt, maximaler emotionaler Input ohne große materielle Erwartungen. Der Zweck-Mittel-Relation soll das Private enthoben sein. Hier will man wirklich geliebt werden, hier will man sich fallen lassen, hier soll die kalkulierende, die abwägende Vernunft schweigen. Aber kann man so einfach umschalten, vom rationalen Modus auf den emotionalen, kann man ohne Probleme aus dem coolen Modus in den heißen Modus switchen? „Out of the cool – into the hot“: kann das wirklich so einfach funktionieren, als würde man die Klimaanlage von kalt auf heiß hochdrehen? Drohen nicht die Grenzen zwischen dem neoliberalen, rationalen, selbstkontrollierenden, coolen Existenzmodus und der emotionalen, spontanen, sinnlichen, wahrhaftigen „heißen“ Seinsweise zu verschwimmen? Fließen dann eventuell emotionale Elemente in die coole Sphäre ein und rationale in die heiße? Werden die Menschen, weil sie vorübergehend die Orientierung verlieren, im Beruf emotional und in der Beziehung kalkulierend denken und handeln?

In der Arbeitswelt, an den Universitäten und Schulen, um einen Ausschnitt der sogenannten Systemwelt herauszunehmen, stehen die Zeichen gegenwärtig eher auf reiner Coolness. Den meisten Arbeitnehmern und Studierenden gelingt es perfekt, ihre Emotionen zu Hause zu lassen, kaum jemand verliert seine Kontrolle, kaum jemand kehrt sein Innerstes nach außen. Kalkulierte Anpassung und pragmatische Kommunikation regieren. Bevor man seine Umgebung verändert, verändert man lieber sich selbst. Natürliches Adaptionsverhalten erhebt sich über kulturelles Aufbegehren und Rebellentum.

Ähnliches hört man aus der Welt der Beziehungen und des Privaten. Immer mehr kühlt diese ab. Bei der Partnerwahl zählen so stark wie nie zuvor Schichtzugehörigkeit, lebensstilistische Kompatibilität, die Stellung in der Berufshierarchie und das Einkommen. Die postmoderne Mittelschicht will ideal „gematcht" werden. Partner-Matching ist heute die führende Strategie bei der Partnerwahl, die vor allem von den Partnervermittlungsplattformen im Internet angeboten wird. Nichts wird dort dem Zufall überlassen. Mit Computerpräzision wird der ideale Partner aufgrund der größten statistisch erfassbaren Ähnlichkeiten und Übereinstimmungen ausgewählt. „Out of the hot – into the cool": zuerst planen, dann handeln. Auch in der Partnerwahl übernimmt das rechnende Denken die Herrschaft über die Wahl des Lebens(-abschnitts)partners, Algorithmen und binäre Systeme bestimmen anstelle von Instinkt, Ahnung, Stimmung, Intuition und Empfindung das Ergebnis. Die „coole" Generation „Null Fehler", die alles richtig machen will, weil Fehler Zeit-, Effizienzverlust und Ansehensverlust bedeuten, will auf Nummer sicher gehen und bedient sich dabei des objektiven Instruments der reinen Mathematik. Aber warum geht es dann trotz modernster Rechentechnik heutzutage häufiger schief als früher?

Weil sich auch die objektivste Statistik der Begriffe der Alltagssprache bedienen muss, will sie Alltagsphänomene berechnen. Und diese Begriffe sind vieldeutig. Und so verwirren die vieldeutigen Begriffe die eindeutigen Zahlen. So freut sich der Statistiker zum Beispiel oft zu früh, wenn er zwei kunstsinnige Humanisten, die in ihrer Freizeit gerne Bücher lesen, ins Theater gehen und sich für darstellende Kunst interessieren, miteinander „matcht". Denn bald kann sich herausstellen, dass der eine auf Performances von Marina Abramović steht, sein Lieblingsfilm „Die 120 Tage von Sodom" von Pier Paolo Pasolini und sein philosophisches Vorbild Georges Bataille ist. Während der andere jedes Jahr das Opernfestival in Verona besucht, die französischen Impressionisten liebt und romantische Gedichte von Goethe schätzt. In einer solchen Konstellation wird es bald krachen, dem Computer bleibt die Sprengkraft aber verborgen, weil die Kunstsinnigkeit eben ein weites, heterogenes Land ist, so breit ausdifferenziert, dass die beste Software damit überfordert wäre, alle möglichen Schattierungen, Färbungen und Nuancierungen des Geschmacks, die es gibt, zu erfassen und zu operationalisieren. Und so stößt die Überheblichkeit der naturwissenschaftlichen Vernunft täglich immer wieder an ihre Grenzen, wenn sie sich auf Terrains vorwagt, wo ihre Gesetze nicht herrschen, sondern wo der nicht kontrollierbare Zufall und die nicht prognostizierbare Spontanität bestimmen was passiert. Und das ist ein kleiner Grund zur Freude für Menschen wie uns, denen die Arroganz und Herablassung der großen Statistiker und Prognostiker, der infantilen Rechenkönige unserer Tage, so dermaßen auf die Nerven geht, dass sie bei jedem Versagen ihrer Prognosen eine wohltuende Befriedigung erfasst. Und das sind dann wohl die kleinen Glücksmomente, die unserem Leben Sinn geben, wenn wir dabei sein dürfen, wenn die Technokraten daran scheitern, unser Leben noch berechenbarer zu machen als es ohnehin schon ist.

EIN SCHLÜSSEL
ZUM GUTEN LEBEN
IST DIE LUSTVOLLE
SUBVERSION

Und hier liegen auch die Möglichkeiten einer aktiven, gestaltenden Rolle für den Bürger. Diese besteht darin, den Technokraten aktiv in die Suppe zu spucken, indem wir ihre Projekte subtil sabotieren. Wie das geht? Der Möglichkeiten gibt es viele. Zum Beispiel, indem wir die Umfrageforschung sabotieren, wo und wie immer wir können. In der Fernseh- und Radioforschung kann hier großer Schaden angerichtet werden. Es würde schon genügen, wenn sich alle Probanden des Teletests wochenlang ausschließlich Volksmusiksendungen ansehen würden. Die umfragegläubigen Programmplaner würden dann das Programm nach den falschen Ergebnissen ausrichten, die Zuschauerquote würde sinken, die Folge davon wären wiederum wegbrechende Werbeeinnahmen und damit ein empfindlicher wirtschaftlicher Schaden für den Sender. Könnte man solche Aktionen zur dauerhaften Einrichtung in der Fernsehforschung machen, dann wäre das eine gute Chance, die eine oder die andere Blödmaschine in den Ruin zu treiben. Genauso wäre mit den Kommerzradios zu verfahren. So könnte eine boshafte Umfrage-Community sich von den marktführenden Breitbandradiosendern eine Heavy-Rotation ausschließlich mit Titeln von Andreas Gabalier, Helene Fischer, Andrea Berg, Andy Borg und ähnlichen Kulturkatastrophen wünschen. Auch hier wäre dann wohl ein ruinöser Quoteneinbruch die Folge, der wiederum zum Zugrundegehen des Senders führen würde, eine Form der schöpferischen Zerstörung, die ein wichtiger Beitrag zur Rettung unserer Kultur wäre.

Wir müssen also die Blödheit der Big-Data-Gläubigkeit ausnützen, um das System in den Kollaps zu führen, um auf den Trümmern der alten Kommerzkultur wieder eine neue Qualitätskultur aufzubauen. Ähnlich sollte mit den Politikbefragungen umgegangen werden. Zur systematischen Desorientierung der Politik durch die Manipulation der Umfragen könnten Internetplattformen beitragen, in denen sich die Befragungsteilnehmer permanent darüber abstimmen, in welche falsche Richtung sie diese Woche die Befragungsinstitute schicken. Das dürfte nicht so schwer sein, denn die Stichproben werden ohnehin von Jahr zu Jahr schlechter, vor allem seit die Onlineforschung mit Billigangeboten die Marktqualität ruiniert hat. Heute wissen wir, dass die Zahl der in Befragungen Eingebundenen aus einer immer kleineren Personengruppe rekrutiert wird. In immer kleiner werdenden Panels wird immer häufiger nachgefragt. Die relativ kleine Gruppe an Befragungsprofis, die sich nun in den Online-Panels befindet, ist ein nicht zu unterschätzender Machtfaktor, unter der Voraussetzung, dass sie sich ihrer Macht bewusst wird. Wird eine dieser Stichproben von einer Gruppe an sich – zu einer Gruppe an und für sich, wird sie sich ihrer Macht also bewusst, kann sie großen und sinnvollen Schaden anrichten. Die Leute müssten sich nur koordinieren und schon kann es losgehen mit der schöpferischen Irritation von Staat, Parteien und Wirtschaft. In einer Woche bekommt die ÖVP die absolute Mehrheit, in der nächsten die SPÖ, die Woche darauf die Grünen, dann plötzlich die KPÖ, eine Woche lang ist die Bildungspolitik das wichtigste Anliegen, in der nächsten der Naturschutz und in der übernächsten die Traditionspflege.

Doch damit nicht genug. Auch die Wirtschaft kann in eine demokratiepolitisch sinnvolle Verwirrung gestürzt werden. So könnte eine subversive Stichprobe sich monatelang für einen veganen Hamburger aussprechen, um diesen dann nach seiner Markt-einführung systematisch nicht zu kaufen. Eine schöne Idee wäre es auch, Start-ups in die Irre zu führen und so in den Ruin zu treiben. Man muss lediglich ihre kranken Ideen zuerst hypen, um sie dann zu boykottieren. Ein Beispiel: Da gibt es ein Start-up-Unternehmen, das stellt Männern auf Wunsch nach einer Style-Beratung online oder per Telefon, eine Klamottenbox zusammen. Eine Online-Style-Beraterin – Frauen wissen ja immer, was das Beste für den Mann ist – sucht das passende Zeug aus, packt es in eine Schachtel und per Post geht es zum Kunden. In der Schachtel findet man dann die passenden Schuhe in Kombination mit Hose, Hemd, Socken, Pullover und sonst noch allem, was der modebewusste Mann von heute so braucht. Wird das zu einem Massenphänomen, werden am Ende alle Männer so durch die Gegend laufen, wie sich das die typischen neoliberalen Performer-Tussen, von denen einige wohl hinter diesem Projekt stecken, so vorstellen, d.h. wir würden uns tagtäglich eine noch größere Masse von durchschnittlich gekleideten Erfolgstypen anschauen müssen, eine Armada von Mode-Normopathen, wie man sie auf After-Work-Clubbings, Managementseminaren, Business-Konferenzen und Fitnesscenter-Parkplätzen vorfindet, die durch ihren Kleidungsstil Kompetenz, Professionalität und Seriosität auszustrahlen versuchen. Hier muss der Widerstand der schöpferischen Zerstörer sofort mit der richtigen Strategie zuschlagen, wie übrigens auch bei diesem großen Schuhversand mit der nervtötenden Werbung. Worin besteht diese? Ganz einfach darin, dass man dem Online-Versand die Sachen zurückschickt, so lange bis er daran eingeht. Wir formieren subversive Plattformen im Internet, auf der sich Leute verabreden, die eine Bestellung aufgeben, nur um diese zurückzuschicken und die sich gleichzeitig aller Reklamationsmöglichkeiten bedienen. Durch den Rückfluss an Ware und die permanente Beschwerdekommunikation werden alle Interaktions- und Kommunikationskanäle des Internethandels so lange verstopft, bis dieser daran erstickt. Was haben wir davon? Wir schaffen wieder Raum für den kleinen Nahversorger, den Familienbetrieb an der Ecke, der Schuhe verkauft und repariert, für den kleinen Buchhändler, die kleine Boutique, kurz für die Klein- und mittelbetriebliche Struktur, die jahrzehntelang das Rückgrat unserer Ökonomie war und jetzt durch eine eifernde egozentrische Start-up-Kultur ausgelöscht werden soll. Und wir eröffnen auch Räume für eine Politik, die sich wieder an ihren eigenen Prinzipien und Überzeugungen orientiert, indem wir die Befragungs- und Beraterfirmen, die sich wie Fliegen rund um die sich bereits in Verwesung befindlichen Körper der politischen Parteien tummeln, in den Ruin treiben. Wir müssen bloß durch Subversion dafür sorgen, dass die Umfragen allesamt falsch sind. Die Folge ist, dass dadurch auch die Ratschläge der PR-Branche, die alle auf falschen Zahlen beruhen, ebenso falsch und schlecht werden. So kann das Vertrauen der Politik in die PR- und Beratungsbranche nachhaltig erschüttert und der wichtige gesellschaftshygienische Beitrag zum Untergang dieser Branche geleistet werden.

Der Weg in ein gutes Leben liegt in den Händen einer subversiven Masse, die sich selbst organisiert und sich dadurch in die Lage versetzt, das Instrument der schöpferischen Zerstörung anzuwenden, dem in einem ersten großen marktbereinigenden Gewitter die PR-Sophisten, die rechnenden Denker der Big-Data-Kultur und der umweltschädliche, öffentliche Ressourcen verschlingende Online-Handel zum Opfer fallen könnten. Das wäre der Beginn einer besseren, humaneren, gerechteren und vor allem einer gesünderen und entspannteren Welt.

MIT DEM LIBERALISMUS DER FURCHT GEGEN DIE TOTALE STAATS-HERRSCHAFT

Die kleinen Menschen, die weitgehend macht- und wehrlosen Einzelnen, leben immer in der Gefahr, zu Opfern der Eliten zu werden, die den Staat und die Wirtschaft beherrschen. Judith N. Shklar, eine in Riga geborene jüdische Politologin, hat ihre ganze politische Theorie und Philosophie in den Dienst der Aufklärung über das Schicksal der Ohnmächtigen und Einflusslosen gestellt und Vorschläge zur Verbesserung ihrer Situation unterbreitet.

Judith N. Shklar war eine Skeptikerin in der Tradition des französischen Philosophen Michel de Montaigne. Für Montaigne ist der Mensch ein gebrechliches Geschöpf, unvollkommen und unmoralisch und dazu noch aus mangelnder Selbsterkenntnis und Selbsteinsicht hochmütig und überheblich. Montaigne ist der Auffassung, dass dem Menschen immer auch etwas Unmenschliches innewohnt und dass insbesondere die Eliten aufgrund ihrer Macht und Unangreifbarkeit ständig in Gefahr sind, dieser Unmenschlichkeit zu verfallen und ihren Untertanen gegenüber grausam und ungerecht zu sein.

Auch Judith Shklar kommt aufgrund ihrer historischen Analysen zu einer elitenskeptischen Position. Sie weist nach, dass die Eliten über alle Epochen hinweg die Grundtendenz aufweisen, den Staat für eigene Interessen zu missbrauchen und die Machtlosen grausam und herablassend zu behandeln.

Ignoranz und Grausamkeit gegenüber den unteren Sozialschichten begegnet uns auch heute auf Schritt und Tritt in den westlichen Demokratien. Oft lauert sie hinter der Fassade der würdevollen und ehrenhaften republikanischen Inszenierungen des Staates. An hohen Staatsfeiertagen werden pathetische Reden über Freiheit, Gleichheit und Gerechtigkeit geschwungen und abseits der Öffentlichkeit bezeichnen die Festtagsredner die Armen überheblich als die „Zahnlosen“ und machen sich über sie lustig, wie zuletzt vom französischen Staatspräsidenten François Hollande zu hören war.

Offenbar sind es häufig Sozialdemokraten, deren öffentlich vertretene Meinungen sich von ihren inneren Überzeugungen tiefgreifend unterscheiden. Sozialdemokraten sind wohl deshalb gespaltene Existenzen, weil sie soziale Aufsteiger sind und diese haben immer wieder das Problem, dass sie sich von den Vorurteilen der unteren sozialen Schicht, aus der sie kommen, nicht lösen können, d.h. ihr altes Unterschichtsbewusstsein in ihre neue Oberschichtumgebung mitnehmen. Dort müssen sie ihr altes Bewusstsein aber verborgen halten, denn sonst droht Anerkennungsverlust. Doch das Unterste drängt immer wieder nach oben, krampfhaft wird es immer wieder nach unten gedrückt.

Tagtäglich muss der Deckel auf dem Topf gehalten werden, dessen kochender Inhalt heraus will. Und manchmal gelingt der Kraftakt nicht mehr und die ganze alte Soße quillt, zum Entsetzen der sozialen Umwelt, in die sie aufgestiegen sind, heraus. So leben diese Menschen immer in der Spannung zwischen den Überzeugungen und Vorurteilen ihres Herkunftsmilieus und den Werten und Erwartungshaltungen ihrer neuen Mittel- und Oberschichtumgebung, in der man demonstrativ liberal und ostentativ tolerant zu sein pflegt. Ständig begleitet sie die Angst, die Selbstkontrolle zu verlieren und dadurch die Wahrheit ihres Inneren zutage treten zu lassen, oder dass ihnen in einem Augenblick der Unaufmerksamkeit eine alte Überzeugung entgleitet.

Beispielhaft dafür sind die Fauxpas gegenüber emanzipierten Frauen und Homosexuellen, zu denen vor allem in den sozialen Unterschichten noch immer vulgäre und menschenverachtende Positionen verbreitet sind. Viele, vor allem männliche Funktionäre der Sozialdemokratie, können ihre wirkliche Meinung dazu nicht nur nicht in der Öffentlichkeit, sondern auch in der eigenen Partei nicht äußern, weil auch dort bereits die Deutungsmacht über kulturelle und soziale Phänomene in den Händen von Vertretern der Mittelschicht liegt.

Angehörige des Mittelschichtmilieus finden primär über den Weg der sogenannten „Künstlerkritik“ (Luc Boltanski) zur Sozialdemokratie. Diese Künstlerkritik entzündet sich primär an kulturellen Phänomenen, während die sozialen Unterschichten durch ungleiche ökonomische Verhältnisse und damit verbundene „Sozialkritik“ zum politischen Engagement in sozialdemokratischen Parteien motiviert werden. Während für die „Künstler“ die Autonomie des Subjekts im Vordergrund steht, geht es für die „Sozialen“ um den Ausgleich der ungerechten ökonomischen Differenzen. Beide Strömungen haben jeweils für die Kernanliegen der anderen Gruppe wenig Empathie: die Sozialen für die Freiheit des Individuums, die Künstler für die Gleichheitsansprüche des Kollektivismus. Gewerkschafter tendieren dazu, die Autonomiebedürfnisse des Individuums gering zu schätzen, während die linksliberalen urbanen Funktionäre überzogene Gleichheitsansprüche zurückweisen. Vor allem sogenannte Randgruppenpolitik ist die Sache der „Sozialen“ nicht. Sie sind nach wie vor beherrscht von den Ressentiments gegenüber emanzipierten Frauen und Homosexuellen, die für ihr Herkunftsmilieu typisch sind.

Eine Erfahrung für das Fortbestehen dieser Ressentiments und wie stark sie in der Sozialdemokratie noch immer bestehen, habe ich selbst mit einem hohen Gewerkschaftsfunktionär gemacht. Das für mich unglaublichste Erlebnis, unglaublich wegen der vorgeführten perfekten Spaltung der öffentlichen und privaten Meinung. Dieser Mann galt lange Zeit als junges liberales Aushängeschild der Gewerkschaft. Er packte auch die heißen Themen aus dem Bereich der „Künstlerkritik“ an, die damals in der Gewerkschaft weitgehend tabuisiert wurden: also Themen der Friedens-, Frauen, und Kulturpolitik. Einmal sprachen wir an einem Abend in einer feuchtfröhlichen Runde über Homosexualität. Der Alkohol hatte die zivilisatorische Selbstkontrolle des Mannes offensichtlich weitgehend außer Kraft gesetzt, der Deckel des brodelnden Vergangenheitstopfes ging hoch und er setzte plötzlich, unter dem zustimmenden Gejohle eines seiner Kumpanen, zu einer Suada gegen Homosexuelle an, bezeichnete sie als Menschen mit einem unnatürlichen Sexualverhalten, das er grundsätzlich als widerlich empfinde und das wider die menschliche Natur sei.

Einige Monate später rief mich derselbe Funktionär an und fragte mich, ob ich ihm helfen könne, Karten für den Life Ball – das größte gesellschaftliche Ereignis der homosexuellen Gemeinde in Österreich – zu besorgen. Weder wollte ich mit dem Life-Ball in Berührung kommen, denn ehrlich gesagt war mir die ästhetische Inszenierung dieses Balls schon immer zu konventionell und aufgeblasen und hatte für mich mehr die Aura der Salzburger Festspiele, als die eines Events der Alternativkultur. Noch hatte ich Lust, für einen Scheinheiligen, der Schwule widerlich findet, die Türen zu diesem Event zu öffnen, den er selbst nur dazu nutzen wollte, alte Kontakte zu pflegen und neue zu knüpfen, um besser die EDV-Dienstleistungen seines Arbeitgebers verkaufen zu können.

Wir müssen also damit rechnen, dass die Eliten lügen, genau das Gegenteil von dem behaupten, was sie wirklich denken und zudem ihre Funktionen zum eigenen Vorteil missbrauchen und die Anliegen derer, die sie in ihre Funktion gebracht haben, oft unterprivilegierte Wähler, ignorieren, auch wenn sie aus demselben Milieu wie diese kommen.

Am Ende sind aber die gut ausgebildeten Ungebildeten unter den sozialen Aufsteigern, von denen hier die Rede ist, vor allem ein Problem unseres Bildungssystems. Sie wurden erfolgreich an der humanistischen Bildung vorbeigeschleust und sind damit Produkte einer halbierten, technischen Vernunft, die nur dem Prinzip der Zweckmäßigkeit, nicht aber den humanitären und moralischen Werten folgt. Der Mangel an humanistischer Bildung führt am Ende dazu, dass die Aufsteiger nicht in der Lage sind, ihre Vorurteile kritisch zu hinterfragen und damit ein Leben lang das erfolglos verdrängen müssen, was gebildete Menschen durch kritische Selbstreflexion verarbeiten und überwinden können. Ausnahmen bestätigen die Regel, aber die Wahrscheinlichkeit, dass jemand seine Vorurteile besser kontrollieren kann ist größer, wenn er Goethe, Kant und Adorno gelesen hat.

Unter den humanitär gesonnenen Menschen, die mir in meinem Leben begegnet sind, war die Zahl der Geisteswissenschaftler deutlich größer, Betriebswirte und vor allem Juristen habe ich häufig als gefühllose Verstandesmenschen mit wenig ausgeprägter Fähigkeit zur Empathie erlebt. Ich habe daher Grund zu der Annahme, dass mit dem Zurückdrängen der Geisteswissenschaften auch ein gesamtgesellschaftlich spürbarer Rückgang der Mitmenschlichkeit und der sozialen Empathie einhergehen wird.

Ich selbst bin ein sozialer Aufsteiger. In meiner Familie bin ich lange Zeit der einzige mit einem akademischen Abschluss gewesen, in der Zwischenzeit gibt es einen zweiten. Weil sich, und das ist bis zum heutigen Tag so, gleiche Statuslagen zusammentun, habe ich mein Studium in erster Linie mit Kollegen verbracht, die aus unteren sozialen Schichten kamen. Meine ehemaligen geisteswissenschaftlichen Mitstudenten sind überwiegend „bessere Menschen“ geworden und die meisten von ihnen sind bis zum heutigen Tag sozial engagiert. Die Freunde aus den anderen Fächern haben es in der Regel weitergebracht als wir Geisteswissenschaftler, sie haben aber eine völlig andere Mentalität ausgeprägt. Das will nicht heißen, dass sie zu Unmenschen geworden sind, aber sie sind deutlich karriere- und statusbewusster und stärker konkurrenz-, leistungs- und durchsetzungsorientiert. Während unter den Geisteswissenschaftlern postmaterialistische Werthaltungen ausgeprägt sind, das heißt, für sie sind Ideale wichtiger als Geld, sind die anderen beinharte Materialisten, die geschickte Manager ihres sozialen Aufstiegs geworden sind. Ihr Handeln ist nicht wertegeleitet, sondern erfolgsorientiert. Für soziales Engagement finden sie keine Zeit. Ihre ganze Existenz scheint dem Ziel unterworfen zu sein, die nächste Statusstufe zu erreichen, ganz ähnlich den Lachsen, die sich eine Fischtreppe im Fluss hochkämpfen. Keiner von ihnen scheint im Hier und Jetzt zu leben. Ihr Blick ist immer nach vorne, auf die zukünftigen Möglichkeiten gerichtet. Irgendwie wirken sie immer unzufrieden und gehetzt. Man trifft sich mit ihnen ungern, weil sie immer eine gewisse Unruhe verbreiten und kaum dass sie da sind, schon wieder wegmüssen. Sie sind einfach unentspannte Zeitgenossen, die dem Geisteswissenschaftler schnell die Laune verderben.

Ich komme wieder zu Judith Shklar zurück. Sie hatte wenig Vertrauen in das natürliche Gute im Menschen, vielmehr ist für sie der Mensch ein durch die Umstände, unter denen er lebt, leicht verführbares Wesen. Wenn sich ihm Chancen bieten, dann tendiert er dazu, diese zu nutzen, auch wenn die Mittel, die er zu deren Realisierung anwendet, unangemessen, für dritte mit negativen Folgen verbunden sind.

Auch Politiker greifen oft, durch die Möglichkeiten ihrer Macht verführt, zu unangemessenen Mitteln. In der Regel bessert Macht die Menschen nicht, im Gegenteil, sie verleitet sie zum gesetzlosen Verhalten, zum Übergriff, sie verbildet sie zu Menschen mit geringer sozialer Empathie, macht sie überheblich und für das Unrecht der Armut unempfindlich.

Aus diesem Grund propagiert Judith Shklar einen „Liberalismus der Furcht", einen Liberalismus, der danach trachtet, die Politik mit möglichst wenig Macht auszustatten, denn wer wenig Macht hat, der kann sie nicht missbrauchen. Im Gegenpart zu einer kontrollierenden und weitgehend in ihren Möglichkeiten eingeengten Politik, soll dem machtlosen Bürger so viel Freiheit wie möglich gegeben werden. Die Freiheit, die der Liberalismus von Judith Shklar also meint, ist die Freiheit von Machtmissbrauch und der Schutz der Wehrlosen vor Einschüchterung. (Shklar 2013:41)

Wie wichtig gerade ein solcher Liberalismus der Furcht heute ist, das zeigen abstruse demokratiegefährdende Ideen und Auffassungen von Spitzenpolitikern und Spitzenmanagern, die diese ohne Zurückhaltung und ohne zu zögern in den Medien verkünden. So outet sich der ehemalige Bundeskanzler der Bundesrepublik Deutschland Helmut Schröder als „Putin-Versteher". Er demonstriert öffentlich Verständnis für einen Mann, der in Russland die Pressefreiheit einschränkt, Protestaktionen der Opposition mit Polizeigewalt niederwälzt und mit seiner Anti-Homosexuellen-Gesetzgebung der Homophobie im Lande noch den Rücken stärkt. Der Grund seines Verständnisses für Putin dürfte aber weniger ein ideeller als ein materieller sein. Er sitzt auf einem gut dotierten Aufsichtsratsmandat des unter der Kontrolle des russischen Staates stehenden Energieunternehmens Gasprom.

Der frühere österreichische Bundeskanzler Gusenbauer, ein guter Freund des österreichischen Industriellen Haselsteiner, dessen Unternehmen auch eng mit der russischen Oligarchie verbunden ist, spricht sich für ein Ende der Sanktionen gegen Russland im Zusammenhang mit dem völkerrechtswidrigen Vorgehen gegen die Ukraine aus. Auch hier dürfte das Prinzip pecunia non olet der wirkungsvolle Treiber für das Russlandverständnis des Ex-Kanzlers und sein lukratives Aufsichtsratsmandat bei der Strabag, der Firma Haselsteiners, sein.

Überhaupt scheint sich in Haselsteiners Umfeld die Zuneigung zu Putins Russland epidemisch auszubreiten. So gab Angelika Mlinar, die Spitzenkandidatin der Neos, einer von Haselsteiner großzügig finanziell unterstützten neoliberalen Partei in Österreich, im Januar 2014 bekannt, dass sie sich Russland als Mitglied der Europäischen Union verstellen könnte. Der Parteivorsitzende Strolz ruderte ein paar Monate später hektisch zurück. Russland wäre zu groß, um in die EU aufgenommen werden zu können. Wenn man aus Opportunitätsgründen seine wahre Überzeugung verschleiern muss, dann ist selbst das blödeste Argument gut genug.

Die unglaublichsten Meldungen kommen, wenn es um Russland geht, aus dem Umfeld von Frank Stronach, dem Mann, der als Franz Stohsack in den 1950er-Jahren nach Kanada auswanderte, um dort Milliardär zu werden, es tatsächlich wurde, aber leider nicht dort geblieben ist, sondern in den 1990ern wieder zurückkehrte, um in seiner Heimat wie Claire Zachanassian zu demonstrieren, dass die menschliche Käuflichkeit keine Grenzen kennt, was dem Mann äußerst erfolgreich gelang. Am Ende kaufte er ein paar Unternehmen, errichtete eine Rennbahn, die keiner braucht, stürzte den österreichischen Fußball ins größte Chaos seit 1945 und gründete eine Partei, das Team Stronach, die sich wohl anlässlich der nächsten bundesweiten Wahlen in Österreich verdienterweise in Nichts auflösen wird.

Nachdem Stronach im Nationalratswahlkampf 2013 mit seinen Aussagen wochenlang ganz Österreich in einem schwankenden Zustand zwischen blankem Entsetzen und brüllenden Amüsement gehalten hatte, um sich danach enttäuscht wieder nach Kanada zu verziehen, weil sich der politische Erfolg trotz horrendem Mitteleinsatz in engen Grenzen hielt, ist nun sein früherer Adlatus Siegfried Wolf angetreten, um die stronachsche Tragikomödie fortzusetzen. Noble Zurückhaltung und die Tugend des zivilisierten Menschen, nicht alles zu sagen, was man sich denkt, kennt Wolf nicht. Ganz im Stil der Fußballtrainer Otto Barić und

Werner Gregoritsch, der eine kennt Homosexuelle in zehn Minuten und möchte sie nicht in seinem Team haben, der andere ist froh, ein Macho und keine Schwuchtel zu sein, macht er aus seinem Herzen keine Mördergruppe und verteidigt lautstark die putinsche Repressionsgesetzgebung gegen die Schwulen.

Das in Russland von Putin eingeführte menschenrechtsfeindliche Unterdrückungsgesetz findet er gut und verteidigt es mit denselben hirnverbrannten Argumenten wie Putin selbst. Es soll verhindern, dass „andersartig veranlagte Menschen in der Öffentlichkeit ihren Neigungen vor Minderjährigen nachgehen". So als hätten es die Schwulen davor massenhaft auf dem Roten Platz und im Kaufhaus Gum in aller Öffentlichkeit getrieben. Zudem suggeriert die Gesetzesbegründung, dass Homosexuelle allesamt potenzielle Jugendverführer seien. Man brauche restriktive Gesetze, um sie davon abzuhalten, ihre verderblichen Neigungen an Jugendliche weiterzugeben. Homosexuelle dürfen sich nach Putins Law, die Wolf so super findet, in Russland überhaupt nicht in der Öffentlichkeit zu ihrer sexuellen Orientierung bekennen. Insgesamt ein gutes Beispiel dafür, wie man eine ganze Menschengruppe zu Volksschädlingen stempelt und es ihnen gleichzeitig verunmöglicht, in der Öffentlichkeit auf ihre Diskriminierung hinzuweisen. Selbst wenn ein Homosexueller, wie es in Russland immer wieder vorkommt, von einem rechtsnationalistischen Mob niedergeprügelt wird, dann darf er sich darüber öffentlich nicht als Homosexueller beschweren, weil seiner Beschwerde ja zufällig ein Minderjähriger beiwohnen könnte. Im Übrigen wissen heute alle durchschnittlich gebildeten Menschen, dass Homosexualität nicht anerzogen wird, sondern dass sie wahrscheinlich im Menschen genetisch angelegt ist. Demnach kann man mit großer Sicherheit wohl niemanden dazu verführen. Aber in wessen Hirn der persönliche Nutzen und das Vorurteil regieren, hat für die Wahrheit nichts übrig.

Aber Siegfried Wolf geht noch weiter. Er drückt auch seine Bewunderung für die „Demokratur" aus, die Putin in Russland seiner Meinung nach ausübt. So etwas Ähnliches wie das straff geführte putinsche Regime würde er sich auch für Europa wünschen.

Das Wort „Demokratur" ist linguistisch betrachtet ein Amalgam aus den Worten Demokratie und Diktatur. Es geht auf Rudolf Augstein zurück, der es benutzte, um den autoritären Regierungsstil von Konrad Adenauer und Franz Josef Strauß ironisch zu kritisieren. Das Wort ist seinem Ursprung nach kritisch und negativ. Siegfried Wolf oblag es, einen Begriff der ironischen Kritik an Spitzenpolitikern ins Positive zu wenden und zum Ideal zu erheben. Und er verleiht damit seinem Wunsch Ausdruck, die brustschwache, dekadente europäische Demokratie durch ein solches Amalgam aus Diktatur und Demokratie zu ersetzen. Mehr Führung und weniger Mitsprache, ganz nach russischem Vorbild, das ist die implizite Vision, die durch das mutige Managerwort nach außen schimmert.

Vor allem unter den Erfolgreichen, den postmodernen Übermenschen, scheint die Demokratie immer mehr in Verruf zu kommen. Sie fühlen sich offensichtlich durch das Mitspracherecht des Pöbels, den schon der Elitenphilosoph Nietzsche als die „Vielzuvielen" bezeichnete, daran gehindert, ihre großen Ziele, die den Horizont der kleinen Menschen weit übersteigen, erreichen zu können. Wo könnte die Menschheit heute schon sein, würden ihre großen Führer nicht immer durch die zögerliche und kleingeistige Masse zurückgehalten werden?

Auch der große österreichische Weltraumspringer Felix Baumgartner, der Heros des spannungsgeilen, gelangweilten Massemenschen der Postmoderne, stößt in dasselbe Horn wie Siegfried Wolf. Er nennt den Gesellschaftszustand, den er anstrebt nicht „Demokratur" wie Wolf, er kleidet dieselbe Intention in andere Worte, indem er sagt: „Du kannst in einer Demokratie nichts bewegen. Wir würden eine gemäßigte Diktatur brauchen, wo es ein paar Leute aus der Privatwirtschaft gibt, die sich wirklich auskennen." Des einen Demokratur ist des anderen gemäßigte Diktatur.

Schröder, Gusenbauer, Wolf – im Sinne eines wirkungsvollen Liberalismus der Furcht muss man diese Männer für alle Zukunft zumindest von sämtlichen politischen Entscheidungsfunktionen fernhalten. Auf Bewunderer der russischen Demokratur und anderer Formen der asiatischen Despotie und deren Nachsichtigkeit für die dort vor sich gehenden Verletzungen der Freiheits- und Menschrechte, muss die europäische Politik verzichten, will sie nicht aus der Tradition der Aufklärung austreten und zum Schleppenträger eines oligarchischen Neozarismus verkommen.

Aber das Liberalismuskonzept von Judith Skhlar zielt weiter als lediglich auf den Ausschluss von moralisch unempfindlichen Menschen aus Machtpositionen oder der engen Einhegung der Politik durch machtregulierende Gesetze. Sie fordert auch das höchste Maß an Freiheit für den Einzelnen, das unter der Berücksichtigung der Freiheitsrechte seiner Mitmenschen möglich ist. „Jeder erwachsene Mensch sollte in der Lage sein, ohne Furcht und Vorurteil so viele Entscheidungen über so viele Aspekte seines Lebens zu fällen, wie es mit der gleichen Freiheit eines jeden anderen erwachsenen Menschen vereinbar ist." (Shklar 2013:27)

Auch damit würde sie in unserer Gegenwart auf mächtige Gegner stoßen, so zum Beispiel auf solche aus dem Lager der Grünen Partei in Österreich. Dort will man mit allen Mitteln Frauen, die ein Kind zur Welt bringen, so schnell wie möglich wieder in den Arbeitsmarkt hineindrücken und das Kind so bald wie möglich in eine öffentliche Kindereinrichtung schaffen. „Die Grünen wünschen sich von der Reform des Kinderbetreuungsgeldes die Abschaffung des längsten Modells (30+6 Monate). Die

Bezugsdauer solle an den Kündigungsschutz während der Karenz angeglichen und damit auf zwei Jahre begrenzt werden, sagte Familiensprecherin Daniela Musiol. Gleichzeitig brauche es einen Rechtsanspruch auf einen Betreuungsplatz, zunächst ab dem zweiten Geburtstag des Kindes." (Standard, 1. Oktober 2014) Eine solche Argumentation, so könnte man meinen, steht ganz im Interesse einer neoliberalen Effizienzpolitik, die Menschen in erster Linie als Träger menschlicher Arbeit sieht, die es so rasch als möglich wieder dorthin zu bringen gilt, wo sie hingehören: in die Produktion. Auch bei den Grünen sollte man endlich einmal erkennen, „dass Menschsein mehr bedeutet, als beschäftigungsfähig zu sein". (Liesmann 2014:180)

Aber bei den Grünen dürfte ein anderer Beweggrund eine Rolle spielen, nämlich ein degenerierter, reduzierter Feminismus, der die Emanzipation der Frau nur als Folge ihrer Berufstätigkeit sehen kann. Für die Grünen gibt es nur einen Weg in die weibliche Autonomie, nämlich den, der durch den neoliberalen Arbeitsmarkt führt. Nur auf diesem Weg kann die Frau der Herrschaft des Mannes entkommen. Dass sie aber dort sogleich wieder dem herrschenden männlichen Geschlecht, das durch Haselsteiners, Wolfs, Stronachs und wie sie alle heißen repräsentiert wird, in die Arme laufen, das scheint der neoliberale Systemfeminismus nicht zu bedenken. Und zudem muss diesem „arbeitszentrierten Befreiungskonzept" auch entgegenhalten werden, dass wohl der am freiesten ist, der sich dem neoliberalen Zwangsarbeitsmarkt soweit es geht entziehen kann. Abhängige Beschäftigung und Freiheit gehen heute weniger denn je zusammen. Arbeit ist heute postmoderne Knechtschaft mit dem Freifahrtschein hinein ins Burn-out, ist die grenzenlose Verwertung des ganzen Menschen, Mobilisierung und Aneignung aller seiner Energie, bis hinein in den Bereich seiner persönlichsten Emotionen. Wen kann es da wundern, wenn sich unter solchen unmenschlichen Arbeitsmarktbedingungen das sogenannte „Schneewittchenfieber" (Angelika Hager) ausbreitet. Junge Frauen schließen sich heute lieber wieder einem alleinverdienenden Prinzen an, der sie erhält, als sich vom grausamen Arbeitsmarkt aussaugen, schröpfen und rupfen zu lassen. Offenbar geht es vielen Frauen unserer Tage als Hausfrau an der Seite eines braven Mannes besser als in der „Demokratur" des postmodernen Wirtschaftsbetriebes.

Die Arbeitsbedingungen im Lebensmitteleinzelhandel kann beobachten, wer Konserven, Fertiggemüse, Leberkässemmel, Dosenbier usw. einkaufen möchte. Die meisten Angestellten sind weiblich. Nur in den Führungspositionen, unter den Marktleitern und Filialinspektoren, dominiert der Mann: typisch.

Die Arbeit der Frauen spielt sich häufig in permanenter Nähe zu riesigen Kühlvitrinen ab, die eine eisige Kälte an die Umgebung abgeben. Für den Kunden ist es schon unangenehm, nur zehn Minuten vor einer Fleischvitrine zu stehen, vor der die Feinkostverkäuferin den ganzen Tag postiert ist. Aus diesem Grund empfiehlt es sich schon aus Solidarität mit diesen geknechteten Kreaturen, keine Frischwaren zu kaufen, die der Kühlung bedürfen. Zudem entgeht, wer Konserven kauft, der Gefahr, sich an den eisigen Kühlvitrinen eine Erkältung zuzuziehen und lebt damit deutlich gesünder. Und auch die Energiebilanz des Essens aus der Vollkonserve ist besser. Einmal eingedost, hält sich das Lebensmittel ein Jahrzehnt und länger, ohne dass man es kühlen muss. Würden in allen Supermärkten sämtliche Frischprodukte aus dem Sortiment verschwinden und könnte man alle Kühlvitrinen abschalten, wäre die Energieeinsparung riesig. Und auch Transportkosten könnten eingespart werden, denn die Vollkonserve muss nicht so häufig ausgetauscht werden, weil sie de facto nicht verdirbt. Die tägliche Anlieferung von Frischwaren könnte so unterbleiben und damit der Umwelt und unserer Infrastruktur ein wichtiger Dienst erwiesen werden, denn die riesigen LKWs, die voll beladen mit den Frischwaren Tag und Nacht durch das Land donnern, zerstören unsere Straßen und wir alle müssen deren Reparatur mit unseren Steuergeldern bezahlen. Das haben wir nur den Anhängern von Frischfleisch, frischem Obst und Gemüse zu verdanken und natürlich den Tausenden Hobbyköchen, die auf frisch Gekochtes schwören. Könnten wir sie zum Umdenken bewegen, wäre das nicht nur ein Dienst an unserer Umwelt, sondern auch eine Entlastung der Budgets unserer Länder. Auch die Verantwortung der Medien darf in diesem Zusammenhang nicht übersehen werden. Durch die übertrieben hohe Anzahl von Koch-Shows kann man den Fernseher nicht mehr anschalten, ohne in eine Sendung hineinzustolpern, in der irgendwelche Laienköche unter der Anleitung von egomanischen und eifernden Starköchen Suppen, Fleischgerichte und Desserts zubereiten. Die Sendungen heizen die Frischkochmanie noch weiter an und treiben so die ökologischen Kosten für das Gemeinwesen in die Höhe. Eine verantwortungsvolle Programmplanung würde diese Sendungen absetzen, weil sie ein schlechtes Vorbild propagieren: den ökologisch gleichgültig kochenden Selbstverwirklicher. Hallo Leute, möchte man den Kochfanatikern zurufen, habt Ihr nichts anderes zu tun, als Euch tagaus tagein mit dem zu beschäftigen was Ihr esst? Habt Ihr nichts Besseres zu tun, als in langweiligen Kochbüchern zu lesen und in ungemütlich-zweckmäßigen Küchen mit Nahrungsmitteln herumzupantschen?

Aber zurück zu den Frauen, die ihre weibliche Autonomie durch die Teilnehme an der Erwerbsarbeit erreichen. Am Morgen, wenn Warenlieferungen kommen, schleppen die zarten Frauen tonnenschwere Warencontainer in den Laden. Im Laden ziehen sie wenige Stunden später riesige Handtieflader durch die engen

Gänge zwischen den Regalen, um fehlende Waren nachzuschlichten. Die Kassiererinnen sitzen in der Regel nahe der Ausgangstüren, die sich ununterbrochen öffnen und schließen, d.h. von früh bis spät in der Zugluft. Spätestens ab dem vierzigsten Lebensjahr heißt das chronische Rückenschmerzen und Rheuma. Zudem der Zeitdruck, der von einer nie enden wollenden Kundenschlange ausgeht, die so schnell wie nur möglich abgefertigt werden will. Natürlich, denn auch die meist weiblichen berufstätigen Kunden stehen unter Zeitdruck. Sie kommen gerade aus der Arbeit und kaufen noch schnell ein, bevor sie ihre Kinder aus der Kita abholen und nach Hause rasen, um für sie zu kochen. Ohne es zu wollen, geben sie ihren Zeitdruck an die Geschlechtsgenossinnen weiter, mit denen sie eigentlich solidarisch sein sollten, zumindest für den Fall, dass sie Grünwählerinnen sind.

Wie weltfremd muss man als grüne Frauenpolitikerin sein, wenn man glaubt, dass junge Frauen in so eine Berufshölle so schnell wie möglich zurückwollen, nachdem sie aus dem Kindbett aufgestanden sind? Und was kann der Grund dieser Weltfremdheit sein? Ganz einfach, die Grünen Frauenpolitikerinnen glauben wohl, dass alle ihre Geschlechtsgenossinnen in ebenso privilegierten Berufsverhältnissen leben, wie sie selbst. Natürlich will man so schnell wie möglich an den Arbeitsplatz zurück, wenn man im Nationalrat, in einem Landtag oder einer Landesregierung sitzt, wo die Arbeitszeiten so flexibel sind, dass man kommen und gehen kann, wie und wann man will. Wer um zehn Uhr am Vormittag gemütlich ins Wiener Rathaus schlendert, um dort sein politisches Tagwerk aufzunehmen, der sollte bedenken, dass in der Billa-Filiale nebenan schon seit sechs Uhr am Morgen die Lichter an sind und die Geschlechtsgenossinnen dort bereits dabei sind, Frischwaren in die Kühlregale einzuräumen. Vor dem Hintergrund solcher Arbeitsbedingungen, ist die dreijährige

Karenzzeit ein humanitäres Frauenrecht, das es mit Zähnen und Klauen zu verteidigen gilt. Wenn die Bobo-Frauen in ihre mit Watte ausgepolsterten Arbeitsverhältnisse früher zurückwollen, dann sollen sie es doch tun, keiner wird sie aufhalten. Aber warum muss die Präferenz der Privilegierten gleich für alle gelten? Warum lässt man die, die aus den Kühlräumen und den zugigen Kassen der Supermärkte in die lange Karenzzeit flüchten, nicht in Ruhe? Diese Frauen versäumen nichts, wenn sie nicht in der Arbeit sind, vor allem schmälern sie nicht ihre Karrierechancen, denn für sie ist keine Karriere vorgesehen, sie werden bis zur Pensionierung Liefercontainer aus- und Kühlvitrinen einräumen oder hinter der Registrierkasse sitzen. Und da ist es vielleicht allemal besser, sich mit einem Mann zu arrangieren und sich mit zwei Kindern in die Gemeindewohnung mit achtzig Quadratmetern zurückzuziehen.

Zudem braucht heute niemand mehr eine Partei, die uns Bürgern erklärt, wie wir richtig zu leben haben oder gar noch einen Politikertypus wie Frau Musiol, der Menschen durch Kindergeldentzug autoritär in dieses richtige Leben hineinzuzwingen will. Dieses überhebliche Wechselspiel aus salbungsvollem Zureden, moralischem Druckaufbau und staatlichem Zwang, ein Erbe des evangelischem Christentums, ist zu einer typischen Gepflogenheit der grünen Politik geworden. In Deutschland war mir das immer verständlich, weil ein gar nicht so kleiner Teil der Grünenpolitiker Kinder aus Pastorenfamilien sind, also Menschen, die oft jahrzehntelang dem Tugendterror von intoleranten Puritanereltern ausgesetzt waren, die die christlichen Werte über die Freiheit und die Würde des Menschen stellten. Tyrannei der Werte hat das Carl Schmitt genannt. Dass sie den Tugendterror, der auf sie ausgeübt wurde, verinnerlicht haben und nun in gleicher Weise an das Wahlvolk weiterzugeben versuchen, ist mir nachvollziehbar.

Pastoren produzieren Pastorengeister, Menschen mit einem grausamen Über-Ich, die ihren Mitmenschen genauso intolerant zu unterdrücken versuchen, wie sie sich selbst unterdrücken müssen. Aber woher kommt im katholischen Österreich, dessen religiöses Leben für sein moralisches Laissez-faire bekannt ist, dieser ethische Rigorismus der Grünen?

Ich habe da so eine Fantasie, die in mir aufkommt, weil ich aus ganz ähnlichen politischen Organisationen komme, wie viele, die die Grünen mitbegründet haben: aus einer Organisation mit K-Gruppen-Struktur. K-Gruppen waren in den 1970er und 1980er-Jahren an den Universitäten weitverbreitete linke Organisationen, die ähnlich wie Sekten organisiert waren. An ihrer Spitze stand eine autoritäre Führung, die sich auf eine heilige Schrift stützte, in der Regel die Werke von Marx, Engels, Lenin, Stalin und Mao. Das handlungsleitende Prinzip dieser Gruppen bestand darin, das Kollektiv über das Individuum zu stellen und die Werte der heiligen Schrift über die persönlichen Überzeugungen des Einzelnen. Ebenso wie heute die neoliberale Arbeitswelt nach dem ganzen Menschen greift, d.h. sich nicht damit begnügt, sich die vertraglich vereinbarte Arbeitsleistung anzueignen, sondern das ganze Leben der Menschen rund um die Uhr beansprucht und zudem auch noch die Gefühle und Emotionen der Menschen als Produktivkraft in den Arbeitsprozess zu integrieren trachtet, vereinnahmten auch die K-Gruppen den ganzen Menschen. Man hatte rund um die Uhr für die Organisation da zu sein, alle persönlichen Interessen zurückzustellen, wenn die Organisation rief. Auch das Privatleben der Mitglieder ereignete sich größtenteils innerhalb der Gruppe. Man zog sich in den Schutz- und Schonraum des Organisationsinneren zurück, wo man sich gegenseitig in der Richtigkeit seiner Weltanschauung und der Ablehnung der umgebenden Gesellschaft bestätigte, eine Form der Abkapselung, die den Mitgliedern der Gruppe ein Leben in einer falschen, noch unerlösten Welt erträglich machte. Ich denke, auf eine ganz ähnliche Weise vergemeinschaften sich die Zeugen Jehovas.

Diese K-Gruppen-Mentalität floss in die grüne Parteikultur ein, weil in den 1980er-Jahren einige der linken Hochschulgruppen beschlossen, in die Grüne Partei einzuwandern, um sie für ihre Zwecke zu instrumentalisieren. Das gelang nicht zur Gänze. Im Wesentlichen blieben die Übernahmeerfolge auf Wien beschränkt. Längst sind die meisten dieser alten Kader aus der Grünen Partei verschwunden, aber ihr Geist, der Geist einer Elite, die sich als der Masse überlegen wähnt, ist zurückgeblieben. Er zeigt sich immer dann, wenn grüne Funktionäre glauben, eine bessere Einsicht in die gesellschaftlichen Verhältnisse zu haben als die Bürger und sie deshalb das Recht hätten, die Bürger im Sinne ihrer einzigartigen und elitären Erkenntnisse umzuerziehen. Das hat einen Anflug von „demokratischem Zentralismus", dem leninistischen Organisationsprinzip, in dem der innere Kern der Organisation, das politische Büro, die gesamte Organisation autoritär leitete, legitimiert durch sein besseres „objektives" Erkenntnisvermögen, was die Bedingungen des Klassenkampfes betraf.

Bis zum heutigen Tag hat man bei den Grünen den Eindruck, dass es dort noch immer Leute gibt, die zu wissen glauben, was gut und richtig für die Menschen ist und deswegen keine Skrupel haben, dem Volk ihre Lebensmaximen und Ordnungsvorstellungen aufzuzwingen. Wenn also Frau Musiol das Langzeitmodell des Kindergeldes abschaffen will, dann aufgrund ihrer festen Überzeugung, dass es für die Frauen „objektiv" besser ist, wenn sie so schnell wie möglich wieder an ihren Arbeitsplatz in der unwirtlichen Supermarktfiliale zurückkehren und für die Kinder „objektiv" am Besten, wenn sie spätestens ab dem 24. Lebensmonat in eine Kinderkrippe eingewiesen werden. Der „subjektive Faktor", das Wollen des Einzelnen, hat vor den großen „objektiven" Einsichten der Führungskader der Grünen zurückzutreten.

Was die linke Strömung der Volksbeglücker in der Grünen Partei in Österreich betrifft, so haben sie einen Vorzug gegenüber den K-Gruppen-Leuten wie Winfried Kretschmann oder Fritz Kuhn, die bei den deutschen Grünen noch immer das Ruder in der Hand haben: Sie haben noch eine Überzeugung.

Bei den deutschen Grünen sehen wir das Phänomen, das einzelne ehemalige K-Gruppen-Funktionäre in der Zwischenzeit ihre altlinke Gesinnung völlig abgelegt haben, um sie durch den Pragmatismus des eigenen (Partei-)Vorteils zu ersetzen. Geblieben sind ihnen aber die über Jahre antrainierten Techniken der Macht, die man nirgends so gut lernen kann, wie in marxistischen Kaderorganisationen. Ich und meine Kollegen, die die 1980er-Jahre gemeinsam im Verband der Sozialistischen Studenten in Wien verbrachten, wissen genau, wovon ich spreche.

Das Paradebeispiel aus dieser Gruppe der pragmatischen Machttechnologen ist der Grüne Ministerpräsident Baden-Württembergs, Winfried Kretschmann. Als ehemaliger Maoist, versteht er sich auf die Anwendung ausgeklügelter Diskurstechniken, die hat er in der unter Linken üblichen Dauerdebatten in seiner Jugend gut gelernt: die Theorie und Praxis der Überzeugungsrhetorik. Ideologisch hingegen ist er zum „leeren Signifikanten", zu einem Zeichen ohne Bedeutung geworden. Seine Auftritte sind an Biederkeit und Kleinbürgerlichkeit kaum mehr zu überbieten, die Mao-Bibel hat er längst mit der Heiligen Schrift vertauscht, ist aber auch egal, da beide über die Zeit hinweg gültige „objektive" Werte verpflichtend verordnen, an denen sich der ich-schwache Charakter, der Führung durch Heilige Schriften bedarf, orientieren kann.

„Wenn Regierungseinrichtungen eine einzige, vordringliche Funktion besitzen, dann sei es die, darauf zu achten, dass die

Rechte des Einzelnen gewährleistet sind, weil es unsere Integrität als natürliche Wesen oder Gottesgeschöpfe verlangt." (Shklar 2013:38) Sehen wir uns diesen Gedanken von Judith Shklar näher an, so finden wir darin so etwas wie ein Universalmittel, das uns vor den Überzeugungstätern, die uns aufgrund ihrer eingebildeten Einsichten in die gesellschaftlichen Verhältnisse umerziehen wollen, aber auch vor den „leeren Signifikanten" der Politik, die Technologen der Macht, die uns geschickt im Sinne ihres Machterhalts zu manipulieren versuchen, schützen kann. Dieses besteht darin, Parteien und ihre Programmatiken genau dahingehend zu überprüfen, ob sie die Rechte und Entfaltungsmöglichkeiten des Einzelnen in den Vordergrund ihrer Politik stellen, also verantwortungsvolle Liberale sind, oder die Wahrheit ihrer Ideologie oder ihren pragmatischen Machtansprüchen unterordnen.

Richard Rorty hat darauf hingewiesen, dass es heute darauf ankommt, dass wir anzuerkennen lernen, in einer Kultur ohne Zentrum zu leben und dass dem entsprechend die Kernaufgabe unserer Zeit darin besteht, Ideologien daran zu hindern, sich ins Zentrum der Kultur zu setzen. In vielen arabischen Staaten sitzt der Islam im Zentrum der Kultur. Die Folge ist die Annullierung der menschlichen Freiheit. Im Gegensatz dazu sollten wir für eine Kultur ohne Zentrum eintreten, denn eine solche Kultur hat den Vorzug, dass sie ihr wichtigstes Ziel nicht in der Wahrheit, sondern in der Freiheit erblickt. (Vgl. Rorty 1993:11) Die Botschaft an die Wähler ist also klar. Sie lautet: Hütet Euch vor den Überzeugten, die sich im Besitz der Wahrheit glauben, denn alles Elend in dieser Welt geht von ihnen aus.

In einer demokratischen Gesellschaft hat die Politik die Aufgabe, und das ist nicht immer leicht, eine Balance zwischen den gegensätzlichen Grundwerten der Freiheit und der Gleichheit zu finden. Diese beiden Werte sind gleichermaßen unverzichtbar für die Demokratie, dennoch stehen sie in einem starken Spannungsverhältnis zueinander. Ist die Freiheit in einer Gesellschaft zu groß, d.h. geht die Deregulierung der gesellschaftlichen Verhältnisse zu weit, dann droht den Schwachen und Wehrlosen, den Verlierern der Geschichte die Marginalisierung und Prekarisierung, ist die Gleichheit zu stark ausgeprägt, dann drohen rücksichtslose Elitenherrschaft, Bevormundung, übermäßige Kontrolle und ein Zustand der Spannungslosigkeit und Gleichgültigkeit, allgemeine Apathie, wie wir sie aus den Ländern des realen Sozialismus noch gut in Erinnerung haben. Die Kunst der Politik besteht meiner Meinung nach in erster Linie darin, das richtige Verhältnis von Freiheit und Gleichheit herzustellen. Das ist das Kernproblem, um das sich in einer modernen Demokratie alles drehen sollte. Wie ist es nun heute in unserer Gesellschaft um das Verhältnis von Freiheit und Gleichheit bestellt? Es zeigt sich die paradoxe Situation, dass wir gleichzeitig zu wenig Freiheit und zu wenig Gleichheit haben. Wie kann es das geben? Ganz einfach, eine solche Paradoxie entsteht dann, wenn in einem Teilsystem der Gesellschaft die Freiheit schrankenlos ausgeweitet wird und in einem anderen Kontrolle, Regulierung und Gleichschaltung über das erträgliche Maß hinaus forciert werden.

Im Teilsystem der Ökonomie wurden in den letzten dreißig Jahren viele sinnvolle Regulative aufgehoben, das heißt es wurden Barrieren niedergerissen, die die Macht der Ökonomie und der großen Konzerne über die Menschen vernünftig eingeschränkt haben. So ist mit der sogenannten Liberalisierung der Kapitalmärkte die Freiheit in der Lebenswelt der Menschen massiv eingeschränkt worden.

Um nur ein Beispiel zu nennen: Das Finanzkapital, im Übermaß vorhanden, ist auf der ständigen Suche nach Investitionsmöglichkeiten, d.h. nach rentabler Veranlagung. Dabei kommt es ihm gerade recht, dass die klammen Kommunen Geld brauchen und deshalb alles verscherbeln, was nicht niet- und nagelfest ist, unter anderem den kommunalen Wohnungsbestand. Die neuen Eigentümer haben natürlich kein gemeinwirtschaftliches Interesse an diesen Wohnungen, es geht ihnen alleine um den Profit. So schrauben sie die Mieten in die Höhe, wo immer es geht und sparen am Aufwand für die Erhaltung der Bausubstanz. Die Bewohner zahlen immer höhere Mieten für immer weniger Wohnqualität. Bietet sich eine günstige Gelegenheit, verkauft nun die Eigentümergesellschaft an eine andere Kapitalgesellschaft weiter. Diese verfolgt vielleicht eine andere Strategie, sie möchte aus den Mietern nicht nur herauspressen was geht, sie will diese überhaupt loswerden und den ganzen Wohnbestand in teure Eigentumswohnungen umwandeln und auf den Markt werfen. Das wird zur Folge haben, dass versucht werden wird, die Mieter mit allen Mitteln aus dem Wohnobjekt zu vertreiben, was in der Regel auch gelingt.

Der Zusammenhang zwischen der Freiheit des Kapitals und der neuen Unfreiheit der Mieter des kommunalen Wohnens, die unmittelbar aus dieser folgt, ist klar. Die Mieter geraten in die totale Abhängigkeit von einer ökonomischen Macht, die sich außerhalb des politischen Einflussbereiches bewegt und damit weder kontrollierbar noch aufzuhalten ist. Sie müssen erhöhte Mieten bezahlen, das geringere Engagement des neuen Eigentümers zur Erhaltung ihrer Wohnsubstanz, die ja ein wichtiges Stück ihrer Lebensqualität ist, zur Kenntnis nehmen und wenn sie sich die Miete nicht mehr leisten können, dürfen sie schon bald die Freiheit eines Wohnungssuchenden auf einem Wohnungsmarkt genießen, der nur mehr die Reichen willkommen heißt. Die wirtschaftliche Freiheit des einen ist die lebensweltliche Unfreiheit des anderen.

Anhand dieses Beispiels zeigt sich, folgt man der Argumentation von Judith Shklar, ein Versäumnis der Politik, denn die müsste im Interesse der Bürger dafür sorgen, dass auch kein privater Akteur über so große Zwangsmittel verfügt, dass er die schwachen Mitglieder der Gesellschaft drangsalieren kann wie es ihm beliebt, wie das heute viele Investoren auf dem Wohnungsmarkt tun. Sie meint: „Wo immer Zwangsmittel nicht fern sind (...), ist es die Aufgabe einer liberalen Bürgerschaft dafür zu sorgen, dass niemand durch auch nur einen einzigen privaten Akteur oder Staatsvertreter eingeschüchtert wird, es sei denn, es geschieht im Rahmen bekannter und anerkannter Rechtsverfahren." (Shklar 2013:48)

Worauf Shklar hier hinweist, ist die zentrale Leerstelle der heute vorherrschenden Demokratiediskussion. Unter dem Einfluss von neoliberalen Think Tanks wird diese so geführt, als wäre die einzige Institution, die der Freiheit der Bürger im Wege stünde, ein aufgeblähter Staat. Was dabei unter den Tisch fällt ist, dass der mittlerweile zu einem Monstrum aufgeblähte Finanzkapitalismus eine mindestens genauso große Gefahr für die Freiheit des Einzelnen darstellt, ganz einfach weil er durch seine materielle Stärke über Zwangsmittel verfügt, die heute weiterreichen, als die der meisten bürokratischen Staaten auf dem Höhepunkt ihrer Macht.

Die europäische Politik hat bis zum heutigen Tag nahezu in ihrer Gänze nicht verstanden, dass die „Entfesselung der Wirtschaft", wie man das gerne beschönigend nennt, zu einer Verschiebung der Macht von den Bürgern hin zu internationalen Hedge-Fonds und anderen Konstruktionen des Finanzkapitals geführt hat. Die Liberalisierung vor allem der Kapitalmärkte hatte primär zur Folge, dass das Finanzkapital heute über Zwangsmittel verfügt, wie nie zuvor, mit denen es unmittelbar in das Leben der Bürger eingreifen kann.

Und im Zuge des TTIP, des geplanten Freihandelsabkommens zwischen Europa und den USA, werden den Heuschrecken noch zusätzliche Mittel in die Hand gegeben werden. Es heißt, den Liberalismus nicht verstanden oder absichtlich aus Interessensgründen missverstanden zu haben, wenn man darunter die scheibchenweise Abwicklung des Staates hin zum Nachtwächterstaat bei gleichzeitigem Aufbau der Macht der Kapitalgesellschaften zu einem unkontrollierten, von jeder gesellschaftlichen Verantwortung befreiten postmodernen Leviathan begreift. Dem wahren Liberalismus geht es um die Freiheit des Bürgers und nicht um die Freiheit des Kapitals. Die Freiheit des Kapitals ist nur dann für den Liberalismus relevant, wenn es die Freiheit aller Bürger befördert.

Wir haben also gesehen: Wenn es in unseren Tagen um die Freiheit geht, ist in erster Linie die Freiheit der Wirtschaft gemeint. Aber während unsere Politik die Wirtschaft immer mehr von Auflagen, Regulativen und Beschränkungen befreit, erlegt sie der Zivilgesellschaft immer mehr Kontrollen auf. Während also die Ökonomie immer mehr zum Reich der absoluten Freiheit mutiert, verändert sich die Zivilgesellschaft fortschreitend in das Reich der ausufernden Kontrolle, im Rahmen derer der Bürger offenbar zu einem uniformen Funktionselement des politischen Kontrollsystems gemacht werden soll.

MIT DER PLANMÄSSIGEN VERNICHTUNG DER BILDUNG ZUR TOTALEN VERBLÖDUNG DER MENSCHEN

In Europa ist es gegenwärtig ungemein ruhig. Das verwundert angesichts des irreversiblen Zerstörungswerks, das die kollaborierenden Machtzentren Wirtschaft und Politik gerade anrichten und das im Kern in der Auslöschung des denkenden Menschen und des kritischen Geistes besteht.

Die Ursache für das Schweigen der Massen liegt wohl in einem Ausbildungssystem, dessen erste Maxime in der Vermittlung von praktischen Fertigkeiten besteht. Der Praktizismus, der an Schulen, Fachhochschulen und Privatuniversitäten gepflogen wird, hat die Narkotisierung des Geistes zur Folge. Unser Bildungssystem ist ein institutionalisiertes Beruhigungsmittel, in deren Anstalten viel Nützliches eingeübt, aber wenig kritisch gedacht wird.

Bildungsorganisationen, die kein Wissen mehr vermitteln, sondern nur noch Kompetenzen, also alles das, was dem anpassungsorientierten Mitläufer in seinem Ringen um Anerkennung nützlich ist, produzieren massenhaft den sogenannten Minimax-Menschen. Ein solcher Mensch ist die zum Subjekt gewordene Betriebswirtschaftslehre. Sein gesamtes Leben verbringt er damit, Kosten und Nutzen abzuwägen. Sein wesentlichstes Handlungsziel besteht darin, aus jeder zwischenmenschlichen Beziehung möglichst viel herauszuholen. Hoher Output bei möglichst geringem Input – lautet seine Handlungsmaxime. Was er dafür tun muss, ist dem Minimax-Menschen weniger wichtig, Hauptsache der Profit stimmt.

Und der Profit, auf den abgezielt wird, muss nicht unbedingt materieller Natur sein. Profit lässt man sich auch gerne in der Währung der Aufmerksamkeit ausschütten. Denn der postmoderne Kleingeist ist aufmerksamkeitsgeil. Er will wahrgenommen und bewundert werden. Er hat keine Ideale und nichts zu sagen, deshalb will er seinen Lohn dafür, dass er seine angepasste, artige und adrette Hülle präsentiert.

Es gibt viele Bühnen, auf denen sich die anerkennungssüchtigen Wichtigmacher heute zeigen können. Das Internet sowieso, wo jeder von ihnen auf mehreren Plattformen Profile angelegt hat. Offenherzig nutzenorientiert präsentieren sich die Teilnehmer in der Business-Community Xing. Dort gibt es nur zwei Rubriken, in die die Persönlichkeit der Mitglieder zerlegt wird: in „ich biete“ und in „ich suche“. Xing ist der virtuelle Ort, an dem sich die postmoderne Krämerseele, die sich heute hinter aufgeblasenen Begriffen wie Entrepreneur oder Networker versteckt, geborgen und verstanden fühlt. Aber was Xing wieder sympathisch macht ist, dass hier ganz offen demonstriert wird, dass es in der Zeit des totalen Ökonomismus nicht um den Menschen geht, sondern nur darum, was er zu bieten hat. Xing ist der digitale Arbeitsstrich der High Potential. Während sich der Unternehmer die kleinen Lohnarbeiter am migrantischen Straßenstrich in der Umgebung von Arbeitsämtern oder Asylantenheimen abholen kann, sucht er sich seine Führungskräfte im virtuellen Laufhaus der Arbeitsmarktelite. Low- und High Potentials verbindet so gesehen in kaum mehr zu überbietender Offensichtlichkeit der Warencharakter, den ihre Existenz angenommen hat. Dennoch gibt es einen gewichtigen Unterschied zwischen dem einfachen Arbeiter und dem karriereambitionierten High Potential. Während es den unteren Sozialschichten unangenehm ist, wenn sie sich wie Vieh den Arbeitskräftehändlern präsentieren müssen und es nicht machen würden, wenn sie genug Kohle hätten, werfen sich die gut ausgebildeten Arbeitsmarkteliten gerne auf der Bühne ihres wohlfeilen Online-Bordells in Pose. Den gut ausgebildeten Homo Oeconomicus aus den Mittel- und Oberschichten muss man gar nicht mehr in die Warenform einer performativen Ökonomie hineinzwingen, er nimmt sie freiwillig und mit Freude an.

Das überhaupt größte Übel unserer Zeit ist der Networker. Mittlerweile werden schon allerorts, selbst beim Arbeitsamt, Kurse angeboten, in denen man das Netzwerken professionell erlernen kann. Der Netzwerker ist der entfremdete Mensch der Postmoderne, der es liebt, im Gegensatz zu den rebellischen Arbeitern früherer Epochen, fremdbestimmt und mit sich selbst uneins, die verlogene Rolle der immer verfügbaren und anpassungsbereiten Arbeitskraft zu spielen. Er ist eine interessante Kombination aus einer masochistischen und einer sadistischen psychischen Persönlichkeitsfacette, was so viel bedeutet, als dass er gerne andere für seine Ziele missbraucht und sich gleichzeitig genauso gerne von diesen anderen für deren Zecke missbrauchen lässt. Denn das Wesen des Netzwerkens ist, dass er sein Menschsein niemals als Selbstzweck sieht. Im Gegenteil, damit das Netzwerken funktioniert, muss der Mensch sich selbst immer und ausschließlich als Mittel zum Zweck verstehen. Er hat seinen Wesenskern entweder völlig aufgegeben oder ganz in den Hintergrund geschoben. Im Vordergrund steht die Rolle, die ihm von den Verhältnisse zu spielen auferlegt wird.

Fürchterlich ist es, wenn junge Menschen, die gerade frisch vergiftet mit dem antihumanistischen Geist des Networkings von Fachhochschulen oder Privatuniversitäten, ihre ersten Schritte in der Arbeitswelt tun. Sie beginnen dann nämlich damit, wie verrückt hochwertige und nützliche Kontakte zu sammeln. Das versuchen sie zum Beispiel dadurch, dass sie leitende Mitarbeiter der Firmen, mit denen sie in Kontakt kommen, aufdringlich ihre Freundschaft auf Facebook oder in einem anderen sozialen Netzwerk anbieten, oder sie treten auf Branchenevents direkt an High Potentials heran, drängen sie in eine Ecke, quatschen sie voll, um so deren Sympathie zu erwerben, sie in ihre Netzwerk hineinzuzwingen, sie in Sozialkapital zu verwandeln. Diese jungen Menschen, die von verantwortungslosen Netzwerktrainern dazu angestiftet wurden, ein fettes persönliches Sozialkapitalportfolio ohne

Rücksicht auf Verluste anzulegen, sind mit der Zeit zu einem großen Übel im Business-Leben geworden. Mir selbst ist es in der Vergangenheit recht häufig passiert, dass ich von Geschäftspartnern angerufen und gebeten wurde, junge Mitarbeiter und Praktikanten zurückzupfeifen, weil sie sie mit ihren offensiven Techniken der Sozialkapital-Akquise nervten.

Natürlich nerven die Netzwerker auch mich. Wie es sich gehört, treten sie an mich heran und versuchen zuerst, mit mir auf der Beziehungsebene in Verbindung zu treten. Das tun sie, indem sie vorgeben, sich für meine Arbeit oder gar für meine Person zu interessieren. Ich muss zugeben, dass es auch bei mir eine Zeit gab, in der ich auf diese Art Avancen hereingefallen bin. Ich habe mich durch das Interesse an meiner Person geschmeichelt gefühlt, bin ich auf ihr Freundschaftswerben eingegangen und habe mich mit manchen von ihnen sogar persönlich getroffen. Bald musste ich jedoch erkennen, dass diese Leute nicht an mir oder an den Themen, die mir wichtig sind, interessiert waren, sondern an dem Wert meines Sozialkapitals, das ich repräsentiere. Sie betrachteten mich einfach als eine Ressource, auf die sie zum eigenen Nutzen zugreifen wollten, um an die Daten meiner Forschungsarbeiten, an mein Knowhow und natürlich an meine persönlichen Kontakte heranzukommen. Auf einmal merkst du, dass du nichts anderes bist als ein Netzwerkknoten im Netzwerkkonzept des um dich werbenden Netzwerkers. Dir wird deshalb Wert beigemessen, weil du über gute Kontakte verfügst. Denn die Netzwerker wollen nicht dich in ihren Freundes- und Bekanntenkreis integrieren, sie wollen dein persönliches Netzwerk in ihres integrieren. Am Ende des Tages bist du nicht mehr als ein nützliches Bindeglied zu einem neuen sozialen Ressourcensegment.

Ich verhehle nicht, dass mich die Networker ankotzen und deshalb wende ich ihnen gegenüber eine radikale subversive Strategie an, die im Kern darin besteht, ihre Netzwerkerei zu stören, wo und wie immer ich kann. Denn die Netzwerkerei muss mit Stumpf und Stiel ausgerottet werden, weil sie die gegenwärtig wirksamste und schlimmste Form der Verlogenheit ist. Wie kann man den Netzwerkern zu Leibe rücken? Zuerst einmal ist man freundlich und lässt sie andocken. Dann hat man sie an der Leine. Jetzt beginnt man, ihnen falsche Informationen anzudrehen, veraltete Daten, unbrauchbare Literatur, schlechte Kontakte. Wichtig ist hier aber auch die gemeinschaftliche Arbeit. Man schließt sich am besten mit anderen Anti-Netzwerkern zusammen. Das gibt uns die Möglichkeit, den unmoralischen Blutsauger in einem subversiven Scheinsystem möglichst so lange erfolgreich zirkulieren zu lassen, bis er in den Zustand der Erschöpfung gerät. Interessant ist es auch, den Netzwerker, der in der Regel ein völlig uninteressanter, unkreativer und unergiebiger Mensch ist, mit anderen Netzwerkern zu verbinden, die ebenso uninteressant, unkreativ und unergiebig sind. Das Zielergebnis wäre hier, durch die Verbindung von leeren Signifikanten eine völlig substanzlose aber hochengagierte Kommunikation zu initiieren, die auf höchsten Touren läuft und deren einziger Sinn die nutzlose Abführung und Verpuffung der Energie der beteiligten Personen darstellt. Der Nutzen solcher Konstruktionen besteht darin, dass sich die Netzwerker dieserart miteinander beschäftigen und normale Menschen damit nicht mehr zu ihren Opfern werden können.

Wie kann man nun die Netzwerker identifizieren? Das ist ganz einfach. Es genügt, einfach ihre Namen zu googeln und zu recherchieren, in welchen Online-Social-Networks sie sind. Sind sie in vielen verankert, ist das schon einmal ein wichtiger Hinweis für ihre Enttarnung. Fast zu hundert Prozent ist jemand Netzwerker, wenn er twittert. Twitter ist diese völlig sinnlose Plattform, auf der sich Menschen gegenseitig folgen und sich Dinge mitteilen, die in der Regel völlig bedeutungslos sind. Leute, die eine Kommunikation wie folgende pflegen, die anlässlich des Sieges von Conchita Wurst beim Eurovision Song Contest auf Twitter ablief, sind typische Netzwerker:

„Wir sind Wurst."

„Ich nehme jetzt einmal einen Vollbart."

„Thank you Conchita, for opening our hearts."

„Ganz Österreich ist Wurst."

„Mir ist heute alles Wurst."

„In your face, Wladimir."

Man kann es sich aber ganz einfach machen, und sich den Klout-Score der Person besorgen. Ist der überdurchschnittlich hoch, dann haben wir es zu hundert Prozent mit einem Netzwerker zu tun und können nun mit unserem lustvollen, subversiven Erschöpfungsspiel beginnen.

Gibt es auch im Offline-Leben der Menschen Merkmale, die uns den gefährlichen Netzwerker offenbaren können? Natürlich. Zum Beispiel die Kleidung. Sind Männer zum Beispiel so angezogen, als hätten sie ihre Kleidung bei der Outfittery, einer Online-Style-Beratung bezogen, dann kann man davon ausgehen, dass wir es mit einem Netzwerker zu tun haben. Denn der Netzwerker ist adrett, ordentlich und sorgfältig gekleidet. Er ist normenbewusst und politisch eher rechts, auch wenn er glaubt liberal zu sein und die Neos wählt. Und noch ein letzter Hinweis. Will man es ganz genau wissen, dann fragt man, was der Gesprächspartner von Start-ups und Entrepreneurship hält. Findet er beides super oder bezeichnet er sich selbst sogar als Entrepreneur, dann haben wir ihn überführt und wir können ohne Bedenken die stärksten Mittel der Irreführung und Verwirrung anwenden.

Ich habe schon darauf hingewiesen, dass der Kampf mit den Networkern ein wichtiges humanistisches Anliegen ist. Wie er ausgeht, wird darüber mitentscheiden, ob diese Gesellschaft zum totalen Opfer des manipulativen und verlogenen Nützlichkeitsgeschwätzes wird oder nicht. Gemeinsam sind wir in diesem Kampf stärker. Deshalb sollten wir uns organisieren.

Darüber hinaus rege ich die Entwicklung und Ausschreibung von Entnetzungsseminaren an, in der der Interessenaustausch zwischen den Netzwerksubversiven stattfinden und neue Techniken der Netzwerksubversion entwickelt und gelehrt werden können. Es wäre auch sinnvoll, ein Curriculum der kreativen Zerstörung von Netzwerken zu entwickeln, das universitäre Qualität hat und entsprechende Lehrveranstaltungen an philosophischen und geisteswissenschaftlichen Fakultäten einzurichten, weil man dort wahrscheinlich die letzten kritischen Menschen findet, die einerseits über die notwendigen kommunikativen Kompetenzen zur Netzwerksubversion verfügen und die andererseits auch die Notwendigkeit der Netzwerkzersetzung begreifen.

Das einzige, was die Jugend noch auf die Straße bringt, ist die Androhung der Kappung oder der Verknappung der Internetverbindung. Offensichtlich wird die Einschränkung der digitalen Kommunikation als existenzieller Eingriff in die Menschrechte wahrgenommen. Die Einschränkung der Pressefreiheit, die Ökonomisierung der Bildung und der systematische Rückbau des Sozialstaates, um nur einige politische Skandale der letzten Jahre zu nennen, haben da weitaus geringeren bis gar keinen mobilisierenden Effekt.

Ein Paradebeispiel dafür, dass der Mensch heute seine Würde in erster Linie als Subjekt der digitalen Kommunikation erfährt, sind die Massenproteste gegen eine Internetsteuer in Ungarn. Es ist ja auch nichts dagegen einzuwenden, dass sich Menschen gegen eine solche Maßnahme wehren, aber die Frage ist, warum sie sich nicht mit ähnlicher Wucht und Intensität gegen Antisemitismus, Einschränkung der Pressefreiheit, die Verfolgung der Roma und überbordenden Rechtsextremismus zur Wehr setzen. Daran lässt sich wohl erkennen, dass das Internet heute zu einer neuen Religion geworden ist, denn nichts mobilisiert die Menschen in unseren zum Schein aufgeklärten Zeiten so, wie die religiöse Frage, was nicht zuletzt das Aufblühen der diversen religiösen Fundamentalismen zeigt.

Religiöse Fundamentalismen beanspruchen die einzige, die absolute Wahrheit für sich. Sie tolerieren nichts und niemanden neben sich. Wer sich ihnen nicht unterordnet, wird ausgelöscht. Mit einem unglaublichen Selbstbewusstsein beanspruchen sie für ihre Lehre das Zentrum der Gesellschaft, von dem aus alle anderen menschlichen Lebensbereiche ausgerichtet werden sollen.

Auch die Anhänger und Profiteure der digitalen Medien sehen ihren Platz im Zentrum der Gesellschaft. Alle anderen Lebenssphären haben sich nach ihren Bedürfnissen zu richten. Sie verhalten sich wie die Vertreter einer säkularen Religion. Als könnte es ohne sie keine Zukunft für die Menschheit geben, als könnten nur sie die Welt von allen ihren Problemen und Schwierigkeiten erlösen.

Ganz offensichtlich hat die Macht dieser neuen Religion auch Viktor Orbán erkannt und rasend schnell einen Rückzieher gemacht und seine neue Internetsteuer ausgesetzt. Eine Großdemonstration hat dafür ausgereicht. Offenbar weiß der Mann, dass man den Menschen vieles nehmen kann, aber wenn man nach dem preisgünstigen Internetanschluss greift, dann hört der Spaß auf.

Peter Bieri, ein Schweizer Philosoph, vertritt die Auffassung, dass unsere Menschenwürde davon abhängt, „nicht bloß als Mittel zum Zweck benutzt, sondern als Selbstzweck behandelt zu werden". (Bieri 2013:24) Das ungarische Beispiel scheint uns zu zeigen, dass die Würde des postmodernen Menschen in erster Linie mit seiner Freiheit in der Welt der virtuellen Kommunikation zu tun hat. Den Selbstzweck seines realen Lebens lässt er sich offensichtlich lieber nehmen, als den seines virtuellen. Ist die Würde des postmodernen Menschen eine Angelegenheit der Kommunikation, des Redens über das Leben geworden und nur mehr sekundärer Bestandteil seiner realen Existenz? Vielleicht, denn offenbar empfindet man es als entwürdigender, wenn man in seiner persönlichen Online-Kommunikation eingeschränkt wird als in einem Land zu leben, in dem Minderheiten verfolgt, Medien der Opposition abgedreht und in der jüdische Bürger als Sicherheitsrisiko betrachtet werden.

Nur ein Beispiel von vielen ist der Politiker aus dem Lager der rechtsextremen Jobbik, Marton Gyöngyösi, der forderte, eine Liste der Juden aufzustellen, die in Parlament und Regierung sitzen, weil diese ein nationales Sicherheitsrisiko darstellen. Warum gibt es als Reaktion auf solche Aussagen keine Massendemonstrationen? Ist die Freiheit im Internet ein um so viel wertvolleres Gut, als die Würde der jüdischen Minderheit in Ungarn?

Kommen wir nun nochmals zu Bieris Definition der Würde des Menschen. Würde erfährt der Mensch dann, wenn er als Selbstzweck betrachtet und behandelt wird. Seine Würde verliert er, wenn er als Mittel zum Zweck benutzt wird. Geht man von dieser Definition der Würde aus, dann ist unser gegenwärtiges Bildungssystem oder das, was man aus ihm zu machen gedenkt, ein Projekt der Herabwürdigung des Menschen, denn in diesem Bildungssystem geht es nicht mehr um den Menschen selbst, sondern nur mehr um Verwertbarkeit. Es geht nicht mehr um den Menschen selbst, sondern um einen ihm äußerlichen Zweck, für dessen Erfüllung er in den Bildungsinstitutionen trainiert wird. So sieht es jedenfalls der österreichische Philosoph Konrad Paul Liessmann, der einen Bildungsbegriff kritisiert, „der sich ganz an der Idee der

Nützlichkeit orientiert“ und „vergisst, dass Menschsein mehr bedeutet, als beschäftigungsfähig zu sein.“ (Liessmann 2014:180) Aber warum bricht keine Unruhe aus, wenn der Mensch gerade in den Bildungsinstitutionen als Mittel zum Zweck degradiert wird? Warum lässt sich das Volk diese massive Entwürdigung gefallen?

Der ideologische Kern der von der OECD initiierten Trendwende in der Bildungspolitik ist die Kompetenzorientierung. In einer kompetenzorientierten Schule wird nicht mehr Wissen vermittelt, sondern in erster Linie problemorientierte Fertigkeiten. Auf den Deutschunterricht bezogen, heißt das, dass dem Schüler primär das Verstehen und das Produzieren von Gebrauchstexten beigebracht wird, Literatur wird mehr oder weniger aus dem Deutschunterricht verbannt.

Besonders auf dem Kieker haben die Bildungsreformer die alte humanistische Bildung. Philosophie, Musik, Kunst, Literatur werden an den Rand gedrängt. Sie sollen in Zukunft als ästhetischer Aufputz einer MINT-Schulkultur fungieren, die Mathematik, Informatik, Naturwissenschaften und Technik in den Mittelpunkt des Unterrichts stellt. Diese Ausrichtung der Schule auf die MINT-Fächer und betriebswirtschaftliche Fertigkeiten folgt einem Bildungskonzept, dem es nicht mehr um die freie Entwicklung der Interessen und Bedürfnisse der Jugend geht, sondern um das Hervorbringen von Humankapital, dessen Kompetenzen und Fertigkeiten in der ökonomischen Produktion optimal zu verwerten sind. Die Schule soll also willfährige Rädchen für den Verwertungsprozess modellieren, die möglichst kein Bedürfnis danach haben, das politische und das Wirtschaftssystem im Hinblick auf ethische und moralische Fragestellungen zu betrachten. Die vorherrschende Systemlogik soll absolut gesetzt werden, als das Ende der Geschichte erscheinen, als Notwendigkeit ohne Alternative firmieren. Der Absolvent der Bildungsinstitutionen soll produktiv sein, ohne die Rahmenbedingungen der Produktion verstehen zu können und kritisch zu hinterfragen. Der neoliberale ökonomische Totalitarismus ist dabei, die Vernunft unserer Jugend auf eine affirmative betriebswirtschaftliche Nützlichkeitslogik downzugraden.

Was so produziert wird, sind zweifellos gut funktionierende Berufstätige, die gleichzeitig aber immer unfähiger werden, ihren staatsbürgerlichen Pflichten nachzukommen. Nicht ein kritischer Citoyen verlässt die Schulen und Universitäten, sondern ein egozentrischer Bourgeois, der sich nach der Arbeit im alle vereinnahmenden Konsumspektakel verliert, der unterhalten werden will und dem politische Mitbestimmung und Reflexion gleichgültig sind. Geht so der hedonistische Bourgeois, der keine andere Fähigkeit mehr besitzt, als zu genießen, zur Wahl, dann gibt er seine Stimme an jene, von denen er sich am besten unterhalten fühlt, denn er will Politik genießen wie ein Konsumgut und nicht mehr mitgestalten.

Das Wort Allgemeinbildung kann man heute nicht mehr aussprechen, ohne als hoffnungslos veraltet zu gelten. Modern ist es, Allgemeinbildung durch Spezialbildung, das heißt durch für die Arbeitswelt zweckmäßige Fertigkeiten, zu ersetzen. Aber was geht uns dadurch verloren? Julian Nida-Rümelin meint, dass unsere Jugendlichen, wird ihnen die Allgemeinbildung vorenthalten, das gemeinsame Hintergrundwissen verlieren, das die Basis unserer gemeinsamen Lebensform ist. „Allgemeinbildung ist im Kern dieses: Die Voraussetzung einer geteilten Lebensform bereitzustellen.“ (Nida-Rümelin 2014:67) Diese geteilte Lebensform beruht aber nicht nur auf gemeinsamen Normen der Interaktion, sondern auch auf einem gemeinsamen kulturellen Erbe. Dieses gemeinsame kulturelle Erbe wird zum Beispiel durch den literarischen Kanon repräsentiert, der im alten Deutschunterricht durchgearbeitet wurde. Und in jedem literarischen Werk, das dieser Kanon beinhaltet, werden psychologische, soziologische, ökonomische und politische Konstellationen der Vergangenheit beschrieben, deren Kenntnis und Verständnis auch äußerst hilfreich sind für die Beurteilung von Gegenwartsphänomenen. So kann die Lektüre von Dürrenmatts „Der Besuch der alten Damen“ einem jungen Menschen durchaus dabei helfen, das politische Phänomen Frank Stronach besser zu verstehen, ebenso wie Heinrich Manns „Der Untertan“ wertvolle Erkenntnisse über den auch heute wieder hervorstechend oft anzutreffenden autoritären Charakter liefern kann, der sich feige einem Führer unterordnet, um von diesem die Macht verliehen zu bekommen, über andere grausam zu herrschen. Oder Thomas Manns Erzählung „Mario und der Zauberer“ kann gewinnbringend im Hinblick auf die suggestive Kraft von politischer Kommunikation, der es nicht mehr darum geht, mit Argumenten zu überzeugen, sondern die Gefühle der Menschen zu mobilisieren und zu vereinnahmen, gelesen werden.

Was wir den Jugendlichen schuldig sind, um ihnen die Möglichkeit zu geben, selbstbestimmte, autonome und vor allem, sowohl mit Bezug auf die Gesellschaft aber auch in Bezug auf sich selbst, kritikfähige Geschöpfe zu werden, ist ein breites Angebot an literarischer, philosophischer und zeitkritischer Lektüre. Zugang zu den wirklich literarischen Texten mit Wert werden sie nämlich nicht ohne Unterstützung von außen bekommen, weil diese allesamt in unserer alltäglichen Medienkultur und auch in vielen Elternhäusern kaum mehr eine Rolle spielen. Nur wer ein reichhaltiges Angebot hat, der kann auch auswählen. Und in diesem Sinn möchte ich auch den Literaturunterricht verstanden wissen, als Angebot an junge Menschen, nicht als Indoktrination mit humanistischen Bildungsinhalten. Und zudem bin ich auch hier für eine weitgehende Deregulierung der Lehrpläne, gerade wenn es um den Komplex der Geistes- und Kulturwissenschaften geht. Denn so kann den einzelnen Schulen und den Lehrenden und Dozenten der große Gestaltungsspielraum gegeben werden, der es ihnen ermöglicht, auf die Interessen ihrer Schüler einzugehen, denn ganz im Sinne von Judith Shklar meine auch ich, dass wir Menschen nur dann von „Bildung und Erziehung profitieren, wenn es unserem Verstand freigestellt wird, anzunehmen oder abzulehnen, was uns gesagt wird, und wenn wir die größtmögliche Vielfalt an widerstreitenden Meinungen lesen und hören." (Shklar 2013:39)

DIE FREIHEIT,
NICHT DIE WAHRHEIT,
IST DAS ZIEL

Jenseits der naturwissenschaftlichen Exaktheit, wenn es um Fragen des Zusammenlebens der Menschen geht, gibt es keine allgemeinen Wahrheiten. Wir haben die Freiheit, zwischen verschiedenen Optionen zu wählen, wenn wir unser individuelles und kollektives Leben organisieren. Die Wissenschaft kann nicht entscheiden, wie wir unser Leben zu gestalten haben, was richtige oder falsche Lebensentscheidungen sind, da es keine endgültigen Urteile bei Wertekonflikten gibt. Sie steht nicht im Zentrum der Gesellschaft, von dem aus autoritär über richtig und falsch geurteilt wird und das deshalb nicht, weil die postmoderne Gesellschaft ein System ohne Zentrum ist. Unsere Gesellschaft ist polyzentristisch, rhizomatisch, ohne allgewaltige Machtzentrale, die allen Teilsystemen die Spielregeln vorgibt.

Das zeigt sich auch daran, dass die großen Diskurse unserer Zeit auch die Wissenschaften spalten. Können die einen Wissenschaftler Beweise dafür vorlegen, dass der Markt das Allheilmittel für alle unsere Probleme ist und je größer die Marktfreiheit, desto größer das Glück für die Allgemeinheit – so weisen andere nach, dass ein Zuviel an Markt vor allem auf Kosten der Armen und Schwachen geht und diese ins Prekariat abgedrängt werden, wo sie von den Lebensstandards der Mehrheitsbevölkerung abgetrennt und aus dem gesellschaftlichen Leben ausgeschlossen eine traurige, unumkehrbar exkludierte Existenz führen müssen. Die Exklusionsforschung innerhalb der Soziologie bringt dafür überzeugende Argumente. Oder Teile der Erziehungswissenschaften weisen nach, dass es für Kinder besser ist, frühzeitig in kollektiven Einrichtungen erzogen zu werden, ihre Gegner bestehen darauf, dass die Entwicklung kleiner Kinder durch die frühe Trennung von den Eltern negativ beeinflusst wird. Am Ende müssen wir feststellen, dass Philosophie, Erziehungswissenschaften, Psychologie, Soziologie und Wirtschaftswissenschaften keine objektiven Entscheidungsgründe für unser Handeln liefern können. Es kann nur der Urteilsfreiheit des Einzelnen obliegen, wie und wofür er sich in Fragen der Moral, der Erziehung, der Bildung und in vielen anderen Angelegenheiten des Lebens entscheidet, solange er durch seine Entscheidungen nicht die Integrität und Würde seiner Mitmenschen verletzt.

Eine Haltung, die sich weigert Wahrheitsdiskurse über moralische Standpunkte und religiöse Überzeugungen zu führen, nennt man Skeptizismus. Der Skeptizismus akzeptiert die Existenz konkurrierender Standpunkte und weigert sich, ein abschließendes entscheidendes Urteil über sie zu fällen. Indem er sich aufgrund seiner Skrupel gegenüber finalen Entscheidungen weigert, über richtig oder falsch zu urteilen, befördert er die Toleranz eines Gemeinwesens. Das ist eine der Grundüberzeugungen von Judith Shklar, wenn sie formuliert: „Der Skeptizismus neigt zur Tolerierung, weil er sich aufgrund seiner Zweifel nicht zwischen jenen konkurrierenden Überzeugungen entscheiden kann, die ihn in nicht selten mordlustiger Raserei umschwirren." (Shklar 2013:35)

Mordlustige Raserei, da fällt uns sofort der radikale Islam ein. Menschen, die in den Krieg ziehen, um Andersgläubige zu vernichten oder um ihnen ihren Glauben aufzuzwingen, leiden vor allem an überzogenen Wahrheitsansprüchen. Es fällt ihnen offensichtlich schwer, die Menschheit als Gemenge von unterschiedlichsten Weltanschauungen und religiösen Überzeugungen hinzunehmen. Der Philosoph würde sagen, sie sind unfähig zu Ambiguitätstoleranz, was so viel heißt, dass sie schwer dazu imstande sind, Widersprüche und Mehrdeutigkeiten zu ertragen. Sie wollen den Widerspruch und die Vielfalt ausmerzen, weil Disharmonien und Pluralität in ihnen Ängste auslösen. Sie können nur in einer geordneten Welt leben, die nach dem Prinzip Schwarz-Weiß funktioniert.

Dieser Wille zum Totalen und zum Eindeutigen gilt im Übrigen für die meisten Religionen, auch für das Christentum, denn auch wenn es über Jahrhunderte hinweg in mühsamen Auseinandersetzungen im Rahmen der europäischen Aufklärung zivilisiert wurde, glaubt es sich noch immer im alleinigen Besitz der absoluten Wahrheit über die Welt und kann deshalb nicht davon ablassen, seinen Glauben missionierend zu verbreiten. Glücklicherweise missionieren die Christen heute nicht mehr in Kreuzzugsmanier, sondern begnügen sich mit Bibelverteilaktionen in Einkaufsstraßen und mit der Drohung der ewigen Verdammnis von der Kanzel herab, wobei, wie man hört, besonders aus Polen importierte Pfarrer gerne und häufig das Schwert der traditionellen katechetischen Verdammungsrhetorik schwingen.

Mehr Zweifel und weniger Gewissheit ist die Grundlage für ein akzeptierendes Zusammenleben der Menschen in einer liberalen, von der Vielfalt der Überzeugungen und Meinungen geprägten Gesellschaft. Wer eine solche Gesellschaft will, muss sich überzogener Geltungsansprüche enthalten. Und vor dieser Idee müssen wir auch unsere Religionsgemeinschaften in die Knie zwingen.

Interessanterweise sind es vor allem die Religionen, die sich durch eine besondere Wehleidigkeit auszeichnen und sofort nach der Staatsgewalt rufen, wenn sich jemand einen Witz über sie erlaubt oder sich ironisch darüber auslässt, dass Menschen der Postmoderne ihr Leben an den Aufzeichnungen eines primitiven Hirtenvolkes von vor zweitausend Jahren ausrichten. Die Religionen fordern einen respektvollen Umgang mit ihrer Lehre ein und sie berufen sich dabei gerne auf die religiösen Gefühle ihrer Anhänger, die allgemein als besonders leicht verletzlich gelten.

Über die Verletzlichkeit der Gefühle von Anders- und Nichtgläubigen machen sich die Religionsgemeinschaften aber wenig Gedanken, bis zum heutigen Tag. Oder könnte man sich nicht verletzt fühlen, wenn der Deutsche Bischof Franz Josef Overbeck nichtreligiöse Menschen gleich aus der Menschheit exkludiert, indem er 2012 verkündet: „Ohne Religion und ohne gelebte Praxis von Religion gibt es kein Menschsein."(http://www.gavagai.de/zitat/diverse/hhc11.htm, 25.10.2014) Oder der amerikanische Bischof Thomas Paprocki, der die gleichgeschlechtliche Ehe als „ein Werkzeug des Teufels" bezeichnet und dafür eintritt, dass man Homosexuelle wie ungezogene Kinder disziplinieren sollte. Das, wozu man sich selbst das Recht nimmt, billigt man anderen nicht zu. (http://www.spiegel.de/panorama/gesellschaft/katholische-kirche-us-bischof-will-homosexuelle-disziplinieren-a-950337.html, 25.10.2014)

Im deutschen Strafgesetzbuch befindet sich noch immer ein Paragraf, der jene mit einer Freiheitsstrafe von bis zu drei Jahren bedroht, die Schriften verbreiten, durch die Religionsgemeinschaften sich beleidigt fühlen könnten. Man wird sich wohl erfolglos auf die Suche nach einem Paragrafen im Deutschen Strafgesetzbuch begeben, der explizit die Beschimpfung von nichtreligiösen Menschen durch Vertreter von Religionsgemeinschaften unter Strafe stellt. Die Würde der Menschen ohne Glauben ist offenbar kein schützenswertes Gut in einer aufgeklärten Gesellschaft des 21. Jahrhunderts. Nicht dass ich jetzt für eine Gesetz wäre, das den deutschen und österreichischen Bischöfen und den Salafisten ihr Schandmaul verbietet, um Gottes Willen, dazu sind ihre Kommentare zum Zeitgeschehen viel zu unterhaltsam. Vielmehr meine ich, dass der Paragraf zum Thema „Gotteslästerung" ersatzlos aus dem Strafgesetzbuch verschwinden sollte. Er nützt der Kirche offensichtlich ohnehin nicht mehr so viel, weil man zumindest in Deutschland nach der Erkenntnis eines Berliner Amtsgerichts, die Kirche ungestraft als „Kinderfickersekte" bezeichnen darf. Der Antrag auf Eröffnung eines Strafverfahrens gegen einen deutschen Blogger, der mit diesem Begriff in einem seiner Texte hantierte, wurde jedenfalls von der zuständigen Richterin abgelehnt.

WIDER DEN ZWANG ZUR TOTALEN TRANSPARENZ

Längst sind das Internet und die digitale Kommunikation zur Religion geworden. Man findet zwar noch keinen Gesetzesparagrafen, der die Herabwürdigung des Internets verbietet, aber immer wieder eine Menge Menschen, die sich in ihren Gefühlen verletzt fühlen, wenn man die Welt des Digitalen kritisch unter die Lupe nimmt.

Auch unter den Apologeten des Digitalen kann man, wie in der Politik, zwischen den Berufsoptimisten und den Wahnsinnigen unterscheiden: solchen, die vor allem ihr cooles Profitinteresse zur rückhaltlosen Apologie der digitalen Kommunikation treibt und denen, die an ihre eigenen Erlösungsfantasien tatsächlich glauben. Gemein ist diesen beiden Gruppen die Argumentationsfigur, die älteren Menschen, damit sind Menschen ab ungefähr dem vierzigsten Lebensjahr gemeint, die Fähigkeit abspricht, über das Internet überhaupt urteilen zu können. Die Jungen von heute gehen mit den Älteren um, wie diese mit den Jugendlichen in den 1950er und 1960er-Jahren umgegangen sind, wenn sie ihnen autoritär den Mund verboten haben, wenn sie am Familientisch mitreden wollten, wenn die Erwachsenen über Politik sprachen. Das Todschlagargument, das gerne verwendet wurde, war: „Davon verstehst Du nichts, du bist noch zu jung, um da mitreden zu können." Geht es um das Internet, heißt es heute häufig, will sich der ältere Mensch äußern: „Halt die Klappe Opa, du bist zu alt, um die digitale Welt zu verstehen." Ich kann diese Haltung absolut verstehen, haben die Jungen mit der digitalen Kommunikation nun endlich ein Thema zur Hand, mit dessen Hilfe man den Alten ihre autoritären Übergriffe von vorgestern zurückzahlen kann. Dennoch, einem gerechten und zweckmäßigen Diskurs können Ausschlussstrategien, wie verständlich sie auch immer sind, niemals dienlich sein.

Ein besonderes Beispiel für die Exklusion der Alten aus der Debatte über das Internet kommt aus der Popkultur. Dort hat es der Sänger der Gruppe Placebo, Brian Molko, gewagt, einen kritischen Song zum digitalen Superhighway mit dem Titel „Too many friends“ zu schreiben. In seinem Song beklagt er die Flüchtigkeit und Oberflächlichkeit der Kommunikation im Internet. Die Masse der Kontakte verhindert, dass man dem Einzelfall gerecht werden kann. Zudem wird das wirkliche Leben so stark von der virtuellen Kommunikation überlagert, dass das Reale quasi zum Second Life wird. Wenn man im Zug oder in der U-Bahn die Menschen weltabwesend in ihre Handys starren sieht, kann einem ein solcher Gedanke schon kommen. Deshalb Molkos Konsequenz: der Rückzug vom Superhighway in ein Leben ohne soziale Netzwerke.

Mit seinen Fluchtfantasien aus dem Superhighway ist Molko nicht alleine. Gerade lese ich in einer Studie, dass ein Drittel der österreichischen und deutschen Jugendlichen sich schon einmal für einige Tage eine „digitale Diät“ verordnet hat, weil sie von der Dauerkommunikation in den Social-Communities genervt waren. Für viele der Jungen ist die Online-Kommunikation längst kein freies Spiel mehr, sondern zur täglichen Pflicht geworden. Sie müssen Präsenz zeigen, um nicht den sozialen Anschluss zu verlieren und sie müssen täglich spannende Kommunikationsideen präsentieren, um Aufmerksamkeit zu finden, denn soziale Hierarchien bilden sich heute primär aufgrund der performativen Präsenz im Internet, sind also Folge der Beachtung, die man in lokalen und globalen Schwärmen findet. Und dabei geht es nicht darum, womit man Beachtung findet, sondern wie groß die Reichweite ist, die man mit seiner Aktion erzielt. Wie überall in unserer Konkurrenz- und Pseudoleistungsgesellschaft kommt auch hier Quantität vor Qualität.

Dies lässt sich sehr gut anhand der Präsentationen der neuen Youtube-Stars exemplifizieren, das sind Leute, die mit ihren Kurzfilmchen ein Millionenpublikum erreichen. In der Regel präsentieren hier Leute Trash-Commedy, deren Qualität locker die der Commedy-Massenwaren des Traditionsmediums Fernsehen, wie die von „Mario Barth" oder „Cindy aus Marzahn", unterschreitet – und das will etwas heißen. Nervöse Jungs mit Schirmkappen kommentieren im typischen Comedy-Jargon des deutschen Privat-TVs das Boulevard-Mediengeschehen von gestern und vorgestern, wie zum Beispiel eine Crowdfunding-Aktion für Silikonbrüste, Busenblitzer von Musikdiven, Bekleidungs-Fauxpas von Fernsehansagern, besoffene Barexzesse irgendwelcher B-Promis, Beziehungskrisen von Fußballstars und ähnlich Lebenswichtiges. Häufig findet man auch typische Migranten-Commedys à la „Was guckst Du", die spätestens dann nicht mehr lustig sind, wenn zum hundertsten Mal dasselbe Witzmuster durchgearbeitet wird. Ein Ehrenstigmatisierter, also ein integrierter Migrant, der den sozialen Ein- und Aufstieg geschafft hat, bestätigt auf witzige Art alle negativen Vorurteile, gegen die von xenophilen Grünpolitikern tagtäglich erfolglos argumentiert wird: zum Beispiel dass Polen stehlen, arabische Männer keinen Respekt gegenüber Frauen haben, türkische Jungs in fetten aufgepimpten Gebrauchtwagen um den Block cruisen, während sie sinnentleerte Machosprüche ablassen und Hip-Hop-Musik hören und vieles Ähnliches mehr. Dazu darf dann selbst der politisch korrekte Sozialarbeiter oder Migrationsforscher laut lachen, weil man die öffentliche Selbstdiffamierung niemanden verbieten kann und zudem wird auch den hohen Priestern der Political Correctness die Möglichkeit gegeben, einmal völlig befreit jene unterdrückten Haltungen und Emotionen herauszulassen, die sie insgeheim beherrschen und für die sie sich ein Leben lang schuldig fühlen. Aber egal und was auch immer diese Youtube-Stars mit Millionengefolgschaft präsentieren, es ist niemals Selbstzweck, sondern immer nur Mittel zur Erreichung eines

Massenpublikums und es ist dementsprechend stereotyp, plakativ, banal, uninspiriert, unkreativ, mainstreamorientiert und plagiiert. Alles bleibt im Rahmen des Üblichen, was auch nachvollziehbar ist, da es ja nicht um eine ästhetische Innovation, sondern um das Erreichen von Massenaufmerksamkeit geht.

Wenn du es im Internet nicht schaffst erfolgreich zu sein, dann schaffst du es nirgendwo. Das ist das Gesetz einer Gesellschaft, in der das Virtuelle das Reale längst an Bedeutung übertroffen hat. Doch die Dominanz des Virtuellen hat noch eine andere drastische Folge, sie verschärft die gesellschaftliche Kontrolle über den Einzelnen, die weitaus schlimmer ist, als die durch den US-Auslandsgeheimdienst NSA. Denn die schlimmste Kontrolle der Gegenwart ist die Überwachung, der die Menschen durch Communities und Schwärme ausgesetzt sind. Warum? Wer von Geheimdiensten überwacht wird, weiß nichts davon und so lange sich der Geheimdienst nicht zeigt, kann er keinen Druck auf das Verhalten der Überwachten ausüben.

Anders bei der offensichtlichen Kontrolle durch die Community. Hier sind die Kontrolleure präsent. Sie verbergen sich nicht, im Gegenteil, sie zeigen unverhohlen, dass sie zusehen und sie sagen auch öffentlich, was sie vom Handeln und Tun der Beobachteten halten, indem sie Feedback geben. Jeder fühlt sich heute bemüßigt, wie in den elenden Kommunikationsseminaren gelernt, zu allem und an jeden Feedback zu geben. Und wenn gerade keine lebende Person zur Verfügung steht, die man mit einem unsinnigen Kommentar behelligen kann, dann setzt man sich eben an den Computer und kommentiert Facebook-Profile oder Zeitungsartikel. Den Müllhaufen an Informationsramsch, der so entsteht, nennt man dann „User Generated Content (UGC)“. Diesem sogenannten Content wie und wo immer man kann zu entgehen, ist die große tägliche Aufgabe der letzten Individuen unserer Tage, die sich noch nicht der Pflicht zu einem hyperaußengeleiteten Leben unterworfen haben.

Der Schwarm will nicht nur insgeheim, also voyeuristisch am Leben der anderen teilnehmen. Machtvoll zeigt er seine Präsenz, setzt uns mit seiner Anwesenheit unter Druck, denn er will unser Verhalten beeinflussen, regulieren, aber nicht, weil er es ernst mit uns meint, sondern weil es ihn unterhält, wenn er einzelne Menschen in den Focus nehmen und vor sich hertreiben kann. Denn der boshafte Schwarm will nie etwas für andere tun, alles was er tut, tut er für sich selbst.

Täglich präsentieren die Teilnehmer der Online-Communities, welchen Beziehungsstatus, welche Frisur, welchen Job, welche Schulerfolge sie haben und welche Bücher sie lesen, welche Musik sie hören und welchen Sport sie betreiben. Selbst Ernährungsweise, sexuelle Vorlieben oder psychische Probleme werden veröffentlicht. Und nicht nur deshalb, weil sie es wollen, sondern weil sie es müssen. Es wird erwartet, es ist quasi die Erfüllung einer Pflicht. Die Kultur der schönen neuen Online-Welt ist eine Transparenzkultur. Sich zu entblättern ist in ihr keine Option, sondern Pflicht. Wer sich der Transparenzkonvention nicht unterwirft, der gilt als prüde, verschlossen und nicht modern genug. Und wer sich nicht in einem fort über alles und jedes aus seinem Leben mitteilt, der gilt als gehemmt, verklemmt und gestört.

Wir müssen sehen, dass vor allem für junge Menschen die Teilnahme an den Online-Communities keine Möglichkeit mehr ist, sondern ein verpflichtendes Gebot. Wer nicht dabei ist und sein Innerstes nach außen kehrt, wird schnell zum Außenseiter. Die Jugend unserer Zeit steht unter permanenter Kommunikations- und Begründungspflicht. Deshalb ist es nicht verwunderlich, das bereits über fünfzig Prozent der unter Dreißigjährigen über eine digitale Diät nachdenken. Und es ist nicht unvorstellbar, dass es über kurz oder lang Diätinstitute geben wird, professionelle Einrichtungen, die den digitalen Junkies zu einer Normalisierung ihres Kommunikationsverhaltens verhelfen, wie heute den Fresssüchtigen in Diätkliniken geholfen wird, wieder einen selbstkontrollierten Umgang mit der Nahrung zu erlernen.

Der harmlose kleine Reim von Brian Molko, der eigentlich sehr zurückhaltend und durchaus einfühlsam einen für die meisten Internet-User nachvollziehbaren Sachverhalt thematisiert, nämlich dass die Online-Kommunikation, die sich von Tag zu Tag immer weiter ausdehnt, immer mehr zur Pflicht wird, der sich keiner mehr entziehen darf, der in dieser Gesellschaft noch irgendeine Rolle spielen will und dabei immer mehr an sozialer Qualität verliert, weil der einzelne User aus Zeitgründen sich auf seine Gesprächspartner nicht mehr wirklich einlassen kann, führt zu einer kaum dem Anlass angemessenen aggressiven Suada auf der Musikonline-Plattform laut.de, die zudem vollkommen frei von Argumenten ist. Wenn der Online-Apologet böse wird und ihm gleichzeitig Begründungen fehlen, klingt das so:

„Ungelenk widmen sich Placebo dem Thema Online-Kommunikation und soziale Netzwerke. Dabei klingt der mittlerweile vierzigjährige Molko wie ein alter Mann, der mit gestelzten Worten und hohem Fremdschämfaktor über Dinge spricht, die er nicht mehr versteht.“ (http://www.laut.de/Placebo/Alben/Loud-Like-Love-89741)

Dabei könnte man durchaus auch von den Online-Apologeten erwarten, dass sie ein wenig auf die Skepsis des „alten Mannes“ eingehen, der sich Sorgen über die menschliche Qualität der Interaktion im Internet macht und der seine Kritik gegenüber einer überstimulierenden Zwangskommunikation zum Ausdruck bringt, der sich heute keiner mehr entziehen darf, will er nicht den sozialen Tod erleiden. Die sogenannten „Digital Natives“ müssen wohl auch noch ein wenig mehr die Fähigkeit zur Toleranz erlernen und sich vor allem die Technik des Perspektivenwechsels aneignen. Denn ihr Universum, das WWW, ist nicht die ganze Gesellschaft, das ganze Leben. Und es muss auch weiterhin das Recht für den einzelnen geben, seinen Computer wegzuwerfen und ein Leben ohne digitale Kommunikation zu führen. Jedenfalls rechtfertigt eine Entscheidung gegen die Teilnahme am Superhighway nicht, einen Menschen, ob jung oder alt, für nicht ganz normal zu erklären und ihn an den Schandpranger zu stellen.

DIGITALE KOMMUNIKATION IN EINER ÖKONOMISIERTEN KULTUR

Betrachten wir die digitale Welt weiter aus einer kritischen Perspektive und stellen uns gleich zu Beginn die Frage, unter welchen gesellschaftlichen und ökonomischen Bedingungen das Digitale sich in den letzten Jahren entfaltet hat.

Wenn wir die Essenz der gesellschaftlichen Bedingungen, unter denen sich das Digitale in den letzten Jahren entwickelt hat, aus dem Blickwinkel von Wilhelm Heitmeyer, einem der führenden deutschen Soziologen der Gegenwart, besehen, dann hat sich die rasante Ausdehnung des Digitalen in einer Welt der zunehmenden Ökonomisierung der gesamten menschlichen Lebenswelt vollzogen.

Die Imperative des Marktes wie Effizienz, Nützlichkeit, Verwertbarkeit und Rentabilität bestimmen in unserer durchökonomisierten Gesellschaft selbstverständlich auch die digitale Kommunikation. Die menschlichen Beziehungen, die in der Online-Welt eingegangen werden, stehen unter dem Diktat der Ökonomie und sind überwiegend Zweck- und Nutzbeziehungen, die in erster Linie der Akkumulation von ökonomischem und sozialem Kapital dienen. Die Netzbeziehungen haben primär utilitaristischen Charakter, sie zielen darauf ab, sich im Feld des Digitalen ökonomische und Beziehungsvorteile zu verschaffen. Es geht also in der virtuellen Kommunikation um Tauschprozesse, die sich im Spannungsverhältnis von Angebot und Nachfrage bewegen. Insbesondere die führende Social-Community, die Plattform Facebook, erscheint so als ein Marktplatz, auf dem es primär darum geht, das eigene soziale Kapital zu mehren, indem man seine persönliche Reputation gezielt steigert.

Aber während der User versucht, sein eigenes Kapital zu mehren, arbeitet er, zumindest immer dann, wenn er im Netz auf den kommerziellen Plattformen aktiv ist, auch an der Akkumulation des Kapitals der Eigentümer der Social-Communities. Wahrscheinlich ohne es zu wissen, macht er Zuckerberg mit jedem seiner Mausklicks reicher. Warum? Weil der Wert des Web 2.0 in der Gesamtheit der kommunikativen Äußerungen der User besteht. Indem der User kommuniziert, seine Daten zur Verfügung stellt, schafft er die materielle Basis für die Wertschöpfung der digitalen Unternehmen. Im Web 2.0 wird also, ganz im Sinne der Wirtschaftstheorie von Karl Marx, kollektiv produziert, während die Werte, die entstehen, weitgehend privat angeeignet werden. Die Wertschöpfung im Netz ist zudem auch deshalb besonders leicht und groß, weil die Produktionskosten recht niedrig sind. Um die Plattformen am Leben zu erhalten, genügen wenige Angestellte und einige gute Algorithmen. Und der neoliberale Staat lässt das Web 2.0, was Steuern und Abgaben betrifft, relativ unbehelligt. So zahlte Google in Großbritannien 2011 lediglich 1,5 Prozent Steuern, Facebook nur 0,1 Prozent. (marx21, 4/2013)

Mit Blick auf die sozialen Plattformen meint deshalb Miriam Meckel wohl zu recht: „Wer utilitaristisch dabei denkt und darin eine ökonomische Beziehung aus Angebot und Nachfrage sieht, ist kein Schelm, sondern schlau und hat die Prinzipien digitaler Freundschaften durchschaut. (...) Es sind virtuelle Tauschprozesse, die stattfinden, und dafür gehen wir viele Nutzen- und Zweckfreundschaften ein." (Meckel 2012:42)

Freundschaft ist in der Welt des Internet aber auch darüber hinaus heute zu einem „äußeren Gut" (vgl. McIntyre 1998) verkommen und findet ihr wahres Ziel nicht mehr in der Seelenverschmelzung, wie Montaigne sie definiert, wo „die Spur der Naht, die sie aneinander geheftet hat, gänzlich verschwindet" (Montaigne 2013:16), sondern in einer zweckhaften Vernutzung des anderen, der der Steigerung des persönlichen sozialen und ökonomischen Vorteils dient. Der Sinn einer solchen Freundschaft liegt außerhalb ihrer selbst, in den im weitesten Sinn ökonomischen Effekten, die sie hervorzurufen imstande ist.

Der Ursprungssinn der Freundschaft ist damit nicht bloß entstellt, sondern ganz verlorengegangen, sie ist in ein sinnfreies Tauschobjekt verwandelt worden, denn allem, was auf einem Markt – in unserem Fall dem Markt der virtuellen Kommunikation – gehandelt wird, ist der „inhärente" Sinn weitgehend entzogen. Wenn der „inhärente" Sinn verlorengeht, dann geht es nicht mehr um die Sache selbst, sondern nur mehr um den persönlichen Nutzen, den man mit ihrer Hilfe erzielen kann.

Das Wirtschaftssystem, nach dessen Regel sich die Facebook-Freundschaften realisieren, ist amoralisch, es ist nicht in der Lage, Bindungen und Gemeinschaft, die wichtigsten Quellen von Sinn, herzustellen. Mehr als es die Menschen zusammenführt, treibt es sie durch sein alles beherrschendes Konkurrenz- und Wettbewerbsprinzip auseinander. Wo es lediglich um Gewinn und Verlust geht, ist kein Sinn vonnöten. Es geht lediglich um den sinnfreien Nutzen des egozentrischen Vorteils. (Vgl. Comte-Sponville 2009)

Wie sehr die Ökonomisierung des Sozialen und der daraus folgende Utilitarismus die Persönlichkeit des postmodernen Menschen verändert hat, zeigen die Studien der deutschen Persönlichkeitspsychologin Tatjana Schnell. Sie konstatiert die Ausbreitung eines Menschentypus, besonders unter jungen Menschen, den sie unter dem Begriff „existenzielle Indifferenz" subsumiert. Ein Drittel der Mitglieder der deutschen Gesellschaft sind diesem Typus zuzurechnen. Es handelt sich dabei um Menschen, die ihr Leben nicht sinnerfüllt erfahren, aber nicht darunter leiden. Sie zeigen wenig Leidenschaft und geringe Bereitschaft zum Engagement, verhalten sich ihren Mitmenschen und dem Gemeinwesen gegenüber eher gleichgültig und oberflächlich. Tatjana Schnell meint, dass diese Menschen ein funktionsfähiges Real-Ich haben, aber keinen Zugang zu ihrem wahren Selbst. Der existenziell-indifferente Mensch hinterfragt nicht mehr seine Rolle in der Gesellschaft, sein technisches Funktionieren in den Bildungsinstitutionen und der Arbeitswelt. Er ist ein geduldiges Rädchen der ökonomischen Maschinerie, funktioniert mehr oder weniger geschmiert, ohne dass ihn die Frage quält, wofür das Ganze, was er so tut, eigentlich gut sein soll. (Vgl. Psychologie Heute, 2/2014) Gut in dieses Bild passt auch das sich häufende Antwortverhalten auf die Frage nach dem Sinn des Lebens, das in den letzten Jahren im Rahmen der Feldforschung des Instituts für Jugendkulturforschung zutage trat. „Sinn des Lebens? Einfach weiterleben, so von Tag zu Tag." Den Jugendlichen, die die Frage so beantworten, erscheint das Leben wohl als die Aneinanderreihung von Einzelereignissen, die relativ unverbunden aufeinanderfolgen, ein Kommen und Gehen von Erlebnispartikeln, die genauso schnell wie sie sich verflüchtigen, wieder durch neue ephemere Güter ersetzt werden können.

Albert Camus beschreibt in seinem Buch „Der Mensch in der Revolte" die tragische Konsequenz, die entsteht, wenn die Gesellschaft nur mehr eine Ansammlung von Individuen ist, die an nichts mehr glauben, für die nichts mehr Sinn und Wert hat. Wenn der Mensch in seinem Handeln nicht mehr von höheren Werten geleitet wird, dann wird es nur von der individuellen Wirksamkeit bestimmt, d.h. das was das Individuum will, muss Wirklichkeit werden. Wo es kein Gut und Böse, kein Wahr und Falsch mehr gibt, dort ist der Gradmesser des menschlichen Handelns dessen Wirksamkeit, das Durchsetzen der eigenen Interessen und Ziele gegenüber widerstreitenden Individualinteressen. Nach Camus wäre eine solche Welt nicht mehr in Gerechte und Ungerechte geteilt, sondern in Herren und Knechte. Wir nennen die Herren heute Sieger und die Knechte Verlierer. Wenn uns Werte und Tugenden abhanden kommen, dann geht es uns nur mehr darum zu gewinnen, egal was unser persönlicher Gewinn für das Gemeinwesen, dem wir angehören, bewirkt. (Vgl. Camus 1997)

Wie steht es nun mit der Beziehung zwischen Gemeinwesen und digitaler Kommunikation? Fördert das Internet die posttraditionellen Formen der Vergemeinschaftung, also eine Gemeinschaftsbildung, die von einengenden Formen des traditionellen Kollektivismus befreit ist und dem Individuum mehr Raum zur Gestaltung gibt, eine Gemeinschaft, in der Regeln und Normen zwischen den Gemeinschaftsmitgliedern ausgehandelt werden können und nicht unverrückbare und unhinterfragbare Überlieferungen der Tradition sind? (Zum Begriff „posttraditionale Gemeinschaften" vergl. Hitzler/Honer/Pfadenhauer 2008; Hitzler/Niederbacher 2010.) In seinem Buch „Kapitalistischer Realismus ohne Alternative?" greift Mark Fisher diese Frage auf, indem er den englischen Filmemacher Adam Curtis zu Wort kommen lässt. Für Curtis kultiviert das Internet Gemeinschaften von Solipsisten, „Interpassive Netzwerke aus Gleichgesinnten, die ihre eigenen Annahmen und Vorurteile verstärken, statt sie zu hinterfragen". (Vgl. Fisher 2009:88) Das Internet schafft mit seinen sozialen Netzwerken keine demokratische Öffentlichkeit, in der unterschiedliche Werte und Meinungen aufeinandertreffen, sondern seine Nutzer werden dazu angeregt, sich in kulturellen Nischen zusammenzufinden, in denen Gleichgesinnte unter sich bleiben und aufgrund der fehlenden Kommunikation und Konfrontation mit dem fremden Gegenüber, sich gegenseitig in ihren Vorurteilen und Fehlvorstellungen über andere Kulturen bestärken.

Ähnlich argumentiert Jan A. Fuhse, wenn er darauf hinweist, dass unterschiedliche Medien die Ausbildung spezifischer Netzwerkstrukturen und sozio-kultureller Formationen begünstigen. So bewirkt das Fernsehen die Synchronisierung von Informationen und vermittelt auch milieuspezifische Informationen über kulturelle Grenzen hinweg. Nicht nur die Alten erfahren dort etwas über das Leben der Jungen und umgekehrt, sondern auch die Hip-Hopper über das der Grufties oder die inländische Mittelschicht über das von migrantischen Randgruppen. Das Fernsehen leistet damit eine über gesellschaftliche Grenzen hinweg wirkende kulturvermittelnde Verständigungsarbeit. (Vgl. Fuhse 2011:46ff.)

Im Gegensatz zum Fernsehen wirkt das Internet eher separierend und diversifizierend. Ähnlich wie bei Printmedien erfolgt die Content-Auswahl der User gezielter und interessensgeleiteter als beim TV. Im Internet erfährt der User dadurch in erster Linie was ihn interessiert und erst in zweiter Linie was es alles gibt. „Auf diese Weise verstärkt das Internet den ohnehin schon beobachtbaren Trend der zunehmenden kulturellen Fragmentierung von massenmedialen Publika." (Fuhse 2011:48)

Mark Fisher geht in seiner Kritik einen Schritt weiter. Für ihn ist die Teilnahme an den postmodernen „Narzissmus-Netzwerken" wie Facebook nicht mehr als die „interpassive Simulation von Partizipation". In Wirklichkeit partizipieren die Teilnehmer nicht aktiv, sondern sie werden subtil manipuliert, sodass die präsentierten Ego-Profile sich in Form und Inhalt wie das sprichwörtliche eine Ei dem anderen gleichen. Und so ist der Content, den die Narzissmus-Netzwerke hervorbringen „repetitiv, parasitär und konformistisch". (Vgl. Fisher 2009:88f.) Es ist nicht weiter verwunderlich, dass sich in einer Versammlung der digitalen Konformisten, wie sie Facebook darstellt, typische, angepasste und damit eklektizistische Formen der Selbstinszenierung häufen. Alles ist nur mehr Kopie, nichts mehr einzigartig.

Der Modus, in dem Selbstdarstellung im Internet verläuft, ist der parasitäre, hemmungslose Eklektizismus der Nutzer, die bis ans Äußerste respektlos mit dem geistigen Eigentum und den Persönlichkeitsrechten anderer Netzteilnehmer umgehen. So gibt es im Jahr in Deutschland 250 000 Anzeigen, in denen Netzwerkteilnehmer anderen vorwerfen, ihre Identitäts- und Bildrechte zu missbrauchen. Fast sämtliche dieser Anzeigen bleiben folgenlos, weil sich die Betreiber vieler Netzwerke weigern, die Identität der „Parasiten“ und Mobber herauszugeben. Zumindest dort, wo der Parasit unterwegs ist, kann es zu keiner Gemeinschaftsbildung kommen. Der Parasit benutzt das Netzwerk egozentrisch, indem er online amoralische Praktiken vollzieht, die er außerhalb des Netzwerks nicht vollziehen könnte. Er nimmt am Netzwerk teil, um seinen persönlichen Egozentrismus zu befriedigen, auch wenn diese persönliche Befriedigung die Integrität und Stabilität des Netzwerks unterhöhlt.

Betrachten wir nun das Internet aus der Perspektive des Historikers, dann sehen wir, dass sein Ursprung gar nicht im marktwirtschaftlichen Denken liegt. Die Urform des Internets wird im Auftrag des US-Militärs an amerikanischen Universitäten entwickelt und von den Auftraggebern kaum kontrolliert. Am Anfang war das Digitale ein relativ freier, nichtkommerzieller Raum des Informations- und Datentauschs. Und so konnten die Nutzer des frühen Internets, primär Angehörige der Universitäten, mit diesem, ohne zu bezahlen, tun und lassen was sie wollten. Die Studenten der 1968er-Bewegung benutzten es beispielsweise zur Abstimmung, um ihre Proteste landesweit an den Universitäten simultan durchführen zu können. Die Studenten waren absolut frei im Umgang mit diesem Netzwerk. Im Gegensatz zu damals muss man heute über ein Bankkonto und eine Kreditkarte verfügen, um am Internet teilnehmen zu können. (Vgl. Weizenbaum 2001) Immer größer wird die Zahl der Angebote, für die man bezahlen muss. Die Ökonomisierung des ursprünglich freien Netzes schreitet unaufhaltsam voran.

Aus der Perspektive einer marxistischen Gesellschaftstheorie betrachtet, wurde ein in seinen Anfängen nichtkommerzielles Netz unter dem Markt subsumiert und ist nunmehr in erster Linie ein Instrument der Kapitalakkumulation geworden.

Aber wechseln wir nun die Perspektive und betrachten wir das Internet von der Warte der anarchistischen AktivistInnen der Occupy-Bewegung. Diese sahen im Internet vor allem das fortschrittliche Potenzial. (marx 21, 4/2013) Wie die Studenten der 1968er-Bewegung, können auch die postmodernen Protestbewegungen das Netz zur Organisation ihres Widerstandes gegen das herrschende System nutzen, indem sie es intern zur kommunikativen Abstimmung der Strategien und Taktiken des praktischen Widerstands und nach außen hin zur Schaffung von Zustimmung und der Mobilisierung von AktivistInnen nutzen. Aber Achtung, Feind hört mit! Denn auch die Geheimdienste schlafen nicht, haben ihre Überwachungstechnik längst perfektioniert und für das Internet adaptiert. Und so wissen diese genauso viel über die Taktiken des Widerstands wie der Widerstand selbst über seine Vorhaben weiß, was am Ende zu dessen Scheitern führen muss. Sollte der Widerstand wieder anti- oder nichtdigital agieren, um in Zeiten der totalen digitalen Überwachung Erfolg haben zu können?

In seinem Ende der 1950er-Jahren erschienenen Buch „Die einsame Masse", beschreibt David Riesman den modernen Menschen als „außengeleiteten Typus", der vor allem durch die fehlende Fähigkeit „seinen Weg alleine zu gehen" (Riesmann 1958:41) gekennzeichnet ist. Seine innere Radaranlage ist ständig in Betrieb, um die enge und weitere Umgebung zu durchforschen, um sich so Vorschläge und Ideen für die eigene Lebensführung einzuholen. Der außengeleitete Mensch ist überall und nirgendwo zu Hause, er ist schnell mit allem und jedem vertraut, kann mit jedermann leicht verkehren, verharrt aber am Ende der Welt und den Menschen gegenüber in einer oberflächlichen Beziehung. (Vgl. Riesmann 1958:40f.) Sein Blick ist fast permanent auf seine reale oder mediale Umgebung gerichtet, der größte Teil seines Lebens ist geleitet von der Anerkennung und den Erwartungen seiner Mitmenschen oder deren Stellvertretern, den Massenmedien. (Vgl. Riesmann 1958:47)

Die von Riesman in den 1950er-Jahren konstatierte „einfache" Außengeleitetheit hat sich in unserer Zeit, folgt man Sherry Turkle, in eine „Hyperaußengeleitetheit" verwandelt. Grund dafür sind die Mobiltelefone und das Web 2.0, die für ein permanentes Angeschlossensein der Menschen an ihren engeren und weiteren Freundes- und Bekanntenkreis sorgen und so den außengeleiteten Menschen die Möglichkeit bieten, für jeden Gedanken sofort ein bestätigendes oder ablehnendes Feedback einzuholen. (Vgl. Turkle 2012) Lange vor der Realisierung, wenn sich seine Vorhaben noch in einem weitgehend abstrakten Zustand befinden, wenn er sich noch tastend in der geistigen Welt des Potenziellen bewegt, holt der Mensch der Postmoderne das Urteil seiner Umgebung ein und schneidet damit jeder zart aufkeimenden Idee, die nur nonkonformistische Spurenelemente enthalten könnte, selbst den Weg der Realisierung ab. Ist der außengeleitete Mensch der Moderne ein Konformist gewesen, so ist der von digitalen Netzwerken kontrollierte Mensch der Postmoderne ein Hyperkonformist. Tag und Nacht damit beschäftigt, andere zu beobachten, die auch ihn beobachten, ist er einerseits aktiver Bestandteil einer Kontroll- und Zurichtungsmaschine, andererseits wird er von dieser aber auch selbst zugerichtet, auf „Normalmaß" zurechtgestutzt.

Aber gegen die digitale Kontrollgesellschaft keimt Widerstand auf, Unruhe entsteht. Dieser kommt vor allem aus der Gruppe der Jugendlichen, der unter Zwanzigjährigen. Was Sherry Turkle für die USA konstatiert, kann auch in Österreich beobachtet werden. Teenager versuchen sich mehr und mehr den Echtzeitanforderungen des Mobiltelefons zu entziehen und wollen auch nicht mehr länger hinnehmen, dass sie ihre privaten Informationen digitalen Konzernen zur Verfügung stellen, die damit Geld verdienen, ohne ihnen davon etwas abzugeben und die sie gleichzeitig zu einem transparenten Menschen ohne Intimsphäre machen. Von einem Bekenntnis zur „Post Privacy" ist bei den ganz Jungen also nicht viel zu bemerken, im Gegenteil, sie scheinen um ihre Privatsphäre und auch um ihre selbstkontrollierte „Innengeleitetheit" kämpfen zu wollen. Und so kommt es immer häufiger vor, dass Jugendliche ihre Mobiltelefone im Urlaub zu Hause lassen, um nicht auch in ihrer Erholungszeit permanent von ihren Freunden und Bekannten genervt zu werden. Oder sie erlegen sich selbst mediale

Fastenzeiten auf, um nicht ohne Unterbrechung unter dem Rechtfertigungs- und Selbstinszenierungsdiktat der digitalen Medien leben zu müssen. Gerade unter bildungsnahen Jugendlichen scheint sich das antidigitale Konzept einer größeren „Innengeleitetheit" auszubreiten.

Die digitalen Netzwerke sorgen aber auch für Konflikte in den Familien. Kinder ringen um die Aufmerksamkeit ihrer Eltern, der Gegner ist die digitale Kommunikationsmaschinerie. So stellt Sherry Turkle fest, dass immer mehr Kinder aus den amerikanischen Mittelschichten von ihren Eltern verlangen, beim Essen ihre Mobiltelefone abzuschalten. Sie fordern damit die ungeteilte Aufmerksamkeit ihrer Eltern für sich ein. Aber auch in anderen Lebenssituationen werden die physisch anwesenden, aber geistig abwesenden Eltern zum Problem für die Teenager.

„Teenager beklagen sich, dass ihre Eltern nicht einmal beim Essen von ihren Handys aufschauen und diese sogar zu Schulsportfesten mitbringen. Hannah, sechzehn, ist eine ernste, stille Elftklässlerin. Sie erzählt mir, sie versuche seit Jahren die Aufmerksamkeit ihrer Mutter zu bekommen, wenn diese sie von der Schule oder der Tanzstunde abholt. Hannah sagt: „Sie lässt den Wagen an, und dann fährt sie los und schaut dabei immer noch nach unten auf ihre Nachrichten. Sie sagt nicht einmal Guten Tag." (Turkle 2012:282 f.)

In der Zeit der totalen digitalen Netzwerke wird es für Kinder immer schwerer, von ihren Eltern die notwendige Anteilnahme an ihrem Leben zu bekommen. Nicht einmal im Urlaub funktioniert das, weil dieser längst zu einem Zeitabschnitt geworden ist, in dem man die Arbeit nur dort erledigt, wo es idyllischer ist als zu Hause. (Turkle 2012:) Und wie zu Hause sitzen die Erwachsenen am Strand und starren in ihre Laptops und Mobiltelefone und vergessen die soziale Realität um sie herum, ihre Kinder inklusive.

Die Qualen des digitalen Kontrollsystems machen gerade gebildete Jugendliche zu Botschaftern und Kämpfern des Anti-Digitalen. Margaret Meads Prognose einer „präfigurativen Kultur“ fällt uns hier wieder ein, einer Kultur, in der nicht mehr die Jungen von den Alten, sondern die Alten von den Jungen lernen. (Vgl. Mead 1971) Und so sagen die Jungen den Alten immer öfter: „Benutzt euren Kopf zum Denken und nicht nur dazu, ein Mobiltelefon dagegen zu halten.“ Denn sie wissen: Wer permanent sendet und empfängt, der kann weder die eingehenden noch die ausgehenden Daten richtig verarbeiten. Das Gehirn ist bei den Dauervernetzten und Permanentkommunizierenden de facto auf Durchzug gestellt. Was reinkommt, das kommt schnell und unbesehen wieder raus und das was rauskommt war nicht lange drinnen und ist dementsprechend kaum überprüft und durchdacht. Der Mensch, der hier kommuniziert, ist nicht Subjekt, sondern Objekt der Kommunikation, die Kommunikation kommuniziert, nicht er selbst.

Eine neue anti-digitale Kultur müsste sich gegenüber der oberflächlich-außengeleiteten digitalen Kommunikationskultur als Kultur eines innengeleiteten Lebens unter dem Einfluss einer vernünftigen Langsamkeit positionieren. Das Anti-Digitale will sich nicht nur Zeit für Entspannung und Muße nehmen, es will auch etwas bewirken, vor allem will es die Kommunikationskultur verändern. Und wie? Indem es Perioden der Reflexion, der Langsamkeit und der Entnetzung als Lebensnotwendigkeit und Menschenrecht reklamiert. Perioden, in denen das menschliche Handeln wieder unter Leitung des moralischen Gegensatzes von Gut und Böse betrachtet werden kann, in denen nicht das amoralische Handeln nach dem Prinzip des Stärkeren, die Durchsetzung der egozentrischen Selbstverwirklichung ohne Sinn und Verstand und ohne Wenn und Aber herrscht.

VON DER DIGITALEN FREMDBESTIMMUNG ZUR ANTI-DIGITALEN FREIHEIT

Es ist wohl unbestreitbar, dass die neuen Kommunikationstechnologien unsere Arbeitswelt effizienter gemacht haben, aber müssen wir nun zulassen, dass diese neue Effizienz der Arbeitswelt auch auf unser Privatleben übergreift, wo sie im Gegensatz zum Berufsleben mehr Fluch als Segen ist?

Denn die Beschleunigung, Intensivierung und Totalisierung der Kommunikation in der Familie und unter Freunden und Bekannten führt zur Verflachung der Beziehungskultur. Wenn wir miteinander sprechen, dann sprechen wir in Kürzeln und Formeln, in standardisierten Zeichen und Symbolen. Wir kommunizieren auch dann, wenn wir nichts zu sagen haben. Bevor wir nichts sagen, sagen wir irgendetwas. In der Kommunikation beginnen sich die Zeichen von den Inhalten zu lösen. Es genügt uns, zu wissen, dass der andere da ist und sendet. Was er sagt und was wir sagen ist zweitrangig. Anstelle zu sprechen, treten wir nur mehr in Verbindung. Wir opfern das Gespräch der Verbindung, die immer aufrechterhalten bleiben muss, egal mit wem, weil wir nur so das Gefühl haben, dabei zu sein und dazuzugehören. Allein der Gedanke an vorübergehende Entkoppelung von der Kommunikationsmaschine lässt in uns das Gefühl der Leere, des Verlassenseins und der existenziellen Sinnlosigkeit entstehen. Nur wenn die Kommunikation kommuniziert und wir ein Bestandteil dieser Kommunikation sind, fühlen wir uns lebendig und vollständig.

Der postmoderne Mensch kann vieles ertragen, zum Beispiel Fernsehsendungen wie „Dancing Stars", „DSDS" oder den „Musikantenstadel", was er aber absolut nicht erträgt, ist das Alleinsein. Aber gerade das Alleinsein ist es, das eine notwendige Voraussetzung für selbstständiges Denken und (kritische) Reflexion ist. (Vgl. Turkle 2013)

Das nicht Alleinsein-Können wird von einem zweiten psychosozialen Phänomen begleitet, das ebenso Folge der permanent und immer schneller laufenden Kommunikationsmaschine ist, dem Multitasking. Multitasking bedeutet, dass verschiedene kommunikative und rezeptive Tätigkeiten simultan verrichtet werden, d.h. es wird gleichzeitig telefoniert, Musik gehört, das Facebook-Profil bearbeitet, die Tageszeitung überflogen und die Hausaufgabe für die Schule gemacht. Oft wird die Jugend für ihre besondere Fähigkeit gelobt, alle diese Dinge gleichzeitig machen zu können, mancher meint, die Multitasking-Fähigkeit ist die hervorstechendste Eigenschaft, in der sich die Jungen von den Alten unterscheiden. Aber von Seiten der Psychologie kommen Einsprüche, denn die Multitasking-Fähigkeit ist eine neoliberale Illusion, eine utopische Fantasie der Beschleunigungsideologen. Schon im Jahr 1950 wurden am MIT von Collin Cherry Experimente durchgeführt, die deutlich widerlegten, dass der Mensch gleichzeitig mehr als eine Information aufnehmen und verarbeiten kann. So wurden Probanden über Kopfhörer am linken und am rechten Ohr unterschiedliche Sprachbotschaften eingespielt. Ausnahmslos alle Personen konnten sich nur an den Inhalt einer Botschaft erinnern. Von der zweiten wussten sie nicht einmal zu sagen, in welcher Sprache diese gesprochen worden war und ob die Stimme männlich oder weiblich war. (Vgl. Psychologie heute 2/2014:28f.) Fazit: Multitasking ist nicht möglich. Wir können nur zwischen verschiedenen kognitiv zu bewältigenden Aufgaben hin und her wechseln.

Der Mensch kann sich also nur auf eine Sache konzentrieren. Versucht er sich für mehr als eine Informationsquelle gleichzeitig offenzuhalten, dann muss er scheitern. Wie die Studierenden in den Vorlesungen von Sherry Turkle, die mit ständig offenem Laptop dasitzen. Sie erbringen signifikant schlechtere Leistungen als ihre Kollegen, die sich ausschließlich auf den Vortrag der Dozentin konzentrieren.

Was können wir tun, außer unseren Umgang mit der digitalen Kommunikationsmaschinerie bewusst zu gestalten und die Versuche mit dem völlig aussichtslosen Multitasking aufzugeben? Sherry Turkle empfiehlt neben digitaler Diät eine heilige Zone, einen heiligen Ort, an dem das Digitale Tabu ist. In der Praxis kann dies heißen: zu Hause kein E-Mail-Verkehr zwischen 20 Uhr am Abend und 8 Uhr am Morgen und das Wohnzimmer als heiliger Ort, aus dem alle digitalen Gerätschaften ausgesperrt bleiben. Vielleicht mit Ausnahme des CD- oder Mp3-Players, um klassische Musik oder Jazz zu hören.

LOS, STEIGEN WIR AUF DIE BREMSE

Hartmut Rosa konstatiert in seinem Buch „Beschleunigung und Entfremdung", dass sich das Tempo des sozialen Lebens, was so viel bedeutet wie die Steigerung der Handlungs- und Erlebnisepisoden pro Zeiteinheit, in den letzten Jahren deutlich gesteigert hat. Für uns Menschen bedeutet das, der praktischen Anforderung genügen zu müssen, mehr in immer weniger Zeit zu tun. (Vgl. Rosa 2013:17) Insbesondere in der Arbeitswelt hat die Beschleunigung zu einer drastischen Intensivierung der Arbeit geführt. Da alles immer schneller erledigt werden muss, werden immer mehr Handlungen und Tätigkeiten in immer kürzeren Zeiträumen zusammengedrängt. Für Pausen oder kurze persönliche Gespräche zwischendurch bleibt kaum mehr Zeit.

Die in der Arbeitswelt um sich greifende Beschleunigung ist Folge des konkurrenz- und wettbewerbsorientierten Marktes. (Vgl. Rosa 2013:35) Es gilt also die Formel: Mehr Markt führt zu mehr Geschwindigkeit, denn Profit entsteht aus der Fähigkeit, in geringerer Zeit eine höhere messbare Produktionsleistung erbringen zu können als die Mitbewerber.

Die Verbesserung ihrer Marktpositionen gelingt vielen Unternehmen primär über die krankmachende Intensivierung und Beschleunigung der Produktion auf Kosten der Gesundheit ihrer Mitarbeiterinnen und Mitarbeiter. Vor allem die psychische Belastung ist heute in der Arbeitswelt so groß wie nie zuvor. Trotzdem bleiben die unter das Joch der Hochgeschwindigkeitsproduktion und -kommunikation gezwungenen Menschen relativ ruhig. Warum? Weil sie das Funktionsprinzip der Hochgeschwindigkeits- und Konkurrenzgesellschaft internalisiert haben, es ist ein Bestandteil ihres Habitus geworden. Zudem wird den Menschen vermittels der Massenmedien tagtäglich die Geschichte von der Naturhaftigkeit des neoliberalen Verhaltensegozentrismus erzählt. Die Kombination aus unbewussten, habitualisierten Haltungen und kognitiv manipulierten Überzeugungen ergibt den bestens funktionierenden Leistungsträger, der sich so lange selbst ausbeutet, bis er zusammenbricht. Der psychische Zusammenbruch, Depression und Burn-out, ist die individuelle Ausstiegsmaßnahme aus dem Hochgeschwindigkeitsalltag, eine entschleunigende Maßnahme, ohne die der betroffene Mensch seine unbewusste und bewusste Bindung an die große Erzählung des Neoliberalismus aufgeben muss. (Vgl. Rosa 2013:48f.) Die Depression als Symptomatik des erschöpften Selbst konstituiert eine raum-zeitliche „Entschleunigungsoase“, in die sich das postmoderne Individuum zurückziehen kann, ohne völlig sein Gesicht zu verlieren. (Vgl. Ehrenberg 2008, Rosa 2013:48) Die Anerkennung der Erschöpfung als Krankheit legitimiert ein Verhalten, das unter anderen Umständen zur Ächtung und weitgehenden Exklusion des Erkrankten führen würde.

Die Beschleunigung des sozialen Lebens wird von der Hochgeschwindigkeitskommunikation angeheizt, die, das darf nicht vergessen werden, am Ende eine Folge der Beschleunigung ist, die durch die Entfesselung der Marktkräfte entsteht. Aber die Kommunikationsmaschine erzeugt nicht nur Geschwindigkeit, sie bringt auch eine Überfülle an Daten und Informationen in Umlauf, die den betroffenen Menschen an Konzentration und Fokussierung hindern. Und so besteht ein weiteres Problem des postmodernen Subjekts darin, nicht mehr das Gefühl zu haben, das tun zu können, was es wirklich will. Hartmut Rosa beschreibt dieses Phänomen als „Entfremdung gegenüber den eigenen Handlungen“. Und führt weiter aus: „Ich habe Entfremdung eingangs als einen Zustand definiert, in dem wir das, was wir tun, nicht wirklich wollen, obwohl wir aus freien Stücken handeln.“ (Rosa 2013:131) Was sind nun die Gründe dafür, dass wir uns unseren eigenen Handlungen gegenüber immer mehr entfremdet fühlen?

Folgt man Rosa, so ist an unserem Entfremdungsgefühl die digitale Kommunikationsmaschine federführend beteiligt, denn wir werden durch ihr ausuferndes Kommunikationsangebot immer mehr von dem abgelenkt, was wir wirklich wollen, wir sind zerstreut durch Überstimulation und Informationsoverflow. (Vgl. Rosa 2013:129 ff.)

Betrachten wir das Phänomen der Entfremdung von den eigenen Handlungen nun aus der Perspektive des Wissenschaftlers, der versucht einen Text zu verfassen. Wie ergeht es ihm dabei unter Bedingungen des Informationsüberflusses? Hartmut Rosa schildert dazu eine Situation aus seinem eigenen Leben: „Denken Sie nun an einen ganz gewöhnlichen Tag im Büro oder zu Hause: Sie schalten den Computer mit der (besten) Absicht an, etwas zu tun, was Sie eindeutig tun wollen. So habe ich den Computer heute zum Beispiel eingeschaltet, weil ich an diesem Buch über Beschleunigung und Entfremdung schreiben wollte. (Tatsächlich bin ich nicht ganz so sicher, ob ich das wirklich in diesem Moment tun will – vielleicht würde ich doch lieber das neue U2-Album anhören, das ich mir eben gekauft habe, aber das Manuskript ist seit zwei Jahren überfällig!) Bevor ich zu schreiben begonnen habe, bin ich schnell auf ein paar Internetseiten verbeigesurft, auf denen ich Stammgast bin: Ein kurzer Blick auf CNN, die Bundesligaergebnisse und eine Homepage mit den neuesten Progrock-Nachrichten. Es ist schwer zu sagen, ob ich wirklich auf diese Weise im Internet surfen wollte. Auf jeden Fall entstand ein komisches Gefühl des Ungenügens, das mit jedem Sprung größer wurde, denn ich habe so gut wie keinen der begonnenen Artikel zu Ende gelesen. Natürlich könnte man das einfach als mein persönliches Problem der Willensschwäche abtun, das nichts mit entfremdenden Sozialstrukturen zu tun hat. Darauf könnte ich entgegnen, dass dieselbe entfremdende, frustrierende Erfahrung von Millionen oder Milliarden von Internetnutzern geteilt wird und daher kaum auf eine persönliche Schwäche reduziert werden kann. Aber das ist hier nicht entscheidend, und ich akzeptiere für den Moment den Vorwurf. Denn im nächsten Schritt verschärft sich das Problem noch: Ich werfe einen kurzen Blick in mein E-Mail-Postfach. Die nächsten eineinhalb Stunden habe ich Dinge getan, die ich definitiv nicht tun wollte. Ich muss hier nicht in die Details gehen, weil Sie bereits wissen, was ich meine: Ich wollte an meinem Buch schreiben und habe stattdessen alle möglichen Dokumente und Antworten verschickt und mich dabei mit einer Reihe von Sorgen und Abwägungen ‚angesteckt', die ich vorher nicht hatte. Am Ende blieben für das Buch ganze 30 Minuten." (Rosa 2013:131f.)

Was Rosa hier schreibt ist wohl jedem von uns bekannt. Wir wollen etwas tun, kommen aber nicht dazu, weil wir von allen Seiten mit Informationen bombardiert werden, derer wir uns nicht erwehren können, die uns in ihren Bann ziehen, die uns zerstreuen, die uns von den Handlungen ablenken, die wir eigentlich geplant hatten zu tun. Was können wir dagegen machen? Aus der Perspektive des Wissenschaftlers betrachtet „Mediendiät" halten (z.B. Arbeitscomputer ohne Internetanschluss) oder die Schaffung „heiliger Arbeitsorte", an denen alles Digitale verboten ist. Aber das sind alles individuelle Lösungen. Gesellschaftliche Veränderungen haben wir damit noch nicht erreicht.

VON DER SUSPENSION DES VERSTANDES ZUM EXZESS DER INTUITION

Die intuitive Anschauung ist eines der neuen Dogmen unserer Zeit. Plötzlich muss man wieder zur Einfühlung, zum gedankenlosen Verstehen von Ereignissen und Phänomenen in der Lage sein. Hieß uns die Aufklärung uns des Verstandes zu bedienen, so verordnet uns die postmoderne Abgeklärtheit, unsere Entscheidungen unseren Gefühlen zu überantworten. In Umkehrung des Diktums von Sigmund Freud könnte man sagen, das Motto der Postmoderne lautet: „Wo Ich war, soll Es werden."

Die Einfühlung tritt besonders dort auf den Plan, wo es um die Zukunft geht. Weil man ja von der Zukunft nichts Genaues wissen kann, muss man sie erfühlen. Vor allem die Manager müssen vor allen anderen die Zukunft kennen, wollen sie doch erfolgreich in Entwicklungen und Vorgänge investieren, die heute noch nicht bekannt sind. Denn wer zuerst weiß, was kommt und rechtzeitig auf den richtigen Trend setzt, der ist am Ende der Marktführer und verdient am meisten. Damit das Management zukunftsfit gemacht wird, steht ein Heer von Managementtrainern zur Verfügung, das den Geschäftsführern, Vorstandsdirektoren und Marketingleitern dabei helfen soll, die Zukunft vor ihren Mitbewerbern „erfühlen" zu können. Längst hat sich eine Blase der Idiotie gebildet, in der sich skurrile Alchemisten und Schamanen der esoterischen Zukunftsschau zusammenfinden, allzeit bereit dem zukunftsgeilen postmodernen Management auf die Sprünge zu helfen.

Eine Zukunfts-Séance, also eine spirituelle Sitzung zur Zukunftsschau, durfte ich selbst bei einem großen österreichischen Finanzdienstleister miterleben. Eine umtriebige Marketingleiterin, offen für alles, das sich weitab von Vernunft und Verstand ereignet, hatte einen der besten deutschen Zukunftsgurus eingeladen, der zur Eröffnung der Séance mit einer kühn gesprungenen Pirouette in den Seminarraum platzte. Sein Credo war: „Die Zukunft kannst du nicht denken, die Zukunft musst du tanzen." Und das machte er dann auch. Laut predigend turnte er vor unseren Augen auf und ab, verrenkte sich, schwitzte, beugte sich, streckte sich, lief vorwärts und rückwärts, rüttelte und schüttelte sich, wie man es sonst nur von Predigern aus amerikanischen Freikirchen kennt. Am Ende mussten wir einen Kreis bilden, uns bei den Händen fassen, die Augen schließen und an die Zukunft denken. Dieses Gemeinschaftsritual sollte sie uns offenbaren. Es war interessant zu sehen, wie sich eine Riege von Spitzenmanagern von einem aufgeblasenen Gaukler tatsächlich dazu verleiten ließ, im Ringelreih Hand in Hand zu stehen, um sich in die Zukunft einzufühlen. Ein offensichtlicher Beweis dafür, dass die Zeit der Aufklärung auch im Management vorbei ist. An die Stelle der Vernunft ist dort ein geistloser Spiritismus auf Kindergartenniveau getreten.

Neben den clownesquen manifesten Erscheinungen der Zukunfts-Séance ist es mir wichtig, auf deren latenten Inhalt zu sprechen zu kommen, der im Kern in der Überwältigung des kritischen Verstandes durch ein Spektakel der Reize besteht. In diesem Punkt ist der postmoderne Managementspiritualismus eine Metapher für unser ganzes Zeitalter, dessen Wesen darin besteht, den wachen Geist durch permanente Sinnesreize zu narkotisieren.

Der Mensch lebt in drei Welten. In einer inneren, einer sozialen und einer äußeren Welt. Die äußere Welt – das sind alle Umweltreize zusammengenommen – hat sich in den letzten Jahrzehnten überproportional erweitert. Um nur ein Beispiel zu nennen: Jugendliche erhalten im Durchschnitt hundert Online-Botschaften am Tag. (Vgl. Psychologie heute 2/2014) Darüber hinaus klingelt das Handy oder empfängt brummend SMS-Nachrichten, im Ohr dröhnt Hip-Hop- oder Rockmusik, vom Gaming – mobil und stationär –, hundert TV-Stationen, diversen Radiosendern und der flächendeckenden Belegung des öffentlichen Raums mit Bild- und Tonbotschaften, inklusive die überbordende Plakatwerbung und den unzähligen Below-the-Line-Aktivitäten (Promotions, Toilettenwerbung, Freecards, Schulwerbung, Floorbranding etc.) ganz zu schweigen. Neueste „Below-the-Line"-Aktivität der Werbebranche: die Vibrationsbox. Sie tritt dann in Aktion, wenn man während einer Zugsfahrt ermüdet den Kopf gegen die Fensterscheibe lehnt. Dann wird eine Werbebotschaft per Hochfrequenz-Schwingungen am Ohr vorbei direkt in den Schädelknochen hineinvibriert. Die Werbeagentur BBDO und der TV-Sender Sky experimentieren und spielen bereits mit dieser neuen Idee. BBDO testet die neue Werbeform auf deutschen Zugsstrecken und Sky thematisiert sie in einem Werbevideo auf Youtube. Übrigens: Die Google-Brille „Glass", die uns ab 2014 permanent mit der digitalen Kommunikationsmaschine verbindet, so lange wir sie auf der Nase tragen, arbeitet auch mit dieser neuen Knochenschalltechnik. (Vgl. http://www.spiegel.de/netzwelt/gadgets/sprechende-zugfenster-diese-werbung-weckt-schlafende-pendler-a-909619.html)

Eine äußere Welt, die uns ohne Unterbrechung bestürmt, indem sie uns durch immer ausgefeiltere und gewieftere Techniken von unserem selbstbestimmten Tun ablenkt, sorgt dafür, dass Kinder, Jugendliche und Erwachsene nicht mehr bei der Sache bleiben können. Und zudem führen wir weniger Gespräche, schlafen weniger, in den westlichen Ländern etwa eine Stunde weniger als noch vor zwanzig Jahren. (Vgl. http://www.zeit.de/2010/44/Schlafkultur) Und Überraschung – wir arbeiten auch weniger, dagegen verbringen wir am Tag zwischen sechs und neun Stunden mit den neuen Medien. (Vgl. Psychologie heute 2/14)

Die Ablenkung, die wir so erfahren, betrifft nicht nur unsere Sinne, sondern wirkt auch auf unsere emotionale Befindlichkeit ein. Das heißt, dass wir häufig aufgewühlt und aufgeregt sind, aber nicht deshalb, weil in unserem realen Leben etwas passiert, sondern weil uns Geschichten vom aufregenden Leben anderer vorgespielt wurden oder weil uns Bild- und Tonreize alleine durch ihre schrille Präsenz aufregen. Der permanente Erregungszustand, in dem wir uns befinden, führt zum Verlust des fokussierten, tiefen Lesens. Diese Fähigkeit hat der Mensch des dritten Jahrtausends in der Regel bereits verloren. Verantwortlich dafür ist eine Umwelt, die uns mit Reizen überflutet, uns nicht zur Ruhe kommen lässt. (Vgl. Psychologie heute 2/2014)

Wer führt und leitet uns nun, wenn wir nicht konzentriert und fokussiert sind, wenn wir abgelenkt und nicht bei uns sind? Wenn wir nicht konzentriert sind, dann übernimmt das sogenannte Bottom-Up-System das Kommando in uns, die alte subkortikale Gehirnstruktur. Unser Handeln ist dann intuitiv. Das Bottom-Down-System, das versucht, uns durch den Verstand zu führen, ist mehr oder weniger ausgeschaltet, wenn wir nicht fokussiert sind, das Es, die Triebe, das Dunkle und Abgründige in uns, das wir beherrschen müssen, um unsere Zivilisation zu erhalten, gibt dann den Ton an. So gesehen ist unsere sich vordergründig so rational inszenierende Kultur in Wirklichkeit schon längst eine Kultur des Irrationalen und Triebgeleiteten geworden. Aber am Ende des Tages haben wir nicht einmal etwas davon, wenn wir uns unseren Trieben überlassen, weil wir bei unserem Triebhandeln ständig unterbrochen und damit von der Erreichung des lustbringenden Triebziels, der Triebbefriedigung, in der Regel dadurch, dass uns ständig neue Sensationen vorgeführt werden, abgelenkt werden und weil die meisten irrationalen Erregungszustände, die wir erfahren, virtuell sind und damit immer den schalen Beigeschmack des Künstlichen oder gar der Fälschung haben.

So werden wir zum Tier, ohne dafür den gerechten Lohn, das unschuldige Gefühl der Lust, konsumieren zu dürfen. Und am Ende steht der Mensch der Postmoderne da, sowohl von Apollon, dem Gott der Individualität, verlassen und in ein Herdentier der Massenkommunikation verwandelt, als auch von Dionysos, dem Gott des Rausches, weil die meisten seiner Erregungszustände nur medial vermittelte, unechte, geliehene, oberflächliche Leidenschaften sind – ein Pseudowesen mit nur nachgemachten, maskierten Leidenschaften, das nur nachgemachte maskierte Reden schwingt. (Vgl. Nietzsche 2007:69)

SELFIES UND SEXTING: EGOKULT UND SELBST-ENTBLÖSSUNG

Sucht man nach Beispielen für die freiwillige pornografische Zurschaustellung von Menschen, die der Logik der performativen Ökonomie des digitalen Panoptikums folgt, so stößt man auf den Begriff Selfie. Selfie bedeutet sich selbst fotografieren und das Foto ins Internet stellen. Selfies funktionieren nach dem Prinzip der Ökonomie der Selbstdarstellung. „Ich performe, also bin ich", lautet ihr Motto. (Neon 2014.107)

Aber die Funktion eines Selfies ist nicht primär eine ästhetische. Vielmehr geht es dem Absender des Selfies um Selbstvermarktung, um die Erhöhung seines Marktwertes am Markt der performativen Ökonomie. Das Selfie folgt einer Kultur der Aufmerksamkeit, in der öffentliche Präsenz und Sichtbarkeit durch Wertsteigerung belohnt wird. Das Selfie ist damit ein Instrument der persönlichen Kapitalakkumulation, es dient vor allem der Mehrung des persönlichen Sozialkapitals.

Immer wenn der Markt ins Spiel kommt, muss die Authentizität zurücktreten. Es geht nicht mehr darum, so zu sein und auszusehen, wie man sich fühlt oder wie man sich sieht. Es geht darum, das eigene Aussehen an den Marktstandards auszurichten. Damit ist das Selfie keine authentische Selbstdarstellung, sondern warenästhetische Performance, am Ende der Versuch, den eigenen Tauschwert durch ein manipuliertes Selbstporträt zu erhöhen.

Das Selfie verweist aber auch auf ein Internet, das längst unter den Markt und seine Gesetze subsumiert ist. Vor allem in den Online-Social-Networks geht es nicht mehr um solidarischen, wertschätzenden, zweckfreien Austausch unter Freunden. Vielmehr ist die Kommunikation bei Facebook und Co die Fortsetzung des alltäglichen Kampfes um maximalen Nutzen mit anderen Mitteln. Wir wissen, dass Selfies im Spannungsverhältnis zwischen Individualität und Anpassung stehen, sehen aber in der Praxis, dass der Raum relativ eng ist, in dem sich ästhetische und biografische Identität in sozialen Netzwerken entfalten kann. (Vgl. Debug 7/8, 2013:42f.) Kritische Kommentare sehen in den Selfies eher eine Form der Optimierung der eigenen Selbstdarstellung, die den Normen und Regeln der herrschenden Mode- und Warenästhetik unterworfen ist. Das Selfie ist wohl mehr Selbstentfremdung als authentische Selbstoffenbarung.

In den letzten Monaten zeigt sich nun der Trend vom Selfie zum Sexting. Unter Sexting subsumiert man „Nude Selfies" oder sexuell aufgeladene Textnachrichten. Amerikanische Studien wollen herausgefunden haben, dass in den USA bereits vier von fünf StudentInnen eine solche Nachricht bekommen oder selbst verschickt haben. In der Zwischenzeit wurde Sexting als Ausdruck sexueller Online-Erregung auch ins Oxford Dictionary aufgenommen.

DIE DATENBRILLE – DIE DIGITALEN ÜBERWACHEN SICH GEGENSEITIG UND DIE ANTI-DIGITALEN GLEICH MIT

Das Jahr 2014 sollte das Jahr der Datenbrille werden, wenn es nach Google, dem Unternehmen, das in diesem Jahr mit seinem Produkt „Glass" auf den Markt kommt, und anderen Anbietern gegangen wäre. Aber zum Glück stockt es in der Produktion und Markteinführung dieses neuen Folterinstruments der Transparenzgesellschaft. Kommt die Datenbrille irgendwann dann doch, sind wir auch nicht mehr auf der Straße und unserem gesamten nicht-digitalen Alltag vor der digitalen Kommunikationsmaschine und ihren naiven Helfern, den digitalen Konsum- und Kontrolljunkies, sicher. Die digitale Maschine, die am liebsten unser ganzes Leben protokollieren möchte, wird nun mobil, indem sie sich auf die Nase ihrer Jünger setzt.

Wobei sollen die Datenbrillen den Usern nun helfen? Natürlich in erster Linie beim Konsumieren. Von geheimnisvollen Algorithmen werden sie durch die Straßen gelenkt, von einem ultimativen Konsumtrip zum anderen. Und gleichzeitig besorgen die Brillen das Geschäft des Überwachungsstaates und der Kontroll-Ökonomie. Was die Online-Junkies mit ihren Brillen anstarren, landet z.B. bei Google (oder bei der NSA?) und wird dort protokolliert, um von dort weiter verteilt zu werden, an die Marketing-Agenturen, die dann neue kommerzielle Tipps für ihre konsumsüchtige Kundschaft generieren und diese dann hurtig in das Blickfeld des Brillenusers einspielen werden.

Neben dem staatlichen droht also das kommerzielle digitale Panoptikum. Google arbeitet bereits an einem System, das Menschen im Internet alleine aufgrund ihres Konsumverhaltens erkennen kann. Toll. Somit müssen wir gar nicht mehr bei Google registriert sein und trotzdem ist unsere Identität für den Online-Dealer ein offenes Buch.

Aber auch dem Einzelhandel werden die Brillen helfen, ihre Konsumenten besser zu durchschauen, transparenter zu machen und man wird sich die aufwendige Organisation von Vorteilskartensystemen und Mitgliederclubs ersparen. Die Vorteilskarten, die ja in erster Linie der Observation des Konsumverhaltens der Kunden dienen, werden schlicht dadurch obsolet, dass man nun den Weg der bebrillten Konsumenten durch den Laden verfolgen kann und mittels Blickpunktverlaufsanalyse genau feststellen kann, auf welchen Waren sein Blick wie lange geruht hat. Damit lassen sich auch mit ein wenig analytischem Geschick seine Konsumpräferenzen feststellen. (http://www.zeit.de/digital/mobil/2013-08/datenbrillen-meta-spaceglasses-oculus-rift)

Aber die Brillen werden mehr können, als den Konsumsüchtigen beim Konsumieren zu helfen. Sie werden wohl auch das Vermögen besitzen, den Mitmenschen, der in Zeiten des Neoliberalismus in der Regel als Mitbewerber oder in einer anderen Form als Konkurrent, z.B. als Mitstudierender beim Kampf um den Studienplatz oder als ArbeitskollegIn beim Wettbewerb um den höher dotierten Job, aufritt, zum eigenen Vorteil besser zu durchschauen. Die eingebaute Mimik-Software wird uns dann verraten, wie die Befindlichkeit unseres Gegenübers ist, ob er sicher oder unsicher ist, ob er Sorgen hat oder optimistisch in die Zukunft schaut. Auch die kleinste Schwäche unserer Kontrahenten werden wir erkennen können und wir werden diese, so wie wir auf Wettkampf trainiert sind, erbarmungslos ausnützen.

Die Frage, die sich aus einer demokratiepolitischen Perspektive stellt ist: Sind wir als Anti-Digitale verpflichtet, die Observationen durch die Brillenträger im öffentlichen Raum hinzunehmen? Dürfen wir die Lokalbesucher am Nebentisch bitten, uns nicht weiter mit ihren Brillen anzustarren, damit sie mit ihren integrierten Bilderkennungsprogrammen unsere Identität feststellen oder unsere Gefühlslage auslesen können? Unter welchen Umständen dürfen wir sie gar bitten, ihre Brillen abzunehmen?

Sollten wir nicht schleunigst damit beginnen, über gesetzliche Rahmenbedingungen der Brillennutzung und eine Nutzungsetikette in öffentlichen Räumen zu diskutieren? (Vgl. Die Zeit 1/2014, Rolling Stone 2/2014)

DAS SMARTPHONE: EIN INSTRUMENT DER SELBSTKONTROLLE

Gilles Deleuze unterscheidet den Typus der Disziplinargesellschaft von jenem der Kontrollgesellschaft. Während in der Disziplinargesellschaft die Menschen in Einschließungsmilieus konzentriert werden, um sie dort durch Fremdzwang zu beherrschen, steht die Kontrollgesellschaft für neue Formen der Herrschaft mit verständnisvollem, freundlichem, lächelndem Gesicht. Die neuen Kontrollmechanismen stellen in ihrer repressiven Wirksamkeit aber „den härtesten Einschließungen in nichts" nach. (Vgl. Deleuze 1993:256)

Anstelle der Fremdsteuerung der Disziplinargesellschaft tritt in der Kontrollgesellschaft die Selbststeuerung. Fremdzwänge werden internalisiert, Außendruck wird durch Innendruck substituiert. „Anders als in der Disziplinargesellschaft, in der die Menschen aus Furcht vor Bestrafung gehorchen, muss der Mensch der Kontrollgesellschaft das Gefühl bekommen, selbst zu wollen, was andere von ihm verlangen. Kontrolle tritt dabei mit freundlichem, freiheitlichem Antlitz auf: Als Eigenverantwortung, Mitbestimmung und Wahlfreiheit." (Heinzlmaier/Ikrath 2013:59)

Der postmoderne Mensch setzt sich mehr selbst unter Druck, als dass er von anderen unter Druck gesetzt wird. Wird er seinen eigenen Maßstäben, die qua elterlicher Erziehung, Bildungsinstitutionen und Massenmedien in sein Selbst eingesenkt und eingeprägt wurden, nicht gerecht, fühlt er sich schuldig und leidet. Die Ideologie der Selbststeuerung und die ihr zugehörigen Werte und Ideale werden im Menschen im Zuge seiner Sozialisation wie ein imaginäres Implantat verankert. Der Typus des selbstgesteuerten Menschen, der heute massenhaft auftritt, wird von Ulrich Bröckling mit dem Begriff des „unternehmerischen Selbst" bezeichnet. Der selbstgesteuerte Unternehmer bezieht seine Antriebsenergie in erster Line aus seinem Inneren. Er soll seine Macht über sich selbst, sein Selbstbewusstsein und sein Selbstwertgefühl ebenso wie seine Arbeitsleistung und seinen Wohlstand maximieren. „Kurzum. Unternehmerische Selbste fabriziert man nicht mit den Strategien des Überwachens und Strafens, sondern indem man die Selbststeuerungspotentiale aktiviert." (Bröckling 2007:61)

Damit wir unser Selbst besser kontrollieren können, bringt die digitale Industrie laufend neue Gadgets auf den Markt, mit deren Hilfe wir uns unser perfektes persönliches digitales Panoptikum bauen können, ein Panoptikum, mit dem wir uns im schlechtesten Fall selbst in den Wahnsinn treiben. Denn wer zu perfekt dem internalisierten Zwangssystem gerecht zu werden versucht, wird am Ende depressiv oder endet im Burn-out. (Vgl. Ehrenberg 2008)

Ein weitverbreitetes Instrument der Selbststeuerung und Selbstkontrolle ist das Smartphone. Es ist ein universales Steuerungsinstrument, mit dem wir uns wecken lassen, Hotelbuchungen vornehmen, Taxis rufen, Urlaubsreisen buchen, unsere Termine verwalten, dessen Erinnerungsfunktion wir nutzen, E-Mail-Nachrichten erhalten und sortieren und uns mithilfe seines Navigationstools durch Land und Stadt leiten lassen. Durch das Smartphone wird unser Zeitmanagement verbessert, wir können effizienter mit unseren Ressourcen umgehen, wir verlieren aber gleichzeitig Freiräume, unbewirtschaftete Zeiträume, in denen wir unseren persönlichen Interessen nachgehen, belanglose Gespräche führen oder einfach nur tagträumen. Das Smartphone passt uns an die uns umgebenden raum-zeitlichen Strukturen an und entfremdet uns von den Wünschen und Bedürfnissen des eigenen Selbst.

Aber das Smartphone entfremdet uns nicht nur von unserem Selbst, es entfremdet uns auch von unseren Daten, die von den Betreibern der Apps, die wir tagtäglich benutzen, angeeignet, weiterverkauft, für die Erfordernisse kommerzieller Kommunikation ausgewertet und zusätzlich vom NSA abgeschöpft werden. Wie die Produkte unserer entfremdeten Arbeit, tritt uns auch die von uns produzierte Datenmenge als fremde, feindliche Macht entgegen.

Dennoch, ohne Smartphone fühlen wir uns nackt, ausgeliefert, alleine gelassen. Tagsüber suchen wir es oft hektisch in unseren Manteltaschen und sind beruhigt, wenn wir es finden. Und oft meinen wir sein Vibrieren zu spüren, um am Ende zu sehen, dass das Gerät gar nicht vibriert hat, dass weder eine SMS-Nachricht noch eine E-Mail angekommen ist. In einer Umfrage unter angehenden Ärzten gaben vier von fünf von ihnen zu, dass sie solche Phantomvibrationen regelmäßig wahrnehmen. (Cicero 2/2014:14) Viele von uns spüren Handysignale, die es gar nicht gibt, weil wir hypersensibilisiert sind.

Unsere Nerven sind ständig gereizt, auch wenn wir glauben, dass unsere Rezeptoren im Off-Modus sind, ist unser Wahrnehmungssystem hochgradig reizsensibel. Hinzu kommt, dass viele von uns ständig förmlich nach einer Nachricht lechzen. Und so ist vielfach der dringliche Wunsch der Vater des Vibrationsgeschehens in der Manteltasche. Wir verzehren uns so sehr danach digital angesprochen zu werden, dass wir Wahrnehmungen entwikkeln, die keinen Grund in der Realität des Geschehens haben, das uns umgibt.

VOM SMARTPHONE ZUM INTERNET DER DINGE

Nach und nach treten immer mehr „intelligente" Dinge an die Seite des Smartphones, die unser Leben kontrollieren. Manche davon sind heute schon real, andere nur ein kleiner visionärer Vorgriff der Fantasie auf die naheliegende Zukunft.

Da wären die Armbanduhr, die unseren Puls und Blutdruck überwacht, das Auto, das erkennt, ob wir zu müde oder frisch genug zum Fahren sind, der Kühlschrank, der selbsttätig Getränke beim Lieferservice nachbestellt, wenn der Mindestbestand unterschritten ist, die Kreditkarte, die die Zahlung verweigert, weil wir in diesem Monat schon zu viel Wein eingekauft haben. Mehr und mehr werden Normen und Regeln von technischen Systemen durchgesetzt und zwar ohne Wenn und Aber, d.h. ohne jeglichen Spielraum für das individuelle Ermessen. In Zukunft wird es wohl nicht mehr unserer Entscheidung obliegen, ob wir das Ernährungsverhalten an die Ratschläge des Arztes anpassen. Der mit unserem Kühlschrank direkt verbundene Server der Gebietskrankenkasse wird diesen anweisen, nur mehr Speisen und Getränke zu bestellen, die Low-Fat-Produkte sind.

Im Jahr 2015 werden weltweit 15 Milliarden Geräte mit dem Internet verbunden sein, 2020 wären es 40 Milliarden. (Cicero 2/2014:14) Die Kontrollmacht von digital vernetzen Maschinen über den Menschen wird sich damit drastisch ausweiten.

Im Jargon der Kommunikationswissenschaft spricht man vom „Internet der Dinge", wenn Alltagsobjekte das Vermögen besitzen, zu uns zu sprechen. Aber mehr und mehr sprechen technische Apparate auch untereinander, ganz unabhängig von unserem Wollen und Tun. Dieses Phänomen zeigt sich vor allem in der industriellen Produktion, wo vermehrt „autonome Produktionsmittel" zum Einsatz kommen. Die Verschmelzung von Informationstechnik, Telekommunikation und Fertigungsindustrie macht die Autonomie der Produktion möglich. Folge dieser Entwicklung ist, dass sich die Produktionsmittel zum Beispiel der Zuliefer- und der Endfertigungsproduktion in der Autoindustrie ohne Zutun von Menschen darüber unterhalten können, wann und wie viele Räder, Autositze und Tankschlösser noch und wann zugeliefert werden müssen und am Ende auch anhand von Mindestbestandsgrenzen selbstständig die Entscheidung treffen. Die Fertigungsstraßen bestellen selbst, was sie zur Abwicklung der Produktion brauchen. Aber nicht nur die Produktionsmittel von Produzenten und Zulieferern kommunizieren miteinander, auch Konsumentenwünsche können nun direkt in die maschinelle Produktion eingespielt werden. Die Produktion wird damit noch flexibler, produziert quasi Unikate am laufenden Band. Dieser Art wird der Postfordismus zum alles beherrschenden Prinzip, denn das Massenprodukt wird durch die „Autonomie der Produktionsmittel" und der damit einhergehende weitgehenden Flexibilisierung der Produktion von der Regel zur Ausnahme. (Die Zeit 5/2014:31)

Gut in den Kontext „Internet der Dinge" und „autonome Produktionsmittel" passt auch das „Smart Meter". Das Smart Meter, so will es die deutsche Bundesregierung, soll nach der Energiewende in allen Stromnetzen installiert werden. Seine Funktion besteht darin, alle fünf Sekunden an einen zentralen Server den Stromverbrauch eines Haushaltes weiterzugeben. Diese Informationen werden an das sogenannte „Smart Site Management" weitergegeben, das die Einspeisung von Photovoltaik-Strom aus den privaten Haushalten reguliert. Ein auf den ersten Blick sinnvolles System, das auf den zweiten Blick weitgehende potenzielle Fähigkeiten aufweist, um sich zum Kontroll-Leviathan zu erheben. Denn durch die Daten, die das Smart Meter liefert, lässt sich auch feststellen, „ob jemand zu Hause ist oder nicht, (...) auch welches Fernsehprogramm gesehen wird, da nämlich die Helligkeitsmuster und die damit verbundenen minimalen Stromverbrauchsunterschiede abgeglichen werden können. Sogar Filme, die auf einem DVD-Player abgespielt werden, können auf diese Weise (...) schon mit einfachen Varianten des ‚Smart Meters' rekonstruiert werden." (Metz/Seßlen 2012:238f.) Und so zeigt sich, dass wieder einmal ein gutes Ding zu einem allgemeinen Übel wird, wenn es Überwachungsstaat oder Kontroll-Ökonomie für ihre falschen, hinterhältigen Zwecke missbrauchen.

ANTI-DIGITALE NISCHEN IN DER UNENDLICHKEIT DES DIGITALEN OZEANS

Der Musik- und der Büchermarkt haben sich in den letzten zwanzig Jahren tiefgreifend verändert. Nicht nur, dass große Teile der gekauften Produkte aufgrund von Zeitmangel oder aufgrund des Einflusses einer „Kultur der Unbildung“ (vgl. Liessmann 2006) der Käufer nicht „absorbiert“ werden und nur in Wohnzimmerregalen als Objekte der persönlichen Imagebildung abgestellt werden, es hat sich auch das Einkaufsverhalten der Konsumenten geändert. Fast zwei Drittel der Bücherkäufe von Viellesern werden online getätigt, nur ein Drittel bleibt für den niedergelassenen Buchhandel. In der gleichen Zeit sind Schallplattenläden fast vollständig aus dem Stadtbild verschwunden.

Ursache für das Verschwinden des niedergelassenen Buch- und Schallplattenhandels ist der technische Fortschritt in Verbindung mit dem E-Commerce. Das Mp3-Format hat den gegenständlichen Tonträger obsolet gemacht. Heute kann die Musik digital durch das Netz geschickt werden und in den Speichern digitaler Wiedergabegeräte komfortabel abgelegt werden. Oder der Konsument verzichtet überhaupt darauf, die geliebte Musik zu besitzen und begnügt sich mit Streaming-Angeboten à la Napster und Spotify. Zusammengenommen haben Song-Downloads und Streamings ihren Umsatz im Jahr 2013 um vierzig Prozent gesteigert. (Rolling Stone 2/2014:46) Und gleichzeitig haben sich die technischen Möglichkeiten, downgeloadete und gestreamte Musik in höchster Qualität abzuspielen, deutlich verbessert. Mit hochqualitativen Fun-Boxen ist es zum Beispiel möglich, kabellos Musik von Mobilphones und Tablets zu hören. Sie sind einer der wichtigsten Zukunftsmärkte der digitalen Musikwirtschaft. Besonders im Trend: die stylischen Boxen der Marke Sons. Sie zeigen sich in einem Design, dass insbesondere auf die ästhetischen Präferenzen der elitären urbanen Performer und der bürgerlich-anarchistischen digitalen Individualisten abgestimmt ist. Auch auf den digitalen Märkten zeigt sich damit die deutlich steigende Tendenz, den Eliten mit speziellen Designs und Produktimages eine Möglichkeit zur Abgrenzung vom kulturellen „Pöbel" des Mainstream zu geben.

Aber das Anti-Digitale ist nicht tot. Es lebt weiter in den Nischen des Marktes. So verzeichnet Vinyl weiter Zuwächse, obwohl der Marktanteil der Schallplatte weiterhin nur um ein Prozent liegt. Aber auch der „reale" Tonträgerhandel versucht aufzumukken und setzt dabei auf Käuferschichten, die Musik in erster Linie als Kunstform und nicht als Ware sehen, also auf die Kultursnobs aus dem Lager des Postmaterialismus. Ganz zugeschnitten auf diese Käuferschicht ist der neue Mega-Laden, den das Label Rough Trade in New York auf 1400 Quadratmeter Verkaufsfläche gerade eröffnet hat. Alle Formen von Tonträgern werden hier verkauft und nebenbei gibt es einen Auftrittssaal für 250 Personen. Der Laden soll ein Refugium für die anti-digitalen Kultureliten sein, denen es primär um Kunst und nicht um Kommerz geht. (Rolling Stone 2/2014:46)

ERLÖSUNG ODER UNTERGANG: WIE GEHT ES WEITER

Ohne Zweifel dominiert in unserer Gegenwart das Digitale unser Leben. Die Bilder von der Welt überlagern die Welt des Realen, lassen eine Hyperrealität entstehen, in der Realität und Schein, Wahrheit und Lüge, Gegenständliches und Virtuelles durcheinandergewirbelt werden und am Ende für die Wahrnehmung nicht mehr unterscheidbar sind. Offline-Identitäten verschwinden hinter dem Schleier von Online-Images, die die UserInnen der Online-Social-Networks wie Facebook tagtäglich massenhaft produzieren. Wie in der Wirtschaft, in der die Geldmenge, die in spekulativen Derivaten und Devisen steckt, die Umsätze der Realwirtschaft um ein Vielfaches übersteigt (im Jahr 2012 wurden Güter und Dienstleistungen im Wert von über 56 Billionen produziert, 810 Billionen Euro bewegten die Devisenhändler und auf den hochriskanten Derivatenmärkten wurden 569 Billion Dollar umgesetzt – (vgl. http://www.3sat.de/page/?source=/ard/dokumentationen/163263/index.html), übersteigt die Anzahl der in der Online-Welt zirkulierenden Scheinidentitäten die der Realidentitäten bei Weitem. Dass die Menschen sich mit ihren Online-Profilen selbst transparent machen, ist nur eine Seite der Medaille. Die andere Seite ist, dass sich eine Identitätsinflation ausbreitet, in der massenhaft überflüssige Identitäten zirkulieren, die zu nichts anderem dienen, als zur Verwirrung der Mitmenschen. Zudem entwertet die Masse der scheinbaren Lebensentwürfe die Realidentitäten der Menschen. Ähnlich wie die Realwirtschaft durch das Platzen der Immobilienblase 2008 von der Finanzwirtschaft in die Wert- und Glaubwürdigkeitskrise mit hineingerissen wurde, reißt die Inflation der Scheinidentitäten die Realidentitäten in die Glaubwürdigkeitskrise.

Mit der Glaubwürdigkeit der Online-Profile verschwindet auch die Glaubwürdigkeit der Offline-Identitäten. Gesellschaft und Gemeinschaften werden nun von einer tiefen Vertrauenskrise erschüttert. Eltern vertrauen ihren Kindern nicht mehr und umgekehrt, Ehepartner ihren Ehepartnerinnen und umgekehrt, BürgerInnen ihren PolitikerInnen und umgekehrt, Konsumenten dem Handel und umgekehrt – die Beispielreihe ließe sich lange fortsetzen. Die allgemeine Vertrauenskrise führt dazu, dass Vertrauen durch Kontrolle ersetzt wird. Wie der Überwachungsstaat und die Kontrollökonomie die Menschen bespitzelt, bespitzeln die Menschen sich gegenseitig. Die Gemeinschaften der Postmoderne verlieren an Bindungskraft und Stabilität, weil keiner dem anderen mehr über den Weg traut. Und das ist kein Wunder, kommunizieren doch in der Zwischenzeit auch die einzelnen Menschen wie PR-Agenturen, deren kommunikatives Leitmotiv es ist, hinter trickreichen Kommunikationsdesigns das Reale zu verbergen. Und überall mischen sich die PR-Agenturen ein und verderben damit das Spiel mit der Kommunikation, indem sie ihm jegliche Glaubwürdigkeit entziehen. Der letzte unglaubliche Fall: Die Agenturen überschwemmen mit von Unternehmen und politischen Parteien bestellten Kommentaren die Internetforen von Zeitungen und Online-Social-Networks. Diese haben damit nun vollständig die Glaubwürdigkeit verloren. Denn jeder Kommentar kann ab sofort eine bezahlte Anzeige eines interessierten Marktteilnehmers sein.

Kommunikation ist heute mehr Selbstverbergung als Selbstdarstellung. Und wo die bewusste Selbstverbergung die Regel der kommunikativen Alltagspraxen ist, nicht mehr den Ausnahmefall darstellt, wird Vertrauen fast notwendig durch Kontrolle ersetzt. Die Exzesse der postmodernen Kontrollgesellschaft sind nicht zuletzt eine Folge der Virtualisierung der Kommunikation, im Zuge derer der Schein weitgehend die Herrschaft über das Reale übernommen hat.

Wie wird es unter diesen Bedingungen nun weitergehen? Es ist davon auszugehen, dass der digitale Schein die Masse weiterhin faszinieren und antreiben wird. Das Spiel mit den Charaktermasken und Scheinidentitäten wird sich weiter ausweiten und die Differenz zwischen gespielten Rollen und realen Identitäten wird größer werden. Gleichzeitig wird mit der Zunahme der allgemeinen Vertrauenskrise das Bedürfnis nach Kontrolle sowohl in der System- als auch in der Lebenswelt zunehmen. BürgerInnen werden PolitikerInnen kontrollieren und PolitikerInnen die BürgerInnen, Eltern ihre Kinder und Kinder ihre Eltern etc. und destruktives Misstrauen wird herrschen.

Gleichzeitig werden sich wohl anti-digitale Eliten im Milieu des Postmaterialismus herausbilden, die sich weitgehend aus den digitalen Netzwerken zurückziehen werden, die ihre Bücher in kleinen Szeneläden, ihre Lebensmittel beim Biohändler um die Ecke kaufen werden, die die Produkte internationaler Modemarken wie der Teufel das Weihwasser scheuen werden (Achtung: Ausbeutung der Lohnarbeiter der Dritten Welt!), die kaum bis keine Apps auf ihren Smartphone benutzen werden oder gar kein Smartphone mehr haben werden, die sich auf gar keinen Fall am „Internet der Dinge" beteiligen werden, Trägern von Datenbrillen aus den Weg gehen oder, je nach Mentalität, sie diesen von der Nase reißen und zertreten werden, am Abend zufrieden dem Knistern ihrer Schallplatten zuhören werden und die sich politisch im konkreten sozialen Raum artikulieren werden und „den die digitalisierte Form von Verwaltung und Überwachung bis zu einem gewissen Grad gar nicht mehr versteht (das E-Gouvernement ist höchst überrascht, wenn es statt auf Daten auf reale Menschen trifft)". (Vlg. Metz/Seßlen 2012) Und diese gerade neu entstehende Gruppe der Anti-Digitalen wird nicht ernst, sondern fröhlich, nicht oberflächlich, sondern tiefsinnig, nicht dumpf sondern hell, nicht unwissend, sondern wissend, nicht starrsinnig, aber bestimmt, nicht konsumierend, sondern absorbierend, nicht partizipierend, aber intervenierend, nicht konstruktiv, sondern kritisch und gleichzeitig individualistisch und gemeinschaftsorientiert sein.

Aus welcher Perspektive man unsere Zeit auch betrachtet, es ist immer irgendwie beängstigend! Oder doch nicht?

OPTIMISTISCHE PERSPEKTIVE: SUBVERSION DER AUFGEKLÄRTEN BÜRGER

Der amerikanische Beat-Literat William S. Burroughs beschäftigte sich schon Anfang der 1970er-Jahre in seinem Text „Die elektronische Revolution“ mit dem subversiven Potenzial des Digitalen. Für Burroughs ist der Wort- oder der Bild-Ton-Virus die Quelle der elektronischen Revolution. (Vgl. Burroughs 2001:51) Sein Konzept der viralen Subversion greift damit den Topos des Viralen als „radikale Revision etablierter Ordnungskonzepte und Denkmodelle“ auf. (Vgl. Mayer/Weingart 2004:8)

Wie sieht nun die subversive Praxis des Digitalen bei Burroughs aus? Er entwickelt dazu die Theorie der drei Tonbandgeräte. Auf dem ersten Tonbandgerät ist der ursprüngliche Zustand eines Sachverhalts, zum Beispiel die Agitation einer politischen Partei, die sich in den Reden der Politiker dieser Partei manifestiert, festgehalten. Auf dem zweiten Tonbandgerät sind die Reden dieser Politiker in zerhackter und mit zusätzlichen Tondokumenten vermischter Form gespeichert. „Stellt Cut-Ups her, aus den widerwärtigsten reaktionärsten Statements, die ihr finden könnt und umgebt sie mit den widerwärtigsten Bildern. Behandelt das Ganze mit Sabbern, Geifern und Tiergeräuschen und bringt es als unterschwelliges Mauscheln mit Tonbandgeräten auf die Straße.“ (Burroughs 2001:28) Die dermaßen subversiv verfremdeten Botschaften werden dann mit einem dritten Tonbandgerät als Playback wieder in die Gesellschaft eingespielt und unterlaufen so das „hypnotische Gemurmel der Massenmedien“. Die Manipulationen und Lügen der herrschenden Medien werden so herausgefordert, der Lächerlichkeit preisgegeben, der ironisierenden Intervention ausgesetzt. Das mediale, die öffentliche Meinung formende Kontrollsystem wird so entlarvt und beschämt und verliert dadurch sein absolutistisches, gottähnliches Meinungsmonopol.

In einer prädigitalen Gesellschaft gibt es nur ein Tonbandgerät, das ein ideologisch verfremdetes Abbild der Wirklichkeit in die Gesellschaft als Playback einspielt und so gesellschaftliche Machtverhältnisse verschleiert und Konformismus erzeugt. Dieses Tonbandgerät befindet sich unter der Kontrolle der herrschenden ökonomischen und politischen Eliten. In der digitalen Gesellschaft gibt es nun massenhaft Tonbandgeräte und mit ihrer Hilfe kann jeder Einzelne sein Spielchen mit der Realität treiben, verwirrendes, irritierendes Material in Umlauf bringen und damit einen kleinen Beitrag zur Beeinträchtigung der Macht oder gar zur Lahmlegung des allmächtigen Kontrollsystems leisten. „Alle können mitspielen. Millionen von Leuten, die diese simple Operation durchführen, können das Kontrollsystem lahmlegen (...). Wie alle Kontrollsysteme beruht es auf der Aufrechterhaltung eines Monopols. Wenn jedoch jeder Tonbandgerät Nummer drei sein kann, verliert Tonbandgerät Nummer eins seine Macht. Ein Gott, der nicht mehr der einzige Gott ist, kann einpacken." (Burroughs 2001:22)

Was Burroughs hier als Strategie des Widerstands entwickelt, erinnert an die Konzepte der französischen Situationisten, vornehmlich an Guy Debords „Detournement", was so viel bedeutet wie „umdrehen". Umgedreht werden sollen die Bedeutung des kommerziellen Spektakels, „dass das Leben gekidnappt" und in die Entfremdung getrieben hat. (Lasn 2005:111) Der Mensch soll sich aus der totalitären Herrschaft des Konsums und eines durch und durch ökonomisierten Lebens befreien, indem er spektakulären Bildern, Events, Lebenszusammenhängen etc. neue Bedeutungen gibt oder die alten umkehrt oder unterläuft. „Mit ihrem endlosen Repertoire an Ideen – vom Neuschreiben der Sprechblasen in Comics über Veränderungen von Straßenbreiten, Gebäudehöhen, von Formen und Farben von Türen und Fenstern bis zur radikalen Neuinterpretation von Weltereignissen wie den Watts Unruhen 1965 in Los Angeles – war die Internationale Situationisten, die von 1958 bis 1969 erschienene Zeitschrift der Bewegung, ein teils tief schürfendes, teils absurdes Laboratorium für Provokationen und Detournements. (…) Eine bis heute berühmte Aktion fand am Ostersonntag 1950 in der Kathedrale von Notre Dame statt. Vor Tausenden von Menschen stieg ein als Dominikaner verkleideter letristischer Provokateur auf die Kanzel und hielt eine Rede, in der er die katholische Kirche bezichtigte, uns unserer Lebenskraft zu berauben, um uns im Gegenzug einen leeren Himmel anzubieten. Dann fügte er feierlich hinzu, ‚Gott ist tot'." (Lasn 2005:11) Im Anschluss an seine Predigt wurde der Aktivist von einer wütenden Menge verfolgt, konnte sich aber in Sicherheit bringen.

Noch heute arbeitet der amerikanische Kommunikationsexperte und Gesellschaftskritiker Kalle Lasn mit der situationistischen Taktik des Detournements. In seiner Zeitschrift Adbusters Magazin verfremdet er kommerzielle Kommunikation und Werbeanzeigen, indem er diese durch inhaltliche und formale Eingriffe in „Uncommercials" verwandelt. So versucht er die Psychologie der Werbung zu nutzen, um den Konsumwahn lächerlich zu machen.

Der französische Philosoph Jean Baudrillard sah in der Graffiti-Bewegung eine Taktik am Werk, die dem Detournement des französischen Situationisten ähnelt. Für ihn waren Graffitis eine Form der Guerilla-Kommunikation, ein „Aufstand der Zeichen", der Verwirrung schafft im großstädtischen Leben. „Die Graffitis verdecken sämtliche U-Bahn-Pläne von New York, wie die Tschechen die Straßennahmen in Prag verändert haben, um die Russen in die Irre zu führen." (Baudrillard 1982:126) Und auch er erachtete es, genau wie Burroughs nicht für sinnvoll, mit der staatlichen Kontrollmacht in eine ernsthafte Diskussion einzutreten. Wie Burroughs und die Situationisten, die die massenmedial verbreiteten Botschaften der Kontrollmacht durch Cut-Ups und andere Formen der Verfremdung der Lächerlichkeit preiszugeben versuchen, plädierte auch er für die Revolte der Zeichen, da die „grundlegende Ideologie nicht mehr auf der Ebene der politischen Signifikate, sondern auf der Ebene der Signifikanten funktioniert". (Baudrillard 1982:125) In einer Zeit, in der die gesamte politische Kommunikation mit leeren Signifikanten durchflutet ist, macht es keinen Sinn, die Bedeutungen hinter den Bildern und Symbolen zu suchen. Bedeutend sind heute Phänomene der medialen Oberfläche. Ihnen muss sich die Revolte zuwenden.

Seit der Zeit Burroughs, der Situationisten und den Beobachtungen und Analysen Baudrillards sind mehr als vierzig Jahre vergangen. Der wohl wesentlichste Wandel, der sich in der Zwischenzeit ereignet hat, ist die tiefgreifende Veränderung der Medienlandschaft, die fortschreitende Digitalisierung der menschlichen Kommunikation. Das Internet gibt heute jedem Einzelnen die Möglichkeit, Daten, Informationen und Bedeutungen, auch in subversiver Absicht und Form in Umlauf zu bringen. Vom Detournement wird vielfach Gebrauch gemacht, so zum Beispiel auf der Video-Plattform Youtube. Von Hansi Hinterseer über H.C. Strache und die NSA bis hin zu Bundeskanzlern und Bundespräsidenten wird dort alles in kreativer Form aufs Korn genommen und auch Commercials werden lustvoll umgedeutet und gegen den Strich gebürstet. Heute hat jeder – um es im Jargon von Burroughs zu sagen – sein eigenes Tonbandgerät immer zur Hand – und trotzdem herrscht relative Ruhe im Land. Warum gelingt es uns trotz optimaler kommunikativer Bedingungen nicht, die Kontrollmacht stärker herauszufordern?

PESSIMISTISCHE PERSPEKTIVE: TOTALE KONTROLLGESELLSCHAFT UND VERORDNETER OPTIMISMUS

Der Grund, warum die Freiheit der Kommunikation im Internet, also Burroughs „Millionen Tonbänder“, so wenig Kritik an den gesellschaftlichen Verhältnissen hervorbringen, ist nach der Auffassung der Autoren Markus Metz und Georg Seeßlen der, dass sich die Herrschaftsformen und Machtverhältnisse des politisch-ökonomischen Systems im Internet abbilden. Das was an alten Herrschaftsformen in der Wirklichkeit der Gesellschaft besteht, das wiederholt sich im Internet in gleicher Form. (Vgl. Metz/Seeßlen 2012:230) Solange es also nicht gelingt, die politisch-ökonomische Basis der Gesellschaft zu verändern, wird sich diese immer wieder von Neuem in die digitale Welt einschreiben.

Am Anfang, in den 1960er-Jahren, war das Netz eine freie, wenn auch nur einer kleinen Gemeinde von SpezialistInnen vorbehaltene Plattform zum Informationsaustausch. Nach und nach wurde es unter die Herrschaft des Staates und der großen Wirtschaftsmonopole subsumiert. Die Teilnehmer der Netzkommunikation werden heute von staatlichen Diensten, Stichwort NSA, rund um die Uhr kontrolliert und von den kommunikationsmächtigen Wirtschaftsmonopolen manipuliert. Algorithmen reduzieren ihre Entscheidungsmöglichkeiten, indem sie genau vorgeben, was sie brauchen, was zu ihrem Bildungsstand, ihren Interessen, ihrem Lifestyle passt. Die Mehrheit der Menschen ist durch die großen „Dienste“ längst zu Tode berechnet worden. (Metz/Seeßlen 2012:229)

Vom Ideal der Informationsfreiheit ist das Internet weit entfernt, denn im Internet dominieren jene Informationen, die von den kapitalmächtigen Monopolen eingespeist und forciert werden. Kleine Konkurrenten werden schnell verdrängt oder aufgekauft. Apple stehen 70 Milliarden Euro akkumuliertes Kapital zur Verfügung, um sich den Weg durchs Netz freizukaufen, Google über 40 Milliarden. Am Ende sind es also jene, die die Kohle und damit die Macht haben, die die Diskurse im Internet bestimmen. (Vgl. Metz/Seeßlen 2012:240)

Eine interessante Spielart des von Karl Marx als Wesenskern der kapitalistischen Wirtschaft diagnostizierten Prinzips der kollektiven Produktion von Gütern und der weitgehend privaten Aneignung ihres Wertes zeigt sich im Internet. Die Abschöpfung der Fähigkeiten und des kreativen Potenzials der sogenannten Crowd erfolgt im Zuge eines enteignenden Crowdsourcings, eine Methode des Sammelns von Informationen der User einer Kommunikationsplattform, die von den Eigentümern der Plattform unentgeltlich angeeignet werden, um sie im Anschluss daran weiterzuverkaufen. So verkauft Facebook die Daten seine User an die Werbewirtschaft. Die User selbst bekommen für ihre Infos, die sie freiwillig einstellen, kein Entgelt. Besonders nassforsch ist die Aneignungsstrategie eines Mobiltelefonherstellers. Der Hersteller benötigte Übersetzungen der Betriebsanleitungen seiner Telefone in die afrikanische Sprachen. Anstelle sich teure Übersetzer einzukaufen, bediente er sich der sogenannten Schwarmintelligenz. Er zerteilte die Betriebsanleitungen in einzelne Sätze „und bot jedem Kunden, der einen dieser Sätze in seine jeweilige Sprache übersetze, einen kleinen aber erkennbaren Bonus bei der Telefonrechnung." (Metz/Seeßlen 2012:231) Dadurch, dass die Leistung der Crowd weitaus mehr wert war, als am Ende an Boni bezahlt wurde, konnte der Mobilfunkhersteller sich große Teile der Arbeitsleistung seiner Kunden unentgeltlich aneignen.

Am Anfang seines Buches „Die Transparenzgesellschaft" stellt Byung-Chul Han ein Zitat des österreichischen Literaten Peter Handke. „Von dem, was die anderen nicht von mir wissen, lebe ich." Viel bleibt dem postmodernen Menschen nicht zum Leben für den Fall, dass er seine Daten dem Internet anvertraut hat, denn dadurch macht er sich zum Objekt eines digitalen Panoptikums, das nicht nur alle seine Schritte und Handlungen im Netz protokolliert, sondern diese Protokolle zudem auch noch an die bestbietende Marketingagentur weiterverkauft. Der Begriff des Panoptikums fand durch Jeremy Bentham Eingang in den soziologisch-philosophischen Diskurs und wurde später von Michel Foucault in „Überwachen und Strafen" aufgegriffen. Bentham beschreibt mit dem Begriff Panoptikum das ideale, totale Gefängnis, in dem die Zellen so angeordnet sind, das ein einziger Wächter in alle Zellen Einsicht nehmen kann, wenn er will. Die Gefangenen wissen nicht, ob sie vom Wächter gerade beobachtet werden, weil sie den Wächter nicht sehen können. Die disziplinierende Kraft des Panoptikums geht also von der ständigen Beobachtungsandrohung aus. Der Gefangene weiß nicht ob er beobachtet wird, er verhält sich aber so, als ob er beobachtet werden würde, weil er ja beobachtet werden könnte.

Das digitale Panoptikum unterscheidet sich nach Byung-Chul Han grundsätzlich vom benthamschen Panoptikum. Während nämlich dieses auf Unterdrückung beruht, beruht ersteres auf Freiwilligkeit, denn die Mitglieder der digitalen Kontrollgesellschaft werden nicht durch Repressionen in das Panoptikum hineingezwungen, sie machen aus eigenem Antrieb mit. Das digitale Panoptikum ist die Herrschaftsform mit dem freundlichen Gesicht. Es umschmeichelt und hofiert die Menschen, es biedert sich an, umwirbt sie, versucht sie zu bezaubern. Und indem es dieserart die Menschen dazu bringt, freiwillig zu kommunizieren, liefern diese die notwendigen Informationen, mit Hilfe derer sie demaskiert, entschleiert und kontrolliert werden können. (Byung-Chul Han 2014)

Freiwilligkeit bestimmt auch das Verhalten der Menschen in den sozialen Online-Gemeinschaften. Sie müssen nicht gezwungen werden, sich zu entblößen. Willfährig und selbstverständlich geben sie ihre Intimität auf, stellen sich in das grelle Scheinwerferlicht des digitalen Panoptikums. „Pornographische Zurschaustellung und panoptische Kontrolle fallen zusammen." (Byung-Chul Han 2014:106)

Heute funktionieren Überwachung und Kontrolle besser als je zuvor. Das digitale Panoptikum ist dem benthamschen an Effizienz und Funktionalität weit überlegen, denn es kann auf einen mächtigen Antriebsmechanismus aufbauen, der Selbstmotivation. Die Zielobjekte der digitalen Überwachung und Kontrolle haben Gefallen am Mitspielen und Mitkommunizieren. „Überwachung, die mit Freiheit zusammenfällt ist ihre effizienteste Form. Sie setzt sich nicht im Gehorchen, sondern im Gefallen durch." (Byung-Chul Han 2014:107)

Und dieses Gefallen in Kombination mit dem Gefühl bei allem freiwillig dabei zu sein, ist der größte Feind der Revolte, der übermächtige Gegner des Widerstands.

Eine weitere wichtige Stabilitätskomponente des Systems, das uns im Verein mit Freiheitsgefühl und Gefallen beherrscht, ist das positive Denken, dass uns heute rund um die Uhr von Politikern, Lehrern, Esoterikern, Managementtrainern und Psychologen verpflichtend anempfohlen wird. Denn die Positivität ist ein zentraler Stützpfeiler des digitalen Panoptikums, der Transparenzgesellschaft. Die Negativität, d.h. die Kritik, beinhaltet zwei Gefahren für das digitale Kontrollsystem. Erstens, seine radikale Infragestellung und zweitens die Verlangsamung der Kommunikation, denn Negativität bringt die Kommunikation ins Stocken. „Das allgemeine Verdikt der Positivgesellschaft heißt ‚Gefällt mir'. Es ist bezeichnend, dass Facebook sich konsequent weigerte, einen Dislike-Button einzuführen. Die Positivgesellschaft meidet jede Spielart der Negativität, denn diese bringt die Kommunikation ins Stocken. (…) Negative Verdikte beeinträchtigen die Kommunikation. Auf ‚Like' folgt schneller die Anschlusskommunikation als auf ‚Dislike'. Die Negativität der Ablehnung lässt sich vor allem ökonomisch nicht verwerten." (Byung-Chul Han 2012:17)

Die Transparenzgesellschaft ist eine Positivgesellschaft. Sie duldet, wenn überhaupt, nur konstruktive Kritik, die sich innerhalb der Grenzen, die der massenmediale Mainstream bestimmt, bewegt. Was passiert dadurch? Die Menschen werden so nach und nach der Macht des vorordneten Common Sense unterworfen, bis sie sogar die Vorstellung davon verlieren, dass es jenseits des Mainstream auch noch eine andere Welt, andere Optionen, Alternativen gibt.

Jahrzehntelang wurde die Masse in die herrschende Ordnung hineinmanipuliert und die Wirklichkeit ist ihr so zur alternativlosen Notwendigkeit geworden. Man nickt zustimmend, wenn die deutsche Regierungschefin ihre neoliberale Ideologie zum unwiderlegbaren Dogma erhebt und ihre „heiligen" Handlungen im Dienste des Finanzkapitals als „alternativlos" erklärt. Wie blöd müssen die Menschen eigentlich geworden sein, wenn sie eine Frau wählen, die allen Ernstes zu behaupten wagt, dass es gerade in einer Zeit der Multioptionalität nur einen einzig möglichen Weg gibt? Hallo Leute, aufwachen! Jahrzehntelang redet man uns ein, dass wir in der „Multi-Optionen-Gesellschaft" leben, dass für uns alles möglich ist, wenn wir uns nur anstrengen, dass wir uns ohne weiteres einige Male im Leben neu erfinden können, wenn wir nur wollen, dass wir nicht an alten Gewohnheiten festhalten dürfen, dass wir flexibel und wandelbar sein müssen, um zukunftsfähig zu sein. Die Zukunft läge in unserer Hand, sei alleine von unserem Willen abhängig.

Sollte das alles nur für uns gelten, nicht aber für die Politik? Leben nur wir in der Multi-Optionen-Gesellschaft und Merkel nicht, müssen nur wir flexibel sein und Merkel nicht, müssen nur wir wandlungsfähig und kreativ sein und Merkel nicht? Versuchen Sie einmal auf dem Arbeitsamt vorzubringen, dass ihre Ausbildung für Sie alternativlos ist und Sie nicht daran denken, sich umschulen zu lassen. Das wird zur Folge haben, dass man Ihnen die Gelder streichen und Sie rauswerfen wird. Oder wie wird es wohl dem Studenten ergehen, der sich, alternativlos, für ein Studium entscheidet, für das er kein ausreichend gutes Abitur hat. Wird man ihm einen Studienplatz geben? Wohl nicht. In der Politik ist das anders. Da beschließen zum Beispiel die Mitgliedsstaaten der Europäischen Union gemeinsam Budgetregeln und wenn sich dann einzelne Staaten nicht daran halten, dann ist das – richtig – alternativlos. Oder man baut den Leuten, trotz massiver Proteste, einen riesigen Bahnhof vor die Nase. Warum? Er ist alternativlos. Und wer das Diktum der Alternativlosigkeit nicht dankbar und freudig nickend annimmt, der ist einer, der alles schlecht redet, keine Einsicht in die Notwendigkeiten unserer Zeit hat und nicht zur konstruktiven Mitwirkung am Gemeinwesen bereit ist. Natürlich hat Frau Merkel die demagogische Redefigur der Alternativlosigkeit nicht erfunden. Dazu hätte sie zumindest etwas kreativ sein müssen, aber das ist ja keine relevante Politikereigenschaft der Postmoderne. Nein, sie hat den Redetrick, mit dem sie suggeriert, dass es für ihre Entscheidungen keine Alternative gibt und damit auch keine Notwendigkeit und Legitimation für eine offene, demokratische Diskussion, natürlich von Margaret Thatcher geklaut. Die hat schon in den 1980er-Jahren ihren politischen Gegnern, die sich gegen den Abbau des Sozialstaats, die Zerschlagung der Gewerkschaften oder die Privatisierung von Staatseigentum wandten, ein harsches „There is no alternative" entgegengeschleudert. Das Wort Thatchers ist zwar nicht Fleisch geworden, aber zumindest als TINA-Formel in die Geschichte eingegangen. Und aus der Mottenkiste der Geschichte hat sich auch Merkel bedient, als sie mit dem Begriff der Alternativlosigkeit an Diskussionen und Mitbestimmung interessierten Partizipationsbürgern den Boden der Legitimation unter den Füßen wegzog.

Nochmals zurück zum Herrschaftsinstrument des verordneten Optimismus. Vor allem wenn es um den beschleunigten technologischen Fortschritt, um das Leistungs- und Konkurrenzprinzip, um den freien „heiligen" Markt, um die Subsumierung der gesamten Lebenswelt unter Marktimperative, um die Beschleunigung der Arbeits- und Lebensprozesse und um die Entpolitisierung der Wirtschaft geht, ist positives Denken und Reden heute Pflicht.

Dass man so sein individuelles Leben gerade durch „positives" Denken und „konstruktives" Verhalten äußeren Mächten unterwirft, merken die wenigsten der Positivdenker. Und so formulierte Joseph Weizenbaum mit Recht provokant mit Bezug auf die Diskussion über den technischen Fortschritt: „Wer unterliegt der Macht der Technik? Ist es derjenige, der sie undifferenziert bejubelt, oder ist es der, der die Verhältnisse kritisch betrachtet und unter Umständen auch zu bestimmten Entwicklungen 'Nein' sagen kann?" (Weizenbaum 2000:34) In Erweiterung der Aussage von Weizenbau könnte man hinzufügen: Wer unterliegt der Macht der Wirtschaft und der Politik? Ist es derjenige, der sie undifferenziert bejubelt, oder ist es der, der ihre Diskurse und ihr Handeln kritisch betrachtet und in der Lage ist, zu bestimmten Entwicklungen auch „Nein" sagen zu können.

QUELLEN UND LITERATUR

LITERATUR

Bakewell, Sarah: Das Leben Montaignes in einer Frage und zwanzig Antworten. München 2012

Baudrillard, Jean: Der symbolische Tausch und der Tod. München 1982

Bieri, Peter: Eine Art zu Leben. München 2013

Blumenberg, Hans: Das Lachen der Thrakerin. Frankfurt/Main 1987

Bröckling, Ulrich: Das unternehmerische Selbst. Frankfurt/Main 2007

Burroughs, William S.: Die elektronische Revolution. Bonn 2001

Byung-Chul Han: Transparenzgesellschaft. Berlin 2012

Camus, Albert: Der Mensch in der Revolte. Hamburg 1969

Cioran, Emil: Die Lehre vom Zerfall. Stuttgart 2010

Comte-Sponville, André: Kann Kapitalismus moralisch sein? Zürich 2009

Debord, Guy: Die Gesellschaft des Spektakels. Berlin 1996

Deleuze, Gilles: Postskriptum zur Kontrollgesellschaft. In: Unterhandlungen 1972-1990. Frankfurt/Main 1993. S. 254-262

Ehrenberg, Alain: Das erschöpfte Selbst. Frankfurt/Main 2008

Fisher, Mark: Kapitalistischer Realismus ohne Alternative. Hamburg 2013

Fuhse, Jan, A.: Welche kulturellen Formationen entstehen in mediatisierten Kommunikationsnetzwerken? In: Jan A. Fuhse/ Christian Stegbauer (Hg.): Kultur und mediale Kommunikation in sozialen Netzwerken. Wiesbaden 2011, 31–5

Gumbrecht, Hans Ulrich: Unsere breite Gegenwart. Berlin 2010

Heinzlmaier, Bernhard/Ikrath, Philipp: Generation Ego. Wien 2013

Hitzler, Ronald/Honer, Anne/Pfadenhauer, Michaela: Posttraditionale Gemeinschaften. Wiesbaden 2008

Hitzler, Ronald/Niederbacher, Arne: Leben in Szenen. Wiesbaden 2010
Honneth, Axel: Organisierte Selbstverwirklichung. Paradoxien der Individualisierung. In: Honneth, Axel (Hg.): Befreiung aus der Mündigkeit. Paradoxien des gegenwärtigen Kapitalismus. Frankfurt/Main 2002. S. 141-158
Illouz, Eva: Die Errettung der modernen Seele. Frankfurt/Main 2009
Kierkegaard, Sören: Die Krankheit zum Tode. Stuttgart 1997
Lasn, Kalle: Culture Jamming. Die Rückeroberung der Zeichen. Freiburg 2005
Liessmann, Konrad Paul: Geisterstunde. Die Praxis der Unbildung. Wien 2014
Liessmann, Konrad Paul: Lob der Grenze. Wien 2012
Luhmann, Niklas: Die Moral der Gesellschaft. Frankfurt/Main 2008
Machiavelli, Niccolò: Der Fürst. Frankfurt/Main 2001
MacIntyre, Alasdaire: Das Wesen der Tugend. In: Klaus Peter Rippe, Peter Schaber (Hg.): Tugendethik. Stuttgart 1998, S. 92-113
Mayer, Ruth/Weingart, Brigitte: Viren zirkulieren. Eine Einleitung. In: Virus. Mutation einer Metapher. Bielefeld 2004. S. 7-41
Mead, Margaret: Der Konflikt der Generationen: Jugend ohne Vorbild. Freiburg 1971
Meckel, Miriam: Virtuelle Nähe – „Gefällst du mir, gefall ich dir". In: Wirklichkeit 2.0. Medienkultur im digitalen Zeitalter. Stuttgart 2012
Metz, Markus/Seeßlen, Georg: Bürger erhebt euch! Postdemokratie, Neoliberalismus und ziviler Ungehorsam. Hamburg 2012
Montaigne, Michel de: Essais. Ditzingen 1986
Montaigne, Michel de: Montaigne über sich selbst. Suttgart 2013

Nida-Rümelin, Julian: Der Akademisierungswahn – Zur Krise beruflicher und akademischer Bildung. Hamburg 2014
Nietzsche, Friedrich: Die Geburt der Tragödie aus dem Geiste der Musik. Stuttgart 2007
Nietzsche, Friedrich: Vom Nutzen und Nachteil der Historie für das Leben. Stuttgart 2009
Pascal, Blaise: Gedanken. Berlin 2012
Ribolits, Erich: Abschied vom Bildungsbürger. Wien 2013
Riesman, David: Die einsame Masse. Hamburg 1958
Rilke, Rainer Maria: Duineser Elegien. Stuttgart 1997
Rosa, Hartmut: Beschleunigung und Entfremdung. Berlin 2013
Rorty, Richard: Politisches Denken. Jahrbuch 1993
Shklar, Judith N.: Der Liberalismus der Furcht. Berlin 2013
Turkle, Sherry: Verloren unter 100 Freunden. München 2012
Weber, Max: Politik als Beruf. Stuttgart 1992
Weizenbaum, Joseph: Computermacht und Gesellschaft. Frankfurt/Main 2001

ZEITSCHRIFTEN, STUDIEN UND INTERNETQUELLEN

Ernst, Heiko: „Konzentrieren Sie sich." In: Psychologie Heute 2/2014. S. 21-27
„Appokalypse Now". Cicero 2/2014. S.14-21
„Beim Sinn geht es nicht um Glück, sondern um das Richtige und Wertvolle." Gespräch mit Tatjana Schnell. In: Psychologie Heute, 2/2014. S. 37-41
Han, Byung-Chul: Im digitalen Panoptikum. In: Spiegel 2/2014. S. 106-107
„Das Internet war eine kommunistische Idee." Interview mit Christian Fuchs. Marx21, 04/2013, S. 31-37
„Das Jahr der digitalen Brille." In: Die Zeit 2/2014, S. 25
„Die Zukunft hat (echt) begonnen. Was weiß Google über uns?"

In: Rolling Stone, 1/2014. S. 45
„Bilder von Bildern". In: Debug 7/8 2013. S. 42-47
„Halbe nackte Wahrheit. Die schönste Mode für sexy Selfies – und die wichtigsten Tipps, wie man sie unpeinlich verschickt." Neon 2/2014. S. 107-113
„In der Zukunftsfabrik." In: Die Zeit 5/2014. S. 31-32
„Multitasking? Vergiss es!" In: Psychologie Heute 2/2014. S. 28-29
„Wir nähern uns einem Wendepunkt." Gespräch mit Sherry Turkle.

http://www.randomhouse.de/Sherry_Turkle_im...zu...100.../aid35311.rhd
http://www.spiegel.de/netzwelt/gadgets/sprechende-zugfenster-diese-werbung-weckt-schlafende-pendler-a-909619.html
http://spiegel.de/netzwelt/gadgets/sprechende Zugfenster
http://www.zeit.de/digital/mobil/2013-08/datenbrillen-meta-spaceglasses-oculus-rift,
http://www.buchreport.de/nachrichten/online/online_nachricht/datum/2013/01/18/offline-entdecken-online-kaufen.htm
http://www.3sat.de/page/?source=/ard/dokumentationen/163263/index.html
(Alle aufgerufen im Dezember 2014.)